D1669491

ESV

Unternehmensführung und Logistik
Herausgegeben von Prof. Dr. Dr. h.c. H.-Chr. Pfohl

Band 22

Erfolgsfaktor Kooperation in der Logistik

Outsourcing – Beziehungsmanagement – Finanzielle Performance

Herausgegeben von
Prof. Dr. Dr. h. c. H.-Chr. Pfohl

Technische Universität Darmstadt
Institut für Betriebswirtschaftslehre
Fachgebiet Unternehmensführung und Logistik

mit Beiträgen von

N.-J. Bauer/M. Arretz
T. Fleck
C. Garbisch/J. Edler-Pain
M. Krings
H.-Chr. Pfohl
E. Schmitdmann/A. Wendlberger
W. Stölzle/M. Karrer

ERICH SCHMIDT VERLAG

Bibliografische Information der Deutschen Bibliothek

Die Deutsche Bibliothek verzeichnet diese Publikation in der Deutschen Nationalbibliografie; detaillierte bibliografische Daten sind im Internet über http://dnb.ddb.de abrufbar.

ISBN 3 503 07865 7

www.ESV.info

Druck: Reyhani, Darmstadt

Vorwort

Die Entstehung globaler Märkte und der steigende Wettbewerb zwingen Unternehmen, sich verstärkt auf ihre Kernkompetenzen zu konzentrieren und unternehmensintern erbrachte Leistungen durch *Outsourcing* unternehmensextern erbringen zu lassen. Meist werden die fremdvergebenen Funktionen im Rahmen von Kooperationen durch Netzwerkpartner erbracht. Durch Kooperationen in der Logistik können Logistikkosten reduziert und komplexe Kundenwünsche mit hohem Logistik-Know-how besser erfüllt werden. Dies erfolgt durch eine effizientere Nutzung eigener und am Markt verfügbarer Logistikressourcen. Kooperationen in der Logistik werden somit zunehmend zu einem entscheidenden Erfolgsfaktor in der Logistik.

Ursache der Bildung von Netzwerken ist die Forderung nach mehr Flexibilität, die Erhöhung der Kosteneffizienz sowie die Ausnutzung von Synergiepotenzialen. Die mit einer Kooperationsentscheidung einhergehenden Make-or-Buy-Entscheidungen sind meist strategische Unternehmensentscheidungen. Die Konsequenzen solcher Entscheidungen sind immer mit Chancen und Risiken behaftet, die erfasst und gemanagt werden müssen. Ausgewählte Beiträge dieses Buchbands befassen sich mit dieser Thematik.

Kooperationen in Netzwerken zeichnen sich durch ein partnerschaftliches Verhältnis der Netzwerkunternehmen aus. Dem Management von Beziehungen kommt daher eine entscheidende Bedeutung zu. Durch das *Beziehungsmanagement* zu Netzwerkpartnern werden der Austausch zwischen den Netzwerkunternehmen sowie der Aufbau einer Vertauenssituation gefördert. Ein entsprechendes Beziehungsmanagement hat zudem einen positiven Einfluss auf die kollektive Leistungserstellung. Die Bedeutung eines erfolgreichen Beziehungsmanagements ist in der Managementforschung und Praxis unbestritten. Im vorliegenden Buchband werden praxisnahe Konzepte und bewährte Ansätze eines Beziehungsmanagements vorgestellt und diskutiert.

Um die kollektive Leistungsverbesserung in Netzwerken beurteilen zu können, muss die *finanzielle Performance* von Logistikkooperationen beleuchtet werden. Die unternehmensbezogene Performancemessung muss hierbei durch eine unternehmensübergreifende Messung der Kooperationsleistung ergänzt werden. Entsprechende übergreifende Steuerungsansätze und Messkonzepte zur Erfassung der finanziellen Performance von Logistikkooperationen müssen beurteilt, ausgewählt und schließlich implementiert werden. Diese Thematik bildet einen weiteren Schwerpunkt des Buchbands.

Der einleitende Beitrag von Pfohl beschäftigt sich mit den Grundlagen der Kooperation in logistischen Netzwerken. Neben Theorien der Netzwerkbildung werden Managementaufgaben in logistischen Netzwerken diskutiert. Einen weiteren Schwerpunkt stellt die Integration der Netzwerkpartner dar.

Im zweiten Beitrag beschäftigen sich Bauer und Arretz mit dem Beziehungsmanagement kooperierender Unternehmen. Neben Erfolgsfaktoren eines systematischen Beziehungsmanagements steht die konkrete Beziehungsgestaltung zwischen Herstellern der Textilindustrie und Händlern im Vordergrund.

Fleck stellt Ansätze für den regelbasierten Ablauf von Geschäftsprozessen innerhalb von Kooperationen bzw. Netzwerken vor. Hierbei werden im Wesentlichen das Prinzip der selbststeuernden Regelkreise und damit einhergehende Vorteile verwirklicht.

Neben der Grundsatzfrage eines Outsourcings stehen bei Krings Auswahlkriterien für geeignete Kooperationspartner, die Gestaltung des Kooperationsvertrags, sowie das Beziehungs- und Konfliktmanagement im Rahmen der Kooperation im Vordergrund.

Die Bedeutung der Verwirklichung einer Win-Win-Situation im Rahmen von Kooperationsbeziehungen heben Garbisch und Edler-Pain in ihrem Beitrag hervor. Beziehungsmanagement dient der Zielharmonisierung und damit der Realisierung einer solchen Win-Win-Partnerschaft. Ausgewählte Beispiele verdeutlichen die Bedeutung des Beziehungsmanagements für den Kooperationserfolg.

Schmitdmann und Wendlberger beschäftigen sich mit dem Public Private Partnership als Kooperationsform zwischen der öffentlichen Hand und privaten Unternehmen. Der Schwerpunkt dieses Beitrags liegt auf dem Vorgehen zur Bildung einer solchen Partnerschaft sowie den Erfolgsfaktoren bei der Projektumsetzung.

Mit der Vernetzung im Rahmen des intermodalen Verkehrs beschäftigt sich Pfohl bei der Analyse von „Freight Integrators“. Diese „Organisatoren“ des intermodalen Verkehrs haben die Aufgabe, die jeweils beste Kombination an Verkehrträgern für die intermodale Transportkette zusammenzustellen.

Stölzle und Karrer beschäftigen sich in ihrem Beitrag mit der finanziellen Performance von Kooperationen. Zunächst wird ein wertorientiertes Performanceverständnis für Kooperationen hergeleitet. Anschließend werden für die praktische Anwendung verschiedene Messkonzepte betrachtet und beurteilt.

Darmstadt, im August 2004 Hans-Christian Pfohl

Inhaltsverzeichnis

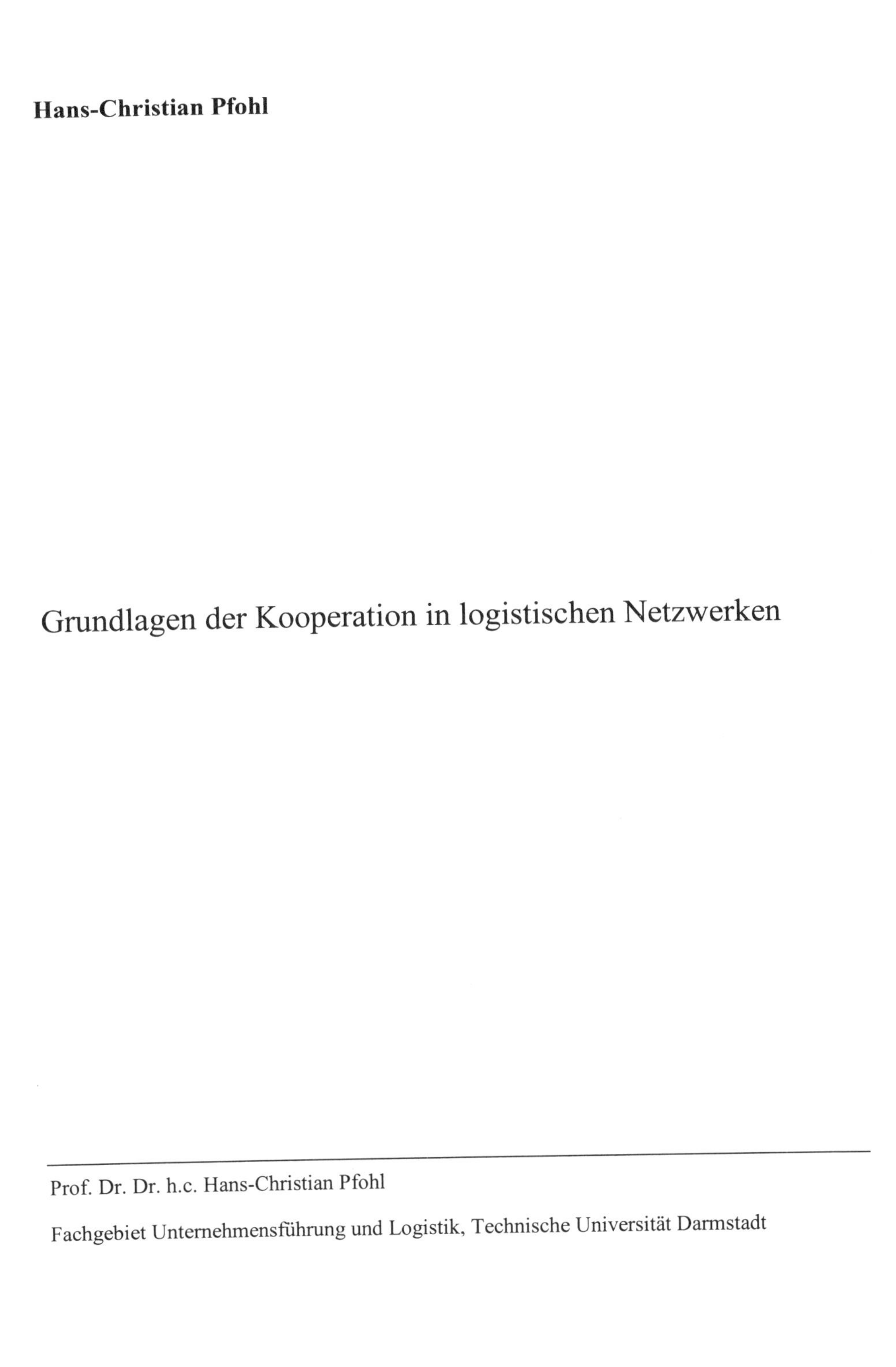

Hans-Christian Pfohl

Grundlagen der Kooperation in logistischen Netzwerken

Prof. Dr. Dr. h.c. Hans-Christian Pfohl

Fachgebiet Unternehmensführung und Logistik, Technische Universität Darmstadt

Inhaltsverzeichnis

1 Einleitung

Die Entstehung globaler Märkte und der steigende Wettbewerb zwingen Unternehmen, sich verstärkt auf ihre Kernkompetenzen zu konzentrieren und unternehmensintern erbrachte Leistungen fremdzugvergeben. Die outgesoucten Funktionen werden meist von Kooperationspartnern erbracht. Im Rahmen von Kooperationen in Netzwerken können Unternehmen durch effiziente und effektive Ausnutzung der Vorteile der Arbeitsteilung ihre Wettbewerbsfähigkeit stärken und die aktuellen Herausforderungen besser bewältigen. Dem Management von Kooperationen selbst kommt daher eine zunehmende Bedeutung als Kernkompetenz zu.

Die Kooperation in Netzwerken führt zu neuen und gestiegenen Anforderungen an das Management von vernetzten Unternehmen. Neben organisatorischen und technischen Managementaufgaben spielen insbesondere Aufgaben des Personal- und Beziehungsmanagements eine entscheidende Rolle. Alle drei Managementbereiche haben für die Integration heterogener Netzwerkpartner eine große Bedeutung.

Mit dem Aufbrechen von Wertschöpfungsketten und der unternehmensübergreifenden Leistungserstellung nimmt zwangsläufig die Intensität der Informations- und Materialflüsse zwischen den Netzwerkpartnern zu. Die effiziente Abwicklung logistischer Prozesse in Netzwerken wird zu einem Schlüsselfaktor für den Erfolg der kollektiven Leistungserstellung.

Diesen Entwicklungen begegnen Logistikdienstleister, indem sie sich auf die effiziente Abwicklung logistischer Prozesse in Netzwerken spezialisieren. Sie zeichnen sich dadurch aus, dass sie ihr Leistungsportfolio den ständig steigenden Anforderungen ihrer Kunden anpassen. Hierbei kommen verstärkt neue Geschäftsmodelle zum Tragen, die eine Integration und Optimierung logistischer Prozess entlang der gesamten Supply Chain vorsehen.

Der vorliegende Beitrag gibt einen Überblick über die Entstehungsgründe und Ziele logistischer Netzwerke. Darüber hinaus werden grundlegende Voraussetzungen der Kooperation sowie Strukturmerkmale logistischer Netzwerke aufgezeigt. Ein wesentlicher Teil des Beitrags behandelt Managementaufgaben, die sich aus der Vernetzung von Unternehmen ergeben. Zudem wird auf die Integration als Kernproblem in logistischen Netzwerken eingegangen. Letztlich werden Logistikdienstleister vorgestellt, die einen wesentlichen Beitrag zur Integration und Qualitätssicherung logistischer Prozesse in Netzwerken leisten.

2 Kooperation und Netzwerkbildung

2.1 Begriff und Konzeptionen

Kaum ein Thema in der Managementforschung und Praxis wird zur Zeit so stark diskutiert wie die Unternehmenskooperation und die Bildung von Netzwerken. Unter Kooperation wird in diesem Zusammenhang die (freiwillige) Zusammenarbeit von Unternehmen verstanden, mit dem Ziel, hieraus gewisse Vorteile zu ziehen.[1] Im Gegensatz zum Begriff der Kooperation gibt es bislang keine allgemeingültige Definition von Netzwerken. Allerdings hat die Netzwerkdefinition von Sydow in den vergangenen Jahren hohe Akzeptanz erlangt. Nach Sydow stellt ein Netzwerk „eine auf die Realisierung von Wettbewerbsvorteilen zielende Organisationsform ökonomischer Aktivität dar, die sich durch komplex-reziproke, eher kooperative denn kompetitive und relativ stabile Beziehungen zwischen rechtlich selbstständigen, wirtschaftlich jedoch meist abhängigen Unternehmungen auszeichnet“[2]. Demnach ist ein Netzwerk das Ergebnis einer Kooperation von mehr als zwei Unternehmen. Diesen Überlegungen folgend, bildet Kooperation den Oberbegriff und ein Netzwerk stellt eine spezifische Ausgestaltungsform dar.[3]

Netzwerke sind Systeme, bei denen durch Integration einzelner Unternehmen positive Netzeffekte, beispielsweise in Form von Synergieeffekten, auftreten.[4] Der Nutzen eines Netzwerkunternehmens steigt dabei mit der Anzahl der am Netzwerk beteiligten Partner. Allerdings darf der Koordinationsaufwand durch zusätzliche Schnittstellen an den Unternehmensgrenzen die positiven Netzeffekte nicht überkompensieren. [5]

Eine grundlegende Voraussetzung für die Bildung von Netzwerken ist der Ausgleich der Nutzen aller am Netzwerk beteiligten Unternehmen und damit die Schaffung einer Win-Win-Situation. Der Ressourceneinsatz und die erwirtschafteten Gewinne der Netzwerkpartner müssen sich innerhalb eines Netzwerks weitgehend entsprechen.[6] Dies lässt sich u. a. mit Hilfe der Anreiz-Beitrags-Theorie begründen, die besagt, dass eine Leistung so lange zur Verfügung gestellt wird, wie dafür im ausreichenden Maße Anreize gegeben sind.[7]

---

[1] Vgl. Schierenbeck, 2000, S. 49.

[2] Sydow, 1993, S. 79.

[3] Vgl. Sydow, 1993, S. 79; Corsten, 2001, S. 5.

[4] Vgl. Ihde/Kloster, 2001, S. 25ff.

[5] Vgl. Katz/Shapiro, 1985.

[6] Vgl. z. B. Jarillo, 1988, S. 37f.; Aulinger, 1999, S. 91.

[7] Den Grundstein für die Anreiz-Beitrgas-Theorie legten March/Simon, 1958.

Der Begriff des Netzwerks wird in der Managementforschung häufig in Untersuchungen verwendet, die an den Transaktionskostenansatz angelehnt sind.[8] Entsprechend der Transaktionskostentheorie stellen Netzwerke eine hybride Organisationsform zur Koordination von Transaktionen[9] dar. Die Organisationsformen Markt und Hierarchie (Unternehmen) bilden hierbei die Eckpunkte eines Kontinuums möglicher Zwischenformen, zu denen Netzwerke gehören.[10] Während bei der marktlichen Transaktion die Koordination über den Preis erfolgt, wird die hierarchische Transaktion über Anweisung koordiniert.[11] Netzwerke verbinden Elemente sowohl der marktlichen als auch der hierarchischen Koordination. Die in einem Netzwerk organisierten Unternehmen sind daher loser gekoppelt als in einer Hierarchie und fester gekoppelt als in einem Markt.[12] In bestimmten Situationen sind die Kosten der Abwicklung von Transaktionen in Netzwerken geringer als in einer Hierarchie oder in einem Markt und begründen damit die Existenz von Netzwerken.[13]

Abbildung 1 zeigt das breite Spektrum an Zwischenformen, die sich als organisatorische Koordinationsform zwischen Markt und Hierarchie ansiedeln. Eine Netzwerkkooperation muss sich allerdings nicht auf alle Unternehmensbereiche beziehen. Oft treten Netzwerkunternehmen in Teilmärkten als Konkurrenten auf, während sie in anderen Bereichen kooperieren. Für diesen Tatbestand ist der Begriff Coopetition geprägt worden.[14]

Netzwerke lassen sich nach unterschiedlichen Merkmalen differenzieren bzw. typologisieren.[15] In den meisten Fällen wird eine Typologisierung von Netzwerken nach den Merkmalen Netzwerkausrichtung und Form der Netzwerksteuerung vorgenommen.

Die *Netzwerkausrichtung* bezieht sich auf die Wertschöpfungsstufen, denen die beteiligten Unternehmen angehören. Hierbei lassen sich horizontale und vertikale Netzwerke unterscheiden. An horizontalen Netzwerken sind immer Unternehmen der gleichen Wertschöpfungsstufe beteiligt. Bei vertikalen Netzwerken arbeiten hingegen Unternehmen zusammen, die in aufeinander folgenden Wertschöpfungsstufen tätig sind.[16] Im Rahmen vertikaler Kooperatio-

---

8 Die Transaktionskostentheorie geht im Wesentlichen auf Coase zurück. Vgl. Coase, 1937.

9 Eine Transaktion kennzeichnet Tauschvorgänge von Rechten, die den wirtschaftlichen Aktivitäten logisch und zeitlich vorausgehen. Vgl. Commons, 1931, S. 652.

10 Vgl. Williamson, 1990, S. 94f.

11 Vgl. Bössmann, 1983, S. 105f.

12 Vgl. z.B. Sydow, 1993, S. 86.

13 Vgl. z.B. Corsten/Gössinger, 2001, S. 4.

14 Vgl. Brandenburger/Nalebuff, 1996, S. 4f.

15 Eine Zusammenstellung verschiedener Typologisierungsmöglichkeiten findet sich bei Sydow, J., 2001, S. 299.

16 Vgl. z.B. Backhaus/Meyer, 1993, S. 330.

nen kann die Aufgabenverteilung im Absatzkanal (vorwärtsgerichtete Kooperation) oder im Beschaffungskanal (rückwärtsgerichtete Kooperation) verändert werden.[17] Vertikale und horizontale Kooperationen können sich aber auch überschneiden, beispielsweise wenn zwei Unternehmen einer Wertschöpfungsstufe auf einer vor- oder nachgelagerten Stufe kooperieren.[18]

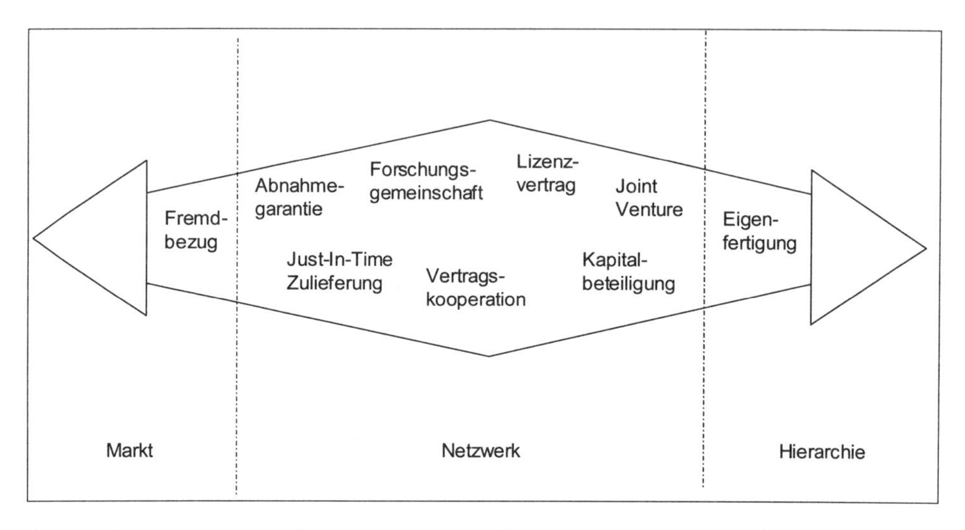

Abb. 1: Ausprägungen von Netzwerkstrukturen (Quelle: Siebert, 2001, S. 9)

Netzwerke können zudem nach der *Form der Netzwerksteuerung* differenziert werden. Hierbei geht es um die Frage, welche Netzwerkunternehmen die Führung des Netzwerks übernehmen. Demnach lassen sich hierarchisch gesteuerte Netzwerke und heterarchisch gesteuerte Netzwerke unterscheiden. In hierarchischen Netzwerken besteht eine Machtasymmetrie zu Gunsten eines fokalen Unternehmens, das die strategische Führung des Netzwerks übernimmt. Das fokale Unternehmen ist an der Definition des zu bearbeitenden Marktes und der Formulierung der Netzwerkstrategie stärker beteiligt als die anderen Netzwerkunternehmen. Ein Beispiel hierfür sind Netzwerke der Automobilzulieferindustrie, bei denen der Original Equipment Manufacturer (OEM) das fokale Unternehmen darstellt. In heterarchischen Netzwerken besteht eine symmetrische Machtverteilung zwischen den Partnerunternehmen. Die Netzwerkführung erfolgt kollektiv durch alle beteiligten Unternehmen. An solchen Netzwerken sind meist klein- und mittelständische Unternehmen beteiligt, mit dem Ziel, Größenvorteile zu realisieren. Ein Beispiel hierfür ist das Optikernetzwerk rund um Wetzlar.[19]

---

[17] Vgl. z.B. Laurent, 1996, S. 58 und S. 83.

[18] Vgl. Bacher, 2000, S. 14f.

[19] Vgl. Sydow, 2001, S. 298ff.

2.2 Entstehung von Netzwerken

Unternehmensnetzwerke entstehen durch eine grundlegende Restrukturierung der zwischenbetrieblichen Arbeitsteilung.[20] Dabei können Netzwerke zum einen als Folge einer Ausgründung bzw. Ausgliederung vormals betrieblicher Funktionen (Quasi-Externalisierung), zum anderen durch intensivere Zusammenarbeit mit Marktpartnern (Quasi-Internalisierung) entstehen. Bei der *Quasi-Externalisierung* wird die betriebliche Wertschöpfungskette aufgebrochen und (Teil-)Funktionen werden auf andere Unternehmen übertragen. Dies geschieht im Rahmen der Ausgründung durch die Übertragung der Funktion auf eine rechtlich selbständige Tochtergesellschaft, bei der Ausgliederung durch die Fremdvergabe an Dritte. Die unternehmensinterne Funktionserfüllung wird dabei nicht vollständig durch eine reine Marktbeziehung ersetzt. Stattdessen werden beispielsweise langfristige Vereinbarungen getroffen. Letztlich werden im Rahmen einer Kooperation Vorteile in einer partnerschaftlichen Funktionserfüllung gesehen.[21]

Eine Fremdvergabe vormals intern erfüllter Aufgaben geht immer mit einer *Make-Or-Buy-Entscheidung* einher. Ein Outsourcing ist nur dann vorteilhaft, wenn die Fremdausübung potentielle Vorteile gegenüber der fortgesetzten internen Funktionserfüllung aufweist. Eine Outsourcing-Entscheidung, die den Bedürfnissen der jeweiligen Unternehmen angepasst ist, kann zu einer Verbesserung der Kostenstruktur, Verringerung des operativen Risikos, Zugang zu erfolgskritischen Fähigkeiten und höherer Flexibilität führen.[22]

Allerdings kann ein Outsourcing auch negative Effekte für den Outsourcing-Geber mit sich bringen. Am häufigsten werden hierbei die Abhängigkeit vom Outsourcing-Nehmer, hohe Kosten des Dienstleister-Wechsels sowie der Verlust an Know-how und Kompetenz angeführt.[23]

Das Outsourcing geht mit einer Konzentration der Unternehmen auf ihre *Kernkompetenzen* einher. Kernkompetenzen verkörpern einzigartige Fähigkeiten und Ressourcen, die bei einem koordinierten Einsatz Wettbewerbsvorteile begründen.[24] Durch die Konzentration auf Kernkompetenzen können Unternehmen ihre Kräfte bündeln und die Wettbewerbsfähigkeit stärken.[25]

---

[20] Vgl. Sydow, 1991, S. 16.

[21] Vgl. Sydow, 1992, S. 243.

[22] Vgl. Köhler/Fink, 2003, S. 6ff.

[23] Vgl. Köhler/Fink, 2003, S. 6ff.; Bretzke, W.-R., 2004, S. 35ff.

[24] Vgl. Prahalad/Hamel, 1991, S. 69; Zu Kernkompetenzmanagement vgl. Krüger/Homp, 1997.

[25] Vgl. Zahn/Herbst/Hertweck, 1999, S. 9.

Eine weitere Möglichkeit der Entstehung von Netzwerken liegt in der strategisch motivierten *Quasi-Internalisierung* von Funktionen durch eine Intensivierung der Zusammenarbeit mit Marktpartnern.[26] Hierdurch lassen sich Synergieeffekte durch die Nutzung von Skalen- und Verbundvorteilen realisieren sowie eine Risikostreuung bewirken. Durch ein Zusammenwirken mit Partnern kann zudem das Unternehmenswachstum vorangetrieben werden. Ein weiterer Grund für die Intensivierung der Beziehung liegt in einer schnelleren Realisierung von Diversifikationszielen.[27]

Das Ergebnis der beiden Strategien der Quasi-Externalisierung und der Quasi-Internalisierung ist jeweils eine Kooperation zwischen (mehreren) relativ autonomen und spezialisierten Einheiten.[28] Über die Konzentration auf Kernkompetenzen und die Ergänzung um komplementäre Kompetenzen von Partnerunternehmen lassen sich kollektive Wettbewerbsvorteile im Verbund realisieren.[29] Die mit dieser Entwicklung einher gehende Zerlegung und zum Teil innovative, neuartige Zusammensetzung vorhandener Wertschöpfungsketten (Deconstruction) führt zu rekombinierten Wertschöpfungsarchitekturen.[30] Im Rahmen dieser Entwicklung verschwimmen traditionelle Branchengrenzen, und sowohl einzelne Wertschöpfungsstufen als auch ganze Wertschöpfungsketten von Netzwerken treten in Konkurrenz zueinander.[31]

Im Zusammenhang mit Netzwerken kommt der Informations- und Kommunikationstechnologie als „enabling technology" eine besondere Bedeutung zu. Durch die Standardisierung und Verbreitung von Informations- und Kommunikationstechnologien wird das Entstehen von Netzwerken begünstigt bzw. erst ermöglicht.[32] Die zwischen Netzwerkunternehmen genutzten Informationssysteme bilden dabei eine Plattform der Zusammenarbeit und ermöglichen eine intensive Kommunikationsverbindung sowie den Austausch von Informationen.[33]

2.3 Strukturmerkmale von Netzwerken

Netzwerke weisen idealtypische Strukturmerkmale auf, welche die kollektive Leistungserstellung der Netzwerkpartner kennzeichnen. Der Erfolg bzw. die Marktfähigkeit von Netzwerken

---

[26] Vgl. Sydow, 1993, S. 15ff.

[27] Vgl. Thommen/Achleitner, 2003, S. 77f.

[28] Vgl. Sydow, 2001, S. 296.

[29] Vgl. Corsten, 2001, S. 4.

[30] Vgl. Kuhn/Hellingrath, 2002, S. 21.

[31] Vgl. Krüger, 2001, S. 159.

[32] Vgl. Scheer/Angeli, 2002, S. 366.

[33] Vgl. Klein, 1996, S. 160f.

basiert dabei auf bestimmten Vorraussetzungen.[34] Diese Kooperationsvoraussetzungen werden in Abbildung 2 dargestellt.

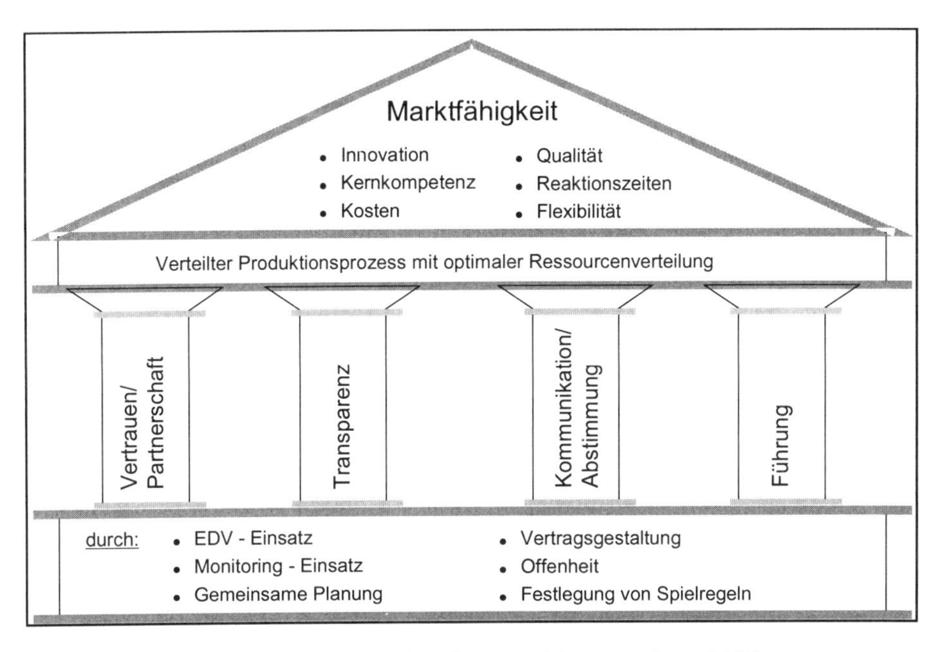

Abb. 2: Kooperationsvoraussetzungen (Quelle: In Anlehnung an Lutz, 2000)

Eine wesentliche Voraussetzung für die Kooperation in Netzwerken ist *Vertrauen*. In vielen Fällen stellt gegenseitiges Vertrauen sogar eine konstitutionelle Voraussetzung für das Zusammenwirken der Netzwerkpartner dar.[35] Im Zusammenhang mit Netzwerken wird Vertrauen als die Gewissheit eines Unternehmens verstanden, dass ihr Geschäftspartner eine sie betreffende Aufgabe so regelt, als ob es ihre eigene sei.[36] Vertrauen ist beispielsweise im Zusammenhang mit dem in Netzwerken erforderlichen offenen Informationsaustausch von Bedeutung. Netzwerkunternehmen müssen teilweise sensible Unternehmensdaten offen legen. Beispielsweise erhalten Zulieferer streng „geheime" Informationen über Produktstrategien und Entwicklungsvorhaben ihrer Kunden.[37]

---

[34] Vgl. hierzu und nachfolgend Pfohl, 2004b, S. 359ff. und die darin zitierte Literatur.

[35] Vgl. z.B. Wurche, 1994, S. 142; Rautenstrauch, 2002, S. 356.

[36] Vgl. Thorelli, 1986, S. 38.

[37] Vgl. Davidow/Malone, 1993, S. 169f.

Eine weitere Voraussetzung für Kooperation und Netzwerkbildung ist die *Transparenz* zwischen den einzelnen Netzwerkpartnern hinsichtlich der von der Vernetzung betroffenen Prozesse, der Aufteilung der erwirtschafteten Netzwerkerträge usw. Erst durch die Transparenz können die Ressourcen und Kompetenzen der Netzwerkpartner optimal eingesetzt und Gewinne gerecht aufgeteilt werden.

In Netzwerken ist die *Kommunikation bzw. Abstimmung* zwischen den Netzwerkpartnern eine weitere wesentliche Kooperationsvoraussetzung. Kommunikation fördert Vertrauen und Transparenz. Zudem kann die Leistungserstellung im Netzwerk durch Kommunikation effizienter gestaltet werden. Daher müssen entsprechende Voraussetzungen für eine reibungslose Kommunikation im Netzwerk geschaffen werden.

Eng verbunden mit den bisher aufgeführten Kooperationsvoraussetzungen von Netzwerken ist die Gestaltung der *Führung*. Die Führung hat in zweierlei Hinsicht Bedeutung. Zum einen geht es um die Frage nach der Form der *Netzwerksteuerung*. Bisher herrscht wenig Klarheit darüber, wer letztlich die Führung des Netzwerks übernehmen soll. Es ist allerdings anzumerken, dass aufgrund teilweise divergierender Ziele der beteiligten Netzwerkpartner die Führung durch ein fokales Unternehmen oft erforderlich ist. Die Machtausübung fördert dann die Entwicklung und Durchsetzung einer unternehmensübergreifenden Netzwerkstrategie.

Die zweite Sichtweise der Führung in Netzwerken betrifft die *Führung i.e.S.*, nämlich die Beeinflussung von Mitarbeitern der einzelnen Netzwerkunternehmen durch vorgesetzte Personen. Die Mitarbeiterführung muss sich an die neue Gegebenheit der Unternehmensvernetzung anpassen. Das Führungsverhalten muss beispielsweise darauf ausgerichtet sein, dass die Mitarbeiter auf mehrere Netzwerkpartner verteilte Aufgaben sinnvoll aufeinander abstimmen und Netzwerkbeziehungen pflegen bzw. fördern. Zudem müssen unternehmensübergreifende Konfliktmanagementmethoden zwischen den Netzwerkpartnern vereinbart werden. In Netzwerken lassen sich soziale Konflikte in der Beziehung zwischen Mitarbeitern verschiedener Netzwerkpartner meist nicht mit Hilfe der unternehmensinternen Konfliktmanagementmethoden lösen. Eine Eskalation des Konfliktes bis zu einem gemeinsamen hierarchischen Vorgesetzten ist in Netzwerken nicht möglich.

Die Verteilung der Aufgaben innerhalb eines Netzwerks richtet sich maßgeblich nach den jeweiligen Kernkompetenzen der beteiligten Unternehmen. Um die Leistungsfähigkeit des Netzwerks sicherzustellen, ist eine effiziente Verknüpfung der Kernkompetenzen der Partnerunternehmen sicherzustellen. Zu den hierfür notwenigen kollektiven Kompetenzen, welche auch als Komplementaritätskompetenzen bezeichnet werden, zählen beispielsweise die Logistik-, Koordinations- und Kommunikationskompetenz.

Die Kopplung der Netzwerkpartner zur kollektiven Leistungserstellung lässt sich in die geschäftliche, soziale und informationstechnische Verknüpfung unterteilen. Diese wiederum hängen von der Netzwerkgröße und -ausdehnung sowie den Eigenschaften der Netzwerkpartner ab. Abbildung 3 gibt einen Überblick über alle in einem Netzwerk bestehenden Verknüpfungen und deren Einflussgrößen.

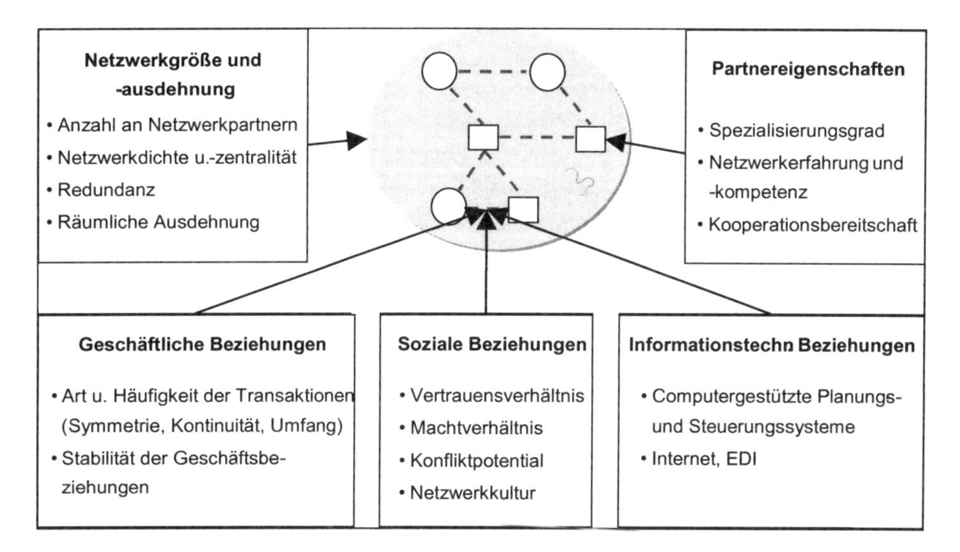

Abb. 3: Strukturmerkmale von Netzwerken (Quelle: In Anlehnung an Pfohl, 2001, S. 37)

Die *geschäftlichen Verknüpfungen* umfassen zum einen die konkreten zeitlich begrenzten Transaktionen, die zwischen den Netzwerkpartnern stattfinden. Zum anderen zählen hierzu aber auch die daraus entstehenden langfristigen Geschäftsbeziehungen, die über Unterbrechungszeiträume diskontinuierlicher Transaktionen hinaus Bestand haben. Basis für die Entstehung solcher langfristigen Geschäftsbeziehungen ist die Existenz von *sozialen Verknüpfungen*, unter denen man dauerhafte, meist vertrauensvolle Beziehungen zwischen mehr als zwei Personen versteht. Diese sind im Gegensatz zu geschäftlichen Verknüpfungen an bestimmte Individuen gebunden. Im Rahmen der *informationstechnischen Verknüpfung* schließlich werden die Netzwerkpartner mittels interorganisatorischer Informations- und Kommunikationssysteme gekoppelt. Geschäftliche, soziale und informationstechnische Verknüpfungen entsprechen einander nur in den seltensten Fällen. So wird beispielsweise in aller Regel nur ein Teil der geschäftlichen und sozialen Verknüpfungen informationstechnisch unterstützt.

3 Management logistischer Netzwerke

3.1 Gegenstand und Ziele logistischer Netzwerke

Der Begriff des logistischen Netzwerks ist bislang noch nicht hinreichend abgegrenzt. In der Literatur lassen sich grundsätzlich verschiedene Typen logistischer Netzwerke unterscheiden. So stellt beispielweise die „Logistikkette“ zwischen Beschaffungs- und Absatzmarkt ein Netzwerk dar, in dem logistische Prozesse ablaufen.[38] Damit ist das Netzwerk das wesentliche Modell zur Abbildung der Grundstruktur von Logistiksystemen. Hierbei kann es sich um logistische Netzwerke z.B. in der Produktions-Logistik handeln, bei denen die Fertigungssegmente die Knoten des Netzwerks darstellen. Aber auch komplexe logistische Gesamtsysteme mit den Lieferpunkten am Beschaffungsmarkt und den Empfangspunkten am Absatzmarkt fallen hierunter.[39]

Eine weitere Begriffsdefinition logistischer Netzwerke bezieht sich auf sogenannte Logistikservice-Netzwerke. Unter Logistikservice-Netzwerken werden interorganisatorische Beziehungsgefüge zwischen Logistikdienstleistungsunternehmen verstanden, deren Hauptzweck in der Erfüllung der Logistikfunktion liegt. In solchen Netzwerken stellt somit die Logistik die Primärfunktion dar. Der Gegenstand der Beziehung ist hierbei die kooperative Durchführung sowie Koordination der logistischen Dienstleistungen.[40] Beispielsweise werden Sub-Dienstleister als Partner für die Erfüllung von komplexen logistischen Kundenwünschen eingebunden.[41]

Am weitaus häufigsten werden unter logistischen Netzwerken solche Netzwerke verstanden, die als Folge von Kooperationen auf anderen Gebieten entstehen. Meist liegt der Schwerpunkt solcher Kooperationen in der gemeinsamen Entwicklung und Herstellung von Produkten. Die Produktion erfolgt dabei arbeitsteilig durch an verschiedenen Orten angesiedelte Unternehmen. Schwerpunkt der Zusammenarbeit sind somit die unternehmensübergreifenden Produktions- und die damit einhergehenden logistischen Prozesse. Damit nimmt die Logistik eine Stellung als Sekundärfunktion zur Unterstützung der Produktion ein.[42] Der Logistikfunktion kommt allerdings eine besondere Bedeutung zu. Sie durchdringt durch ihre integrative Pro-

---

[38] Vgl. Pfohl, 2004a, S. 5ff.

[39] Vgl. Pfohl, 2004b, S. 106.

[40] Vgl. Freichel, 1992, S. 12ff.; ähnlich Sydow, 2004.

[41] Vgl. Baumgarten/Thoms, 2002, S. 73ff.

[42] Vgl. Pfohl, 2001, S. 35.

zesssichtweise das gesamte Netzwerk und bildet das verbindende Element zwischen den einzelnen auf Unternehmensebene ablaufenden Produktionsprozessen.[43]

Kooperationen in logistischen Netzwerken werden meist von Netzwerkunternehmen eingegangen, die ähnliche Ziel verfolgen. Grundlegend zu unterscheiden sind hierbei zum einen die von den Netzwerkunternehmen formulierten Ziele, die Ansprüche der Netzwerkpartner an das Netzwerk ausdrücken. Zum anderen resultieren durch interaktive Abstimmungsprozesse aus den unternehmensindividuellen Zielen strategische Netzwerkziele.[44] Folglich müssen die von den einzelnen Netzwerkpartnern für das Netzwerk formulierten Ziele vereinbar sein.[45]

Das am häufigsten genannte Ziel von Unternehmensnetzwerken ist die Realisierung von Wettbewerbsvorteilen. Dieses Ziel lässt darauf schließen, dass dem Netzwerk eine bessere Zielerreichung zuerkannt wird als anderen Koordinationsformen (Markt, Hierarchie).[46] Worin die Wettbewerbsvorteile im Einzelfall liegen, wird maßgeblich durch den Kooperationsinhalt bestimmt. Dieser bezieht sich auf die Wertschöpfungsstufen, die eingebunden werden, das Kerngeschäft, das gemeinsam aufgebaut wird und die Ressourcen, auf welche die Netzwerkunternehmen zugreifen können.[47]

3.2 Managementaufgaben in logistischen Netzwerken

Netzwerkunternehmen weisen ein breiteres Spektrum an Managementaufgaben auf als unvernetzte Unternehmen. Bezüglich der unternehmensbezogenen Aktivitäten eines Netzwerkunternehmens stehen die regulären Aufgaben der Unternehmensführung an. Neben die traditionellen unternehmensbezogenen Aufgaben treten neue, die unternehmensübergreifende Leistungserstellung betreffende Managementaufgaben. Die Unternehmensvernetzung erfordert daher zusätzliche und gestiegene Managementfähigkeiten.[48]

Beim Management von Netzwerken kommt es darauf an, bestimmte Spannungsverhältnisse auszugleichen – beispielsweise zwischen Autonomie und Abhängigkeit, Vertrauen und Kontrolle sowie Kooperation und Wettbewerb.[49] Die Quasi-Externalisierung von Funktionen führt zudem zu einer Erhöhung der Komplexität von Netzwerkstrukturen. Daher gewinnt das Komplexitätsmanagement in Netzwerken an Bedeutung. Ziel ist hierbei nicht, die Komplexität zu

---

[43] Vgl. Pfohl/Hofmann, 2003, S. 317. Siehe dazu auch Olle, 2001, S. 55.

[44] Vgl. Tröndle, 1987, S. 39ff.; Rößl, 1994, S. 211f.; Altmeyer, 1997, S. 73f.

[45] Vgl. Altmeyer, 1997, S. 74.

[46] Vgl. Corsten, 2001, S. 4.

[47] Vgl. Männel, 1996, S. 149ff.

[48] Vgl. Sydow, 1995, S. 164; Bach/Buchholz/Eichler, 2003, S. 8.

[49] Vgl. Corsten/Gössinger, 2001, S. 10.

minimieren, sondern ein beherrschbares Maß an Komplexität zu finden. Beispielsweise kann der Aufwand zur Koordination vieler Netzwerkpartner den Nutzen der Konzentration auf Kernkompetenzen übersteigen.[50]

Nachfolgend werden die Managementaufgaben in logistischen Netzwerken anhand der Gestaltungsobjekte Organisation, Technik und Netzwerkakteur analysiert und beschreiben.[51] Dabei ist darauf hinzuweisen, dass die einzelnen Gestaltungsobjekte voneinander abhängig sind. Beispielsweise führt eine Anpassung der Organisation auch Änderungen in der technischen Ausgestaltung und der Wahl der am Netzwerk beteiligten Akteure mit sich.

Gestaltungsobjekt Organisation: Die organisatorischen Managementaufgaben lassen sich in aufbauorganisatorische und in ablauforganisatorische Aufgaben des Netzwerkmanagements unterteilen. Die *Aufbauorganisation* wiederum muss zum einen aus der Sicht der gesamten Netzwerkorganisation betrachtet werden. Zum anderen erfordert die Unternehmensvernetzung entsprechende organisatorische Anpassungen der einzelnen Netzwerkunternehmen.

Wesentliche Voraussetzung für das Management des Gestaltungsobjekts Organisation ist die Kenntnis der Struktur und Zusammensetzung der Netzwerkunternehmen. Hinsichtlich der „Aufbauorganisation" des Netzwerks spielen daher die Aspekte Netzwerkmitglieder, Wertschöpfungsstruktur und Verbindungsart der Netzwerkpartner eine entscheidende Rolle.[52]

Zunächst müssen die *Netzwerkmitglieder* identifiziert werden. In den meisten Fällen wird die Benennung aller am Netzwerk beteiligten Unternehmen eine zu hohe Komplexität mit sich bringen. Sinnvoll ist daher die Unterteilung nach *primären Netzwerkunternehmen*, die aktuell am Leistungserstellungsprozess wertschöpfend beteiligt sind und *unterstützenden Netzwerkunternehmen*, die Ressourcen, Kapazitäten und Know-how für die übrigen Netzwerkpartner bereitstellen. In einem Netzwerk können einzelne Unternehmen sowohl als primäre als auch als sekundäre Netzwerkunternehmen auftreten. Beispielsweise kann ein Netzwerkpartner wertschöpfende Aktivitäten einem Teilprozess zuführen, gleichzeitig einen weiteren Teilprozess durch Ressourcenbereitstellung unterstützen.[53]

Neben der Identifikation der Netzwerkmitglieder stellt sich die Frage nach der *Wertschöpfungsstruktur* des Netzwerks. Die Wertschöpfungsstruktur beinhaltet zum einen die Netzwerkausrichtung. Hierbei geht es um die Frage, ob es sich um ein überwiegend vertikales oder

---

[50] Vgl. Corsten u. a., 2004, S. 276f.

[51] Die Unterteilung erfolgt in Anlehnung an Leavitt, 1965, wobei die bei ihm aufgeführte Variable „Mitarbeiter" hier als „Netzwerkakteur" konkretisiert wird. Siehe dazu insbesondere auch Pfohl, 2004b, S. 26ff.

[52] Vgl. Stock/Lambert, 2001, S. 62.

[53] Vgl. Stock/Lambert, 2001, S. 62f.

horizontales Netzwerk handelt. Zum anderen spielt die Form der Netzwerksteuerung (hierarchisches oder heterarchisches Netzwerk) eine Rolle. Bei hierarchischen Netzwerken stellt sich zudem die Frage nach der Position des fokalen Unternehmens in der Wertschöpfungskette.[54]

Letztlich muss die *Verbindungsart* zwischen den Netzwerkpartnern bestimmt werden. Hierbei lassen sich aus Sicht eines fokalen Unternehmens folgende Arten unterscheiden:[55]

- *„Managed Links":* Diese Verbindungen werden von dem fokalen Unternehmen als besonders erfolgskritisch eingestuft. Daher sind diese Verbindungen Gegenstand des Managements und die Netzwerkpartner werden stark integriert. Solche Verbindungen werden vor allem zum Zulieferer und Kunden der angrenzenden Wertschöpfungsstufe unterhalten.
- *„Monitored Links":* Diese Verbindungen sind nicht erfolgskritisch für das fokale Unternehmen. Allerdings ist es wichtig, dass diese Verbindungen Gegenstand des Managements von anderen Netzwerkpartnern sind. Für das fokale Unternehmen ist die Transparenz dieser Verbindungen von Bedeutung.
- *„Not-Managed Links":* In diese Verbindungen ist das fokale Unternehmen nicht direkt involviert. Diese Verbindungen sind ausschließlich Gegenstand des Managements der Netzwerkpartner.
- *„Non-Member Links":* Diese Verbindungen ergeben sich aus der Mitgliedschaft von Netzwerkpartnern in konkurrierenden Netzwerken. Netzwerke werden auch durch Entscheidungen beeinflusst, die im Rahmen konkurrierender Supply Chains getroffen werden.

Abbildung 4 verdeutlicht die Verbindungsarten am Beispiel eines hierarchischen Netzwerks.

Die Vernetzung von Unternehmen führt zwingend auch zu Anpassungen der internen Organisationsstruktur. Die permanente Neudefinition der Unternehmensgrenzen und der Unternehmensposition im Netzwerk erfordert eine hohe strukturelle Flexibilität der Netzwerkunternehmen. Organisationsstrukturen müssen sich daher schnell und kostengünstig an neue Netzwerkkonstellationen und Marktanforderungen anpassen lassen. Eine dominierende Organisationsform zur Bewältigung dieser Anforderungen ist die Bildung von flexiblen, unternehmensübergreifenden Projektteams.[56]

---

[54] Vgl. Stock/Lambert, 2001, S. 64f.; Gleich/Galgenmüller, 2004, S. 8.

[55] Vgl. Stock/Lambert, 2001, S. 65f.

[56] Vgl. Payer, 2002, S. 43ff.

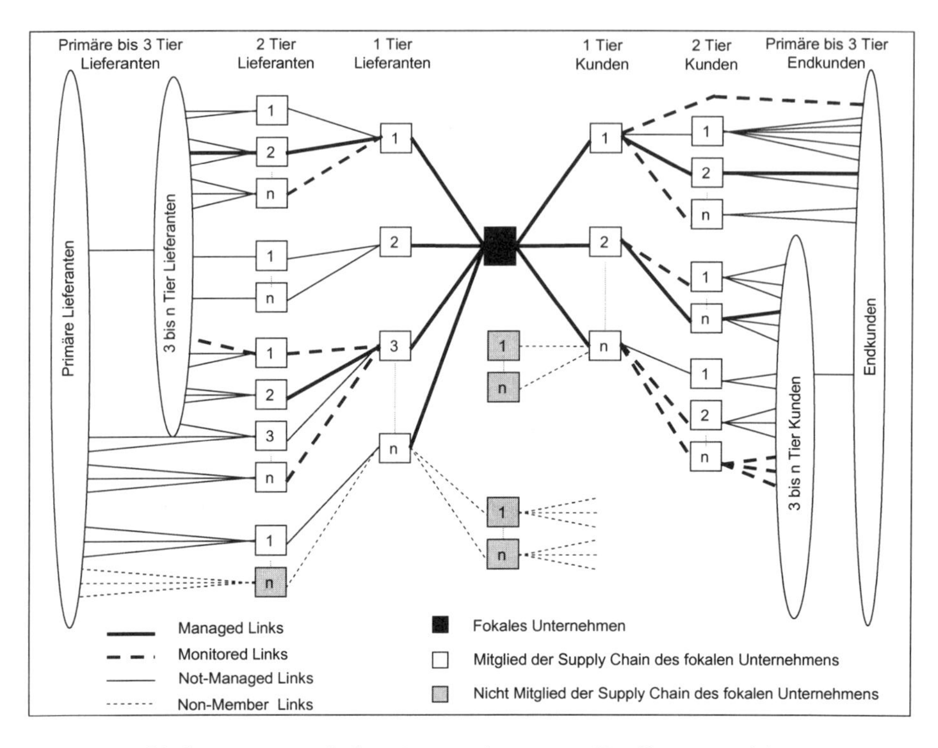

Abb. 4: Verbindungsarten zwischen Netzwerkpartnern (Quelle: In Anlehnung an Lambert/Cooper/Pagh, 1998, S. 7)

Im Verhältnis zur Aufbauorganisation gewinnen Managementaufgaben in Bezug auf die Ablauforganisation immer mehr an Bedeutung. Die *„Ablauforganisation“* bzw. Prozessorganisation in Netzwerken beinhaltet die Gestaltung der in einem Netzwerk ablaufenden unternehmensübergreifenden Prozesse. Eine Besonderheit übergreifender Prozesse sind die Schnittstellen, die durch Unternehmensgrenzen entstehen.[57] Diese führen zu einem gestiegenen Koordinationsbedarf, der ein entsprechendes Schnittstellenmanagement der Netzwerkunternehmen verlangt.[58] Eine weitere Aufgabe im Hinblick auf die Prozessorganisation ist die Synchronisation der in einem Netzwerk ablaufenden Prozesse. Hierzu gehört beispielsweise die Verwirklichung eines überlappenden oder parallelen Ablaufs der Teilprozesse oder die Umsetzung

[57] Vgl. Hirschmann, 1998, S. 37.

[58] Vgl. Buchholz/Olemotz, 2003, S. 371.

von Just-in-Time Konzepten.[59] Ziele hierbei sind neben Zeitersparnissen bei der kollektiven Leistungserstellung die Vermeidung von Leerzeiten bzw. zu hohen Lagerbeständen.[60]

Je nach Kundenauftrag und Konstellation der Netzwerkunternehmen müssen die Abläufe im Netzwerk im Sinne eines Business Process Reengineering den aktuellen Anforderungen angepasst werden.[61] Dabei ist anzumerken, dass zwischen den Gestaltungsfeldern Aufbau- und Ablauforganisation jeweils Wechselwirkungen bestehen.[62] Beide Gestaltungsfelder haben auch enge Beziehungen zum Gestaltungsobjekt Technik.

Gestaltungsobjekt Technik: Die Aufgaben der technischen Unterstützung der kollektiven Leistungserstellung im Netzwerk beinhalten insbesondere die Ausgestaltung der informationstechnischen Verknüpfung zwischen den Netzwerkpartnern. Die Informations- und Kommunikationstechnologie ist eine wesentliche Voraussetzung für die kollektive Leistungserstellung in Netzwerken. Die Spezialisierung auf Kernkompetenzen und die gleichzeitige globale Funktionserfüllung der komplementären Aufgaben erfordern einen Zugang zu dezentralen, verteilten Informationen.

Durch Informationsverluste, Übertragungsfehler und Informationslücken entstehen Effizienzverluste in der Erfüllung von Wertschöpfungsaufgaben. Werden Informationen über Auftragsdaten nicht vollständig ausgetauscht, kann es zu aufwendigen Rückfragen kommen. In vielen Fällen werden beispielsweise Bestandsdaten in Netzwerken nicht ausgetauscht. Daher muss jeder Partner zeitaufwendige Aktivitäten zur Prognose von Bestellungen usw. durchführen.[63]

Im Fokus des Gestaltungsobjekts Technik steht daher die informationstechnische Verknüpfung der Netzwerkpartner. Hierfür ist die Festlegung und Unterstützung von Standards, wie z.B. EDI (Electronic Data Interchange) oder EDIFACT (EDI for Administration, Commerce and Transport) notwendig. Durch den Aufbau von Informationsnetzwerken auf Basis von EDI lassen sich standardisierte Geschäftsdokumente austauschen und damit die übergreifende Zusammenarbeit verbessern. Des Weiteren wird hierdurch die Komplexität sowohl auf der technischen als auch organisatorischen Ebene verringert.[64] Allerdings ist hinsichtlich des Aus-

---

[59] Vgl. Göpfert/Haage, 2004, S. 132.
[60] Vgl. Pfohl, 2004a, S. 207.
[61] Vgl. Baumgarten, 2001a, S. 18.
[62] Vgl. Krüger, 1994, S. 119f.
[63] Vgl. Göpfert/Haage, 2004, S. 132.
[64] Vgl. Schuh, 1996, S. 171; Klein, 1996, S. 61.

tauschs komplexerer Datenobjekte davon auszugehen, dass EDI zukünftig durch neue Standards, wie beispielsweise XML, ersetzt wird.[65]

Ein wesentlicher Vorteil des EDI ist die soft- und hardwareneutrale Weiterverarbeitung elektronisch übermittelter Informationen in unternehmensinternen Anwendungssystemen ohne erneute Dateneingabe. Durch die direkte zwischenbetriebliche Kommunikation ohne Medienbrüche ist der Informationsaustausch zwischen den Netzwerkpartnern ähnlich problemlos wie unternehmensintern.[66]

Neben der Ausbreitung informationstechnischer Infrastrukturen ist die Entstehung von Interorganisationssystemen (IOS), also zwischenbetrieblichen Anwendungssystemen, für die Kommunikation in Netzwerken entscheidend. Konstituierende Merkmale von IOS sind neben der Verwendung von Telekommunikationsinfrastrukturen als Basis des Informationsaustauschs die Nutzung von Diensten, die auf mehrere Organisationen ausgerichtet sind.[67] In Abbildung 5 sind Beispiele von IOS aufgeführt.

Branche/ Funktion	**Beispiel**	**Anwendung**
Produktion	JIT Kopplung in der Automobilindustrie	EDI: Zuliefer-Kopplung
F&E	CAD/CAM-Austausch in der Entwicklung	Technischer Datenaustausch
Logistik	Cargo Community Systeme (Ritz 1995)	EDI-Kopplung in der Transportkette
Touristik	Computer Reservation Systems/ Global Distribution Systems (Langenohl 1994)	Online-Transaktionssysteme, Buchungssysteme
	RIA (CLEMONS; ROW, MILLER 1992)	Gemeinsamer Zugriff auf Kundeninformationen, Applikationen zur Unterstützung von Buchungen
Handel	EUROSELECT (Klein; Klüber 1992)	EDI: (Informations-) Beschaffung, Elektronische Kataloge, Preisver-gleich, Elektronischer Handel
Handel - Banken	Electronic Funds Transfer/ Point-of-Sale Systeme (HOWELLS ET AL. 1991)	Zahlungsaustausch, Autorisierung

Abb. 5: Beispiele von IOS (Quelle: Klein, 1996, S. 43)

---

[65] Vgl. Scheer/Angeli, 2002, S. 380.

[66] Vgl. Neuburger, 1994, S. 51ff.

[67] Vgl. Klein, 1996, S. 38ff.; Mertens, 2004, S. 8.

Gestaltungsobjekt Netzwerkakteur: Diesem Gestaltungsobjekt lassen sich sehr vielfältige Managementaufgaben zuordnen. Grundlegende Aufgaben sind hierbei zunächst die *Selektion* geeigneter Netzwerkpartner. Obwohl diese Aufgabe zeitlich gesehen beim Aufbau des Netzwerks anfällt, ist die Selektion als Daueraufgabe zu verstehen, die opportunistischem Verhalten der Netzwerkpartner entgegenwirkt und den Zusammenhalt fördert. Eng verbunden mit der Selektion ist die *Allokation*, d.h. die Verteilung von Funktionen, Ressourcen und Zuständigkeiten auf einzelne Netzwerkunternehmen. Eine wichtige Aufgabe ist zudem die Steuerung des Netzwerks in Rahmen der *Regulation.* Hierzu müssen geeignete Leistungsgrößen zur Steuerung der Wertschöpfungsaktivitäten der Netzwerkpartner definiert werden. Eine besondere Herausforderung besteht hierbei in einer einheitlichen Definition von Kennzahlen. Die *Evaluation* bezieht sich in erster Linie auf die Leistungserstellung der einzelnen Partner sowie die Beziehungssituation zwischen zwei Netzwerkunternehmen.[68] Dem *Management von Beziehungen* kommt daher eine steigende Bedeutung zu.[69]

Eine effiziente und kundenorientierte Leistungserstellung im Netzwerk ist erst auf der Grundlage eines erfolgreichen *Beziehungsmanagements* der beteiligten Netzwerkpartner möglich. Beim Management der Netzwerkbeziehungen geht es in erster Linie um die Gestaltung der Interaktion zwischen den Unternehmen bzw. deren Unternehmensvertretern.[70] Eine Studie von A.T. Kearney zeigt, dass Netzwerke mit einem erfolgreichen Beziehungsmanagement eine wesentlich bessere Netzwerkleistung aufweisen als Netzwerke mit „schlechten" Beziehungen zwischen den beteiligten Unternehmen.[71]

Der Beginn einer Beziehung zwischen zwei Netzwerkpartnern hängt meist von einigen wenigen Mitarbeitern ab. Diese Mitarbeiter bauen einen sehr persönlichen Kontakt auf und fokussieren ihre Zusammenarbeit auf ein Thema, z.B. den Aufbau einer EDI-Verbindung. Solche Beziehungen sind allerdings noch sehr instabil. Werden die Mitarbeiter des Partnerunternehmens enttäuscht, kann der Vertrauensverlust zum Abbruch der Beziehung führen. Im weiteren Verlauf der Partnerschaft nehmen die Intensität der Beziehung und die Anzahl der Kontakte zwischen den Netzwerkpartnern ab. Oft wird die Zusammenarbeit immer erst dann wieder intensiviert, wenn akute Probleme im Hinblick auf die Leistungserstellung im Netzwerk auftreten.[72]

---

[68] Vgl. Sydow, 2001, S. 310ff.

[69] Vgl. Deering/Davis/Markham, 2003, S. 39.

[70] Vgl. Seuring u. a., 2003, S. 48.

[71] Vgl. Deering/Davis/Markham, 2003, S. 39.

[72] Vgl. Behrenbeck u. a., 2003, S. 42f.

Für das Beziehungsmanagement sollte jedes Netzwerkunternehmen kompetente Experten einsetzen. Diese Experten haben die Aufgabe, den Kontakt zu den Netzwerkpartnern zu pflegen, Leistungen zu kontrollieren, Zielvereinbarungen zu überprüfen und Innovationen im Netzwerk voranzutreiben.[73] Dabei zielt das Beziehungsmanagement nicht darauf ab, in jede Beziehung zwischen zwei Netzwerkpartnern ein maximales Maß an Ressourcen zu investieren. Stattdessen muss jeder Beziehungssituation mit einem entsprechenden Managementansatz begegnet werden.[74] Abbildung 6 verdeutlicht unterschiedliche Beziehungssituationen und entsprechende Managementansätze.

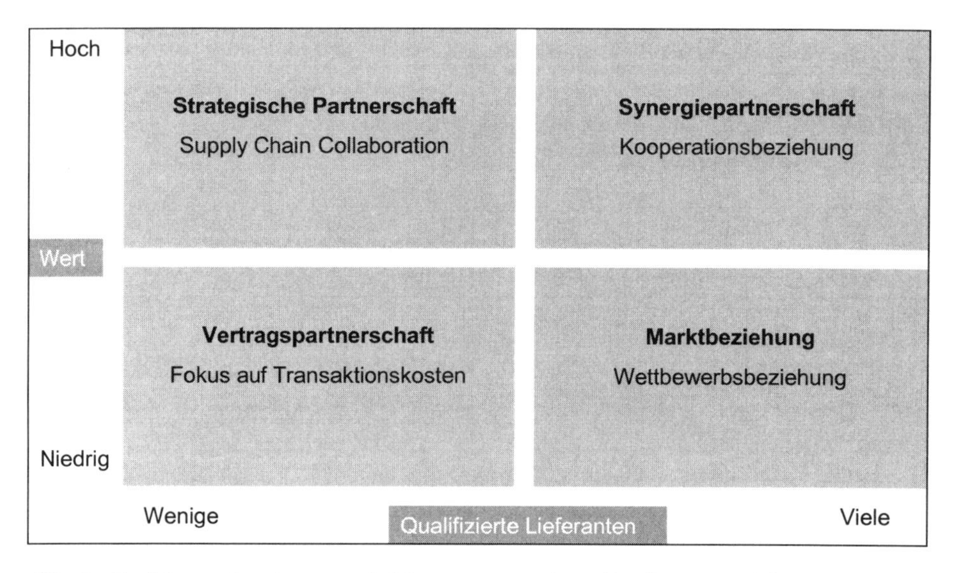

Abb. 6: Beziehungssituationen und Managementansätze (Quelle: In Anlehnung an Trent, 2004, S. 56 (übersetzt durch den Verfasser))

Eine *Vertragspartnerschaft* ist durch einen geringen Marktwertwert der gehandelten Güter gekennzeichnet. Zudem zeichnet sich diese Beziehungssituation durch sehr niedrige Transaktionskosten aus. Zwischen den Partnerunternehmen werden Rahmenverträge ausgehandelt, die besondere Konditionen beinhalten. Daher ist der Wechsel eines Vertragspartners mit hohen Wechselkosten verbunden und die Vertragssituation bleibt über einen langen Zeitraum bestehen. Diese Beziehungssituation erfordert keinen besonderen Managementansatz.[75]

---

[73] Vgl. Müller/Preissner, 2004, S. 112.

[74] Vgl. Trent, 2004, S. 55.

[75] Vgl. Trent, 2004, S. 56.

Die *Marktbeziehung* ist durch einen niedrigen bis mittleren Wert der gehandelten Güter sowie viele Anbieter der Leistung gekennzeichnet. In vielen Fällen erfolgt die Wahl des Lieferanten über Ausschreibungen oder Internetauktionen. Daher sind die Kosten des Wechsels eines Zulieferers gering. Die Beziehungssituation konzentriert sich auf den Preis als Verhandlungsgegenstand. Ein Managementansatz für diese Beziehungssituation wäre daher eher kontraproduktiv.[76]

Die im Rahmen einer *Strategischen Partnerschaft* gehandelten Güter haben einen hohen Marktwerk und ein geringes Transaktionsvolumen. In den meisten Fällen sind sie ein wesentlicher Bestandteil des Endprodukts bzw. werden kundenindividuell gefertigt. Es gibt nur wenige Lieferanten, die eine entsprechende Leistung anbieten können. Über die Intensivierung der Beziehung, beispielsweise durch ein Supply Chain Collaboration[77], lassen sich weitreichende Erfolge erzielen.[78]

Die *Synergiepartnerschaft* kennzeichnet eine Beziehungssituation, bei der die Netzwerkpartner Synergien durch Skalenvorteile realisieren. Typisch für die Synergiepartnerschaft sind langfristige Verträge für ein relativ großes Absatzvolumen. Gegenstand der Kooperation sind beispielsweise Kosten, Qualität, Vertrieb oder Service. Im den meisten Fällen ist die Reduzierung der Kosten in der gesamten Supply Chain das Ziel der Zusammenarbeit der am Netzwerk beteiligten Unternehmen. Für diese Beziehungssituation ist ein kooperativer Managementansatz sinnvoll.[79]

Im Zusammenhang mit dem Beziehungsmanagement kommt „weichen" Faktoren, wie der Unternehmenskultur der Netzwerkpartner, eine entscheidende Bedeutung zu. In den meisten Fällen werfen unterschiedliche Unternehmenskulturen und die daraus erwachsenen Verhaltensprofile Schwierigkeiten bei der Kommunikation und Lösung von Problemen auf. Daher sollten sich Netzwerkunternehmen in ihren Unternehmenskulturen ähneln.[80]

In den meisten Fällen ist ein Unternehmen nicht nur Bestandteil einer Supply Chain, sondern eines Geflechts vielfältiger ineinander verwobener Lieferketten.[81] Daher können bei der Priorisierung von Aufträgen und der Ressourcenverwendung zur Aufgabenerfüllung Zielkonflikte

---

[76] Vgl. Trent, 2004, S. 56.

[77] Supply Chain Collaboration basiert auf einer aktiven und konstruktiven Zusammenarbeit der Netzwerkpartner. Vgl. Bundesvereinigung Logistik (BVL), 2003, S. 37.

[78] Vgl. Trent, 2004, S. 56.

[79] Vgl. Trent, 2004, S. 56.

[80] Vgl. Bleicher, 2003, S. 168f.

[81] Vgl. Schenkenbach/Zeier, 2003, S. 15.

bei den Netzwerkunternehmen auftreten.[82] Zudem kann die technische Anbindung an verschiedene Netzwerke und die Verwendung unterschiedlicher Datenformate zu Problemen führen. Kleine Zulieferunternehmen können sich die hohen Investitionskosten in technische Standards, die in den meisten Fällen durch das fokale Unternehmen vorgegeben werden, oft nicht leisten. Eine Anbindung an mehrere Netzwerke mit unterschiedlichen technischen Standards ist kaum finanzierbar.[83] Die Mitgliedschaft in mehreren Netzwerken erschwert zudem die Definition einheitlicher Kennzahlen für die Regulation des Netzwerks sowie das Controlling übergreifender logistischer Prozesse.[84] Hinsichtlich des Beziehungsmanagements bleibt anzumerken, dass es den meisten Unternehmen nicht gelingt, über die ersten Schritte der Beziehung hinauszukommen und eine Beziehung über mehrere Kooperationsthemen sowie mehrer Kooperationspartner hinweg zu etablieren.[85]

4 Integration als Kernproblem des Netzwerkmanagements

4.1 Integrationskompetenzen und -fähigkeiten

Bei der kollektiven Leistungserstellung im Netzwerk sind die einzelnen Netzwerkunternehmen und die darin ablaufenden Prozesse wechselseitig voneinander abhängig. Um die Leistungserstellung im Netzwerk erfolgreich zu gestalten, bedarf es daher einer Integration der Netzwerkunternehmen und damit der Verknüpfung von Subsystemen zu einem Gesamtsystem. Durch eine solche Integration können Optimierungsverluste durch mangelnde Abstimmung sowie lokale Suboptima zu Gunsten eines Gesamtoptimums vermieden werden.[86] Da sich die Netzwerkunternehmen durch unterschiedliche strategische Absichten, andersartig gestaltete Organisationsstrukturen und unterschiedliche Unternehmenskulturen auszeichnen, stellt die Integration in Netzwerken ein wesentliches Problem dar.[87]

Aufbauend auf einer Studie des Global Logistics Research Teams wurden in einer 1998 und 1999 in den USA durchgeführten Studie des CLM und der Michigan State University (MSU)[88]

---

[82] Vgl. Gronau/Haak/Noll, 2002, S. 388.

[83] Vgl. Rautenstrauch, 2002, S. 355.

[84] Vgl. VDA, 1996, S. 6ff.

[85] Vgl. Behrenbeck u. a., 2003, S. 42f.

[86] Vgl. z.B. Zäpfel, 2004, S. 9ff.

[87] Vgl. Bleicher, 2003, S. 156.

[88] Vgl. Bowersox/Closs/Stank, 1999.

Integrationskompetenzen bzw. -fähigkeiten als Grundlagen eines exzellenten Managements analysiert und beschrieben.[89] Abbildung 7 zeigt die verschiedenen Integrationskontexte.

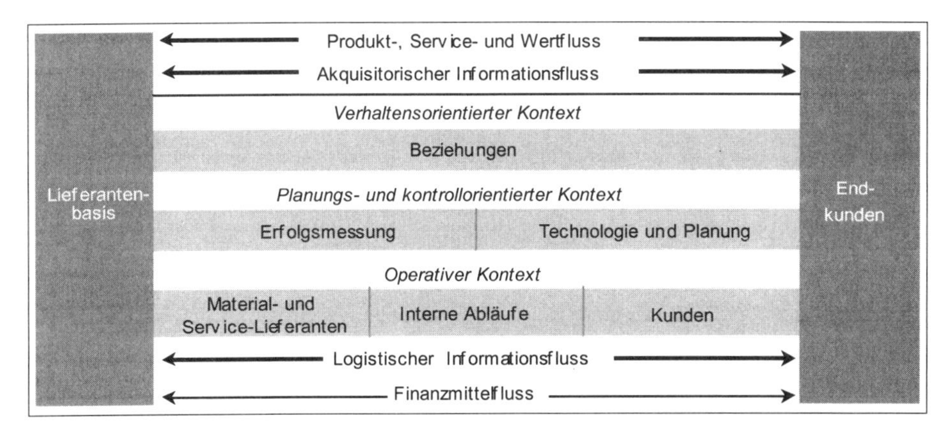

Abb. 7: Integrationskontexte (Quelle: Bowersox/Closs/Stank, 1999, S. 24. Übersetzt entnommen aus Pfohl, 2000, S. 32)

Demnach sind bei der Gestaltung und dem Management von effektiven und effizienten logistischen Prozessen operative, planungs- und kontrollorientierte sowie verhaltensorientierte Kontexte zu berücksichtigen. Im Rahmen des *operativen* Kontextes steht vor allem die Bildung von „Nahtstellen" zwischen einzelnen Funktionen und Unternehmen einer Supply Chain im Mittelpunkt des Interesses. Der *planungs- und kontrollorientierte* Kontext berücksichtigt Entscheidungen auf den verschiedenen Handlungsebenen im Supply Chain Management-Konzept sowie die dafür notwendigen Instrumente (z.B. Erfolgsmessungen) und Hilfsmittel (z.B. Informationstechnologie). Im *verhaltensorientierten* Kontext sind ganzheitliche Aussagen über die Mitglieder der Supply Chain und deren Beziehungen von besonderer Bedeutung.

Integration der Kunden: Ziel ist die Kundenorientierung und damit die konsequente Ausrichtung aller Unternehmensfunktionen auf den Kunden. Die Kompetenz zur Integration der Kunden beinhaltet neben der Kundensegmentierung die Relevanz für den Kunden. Relevanz bezieht sich in diesem Zusammenhang auf die Fähigkeit eines Unternehmens, seinen Fokus auf die sich ständig ändernden Bedürfnisse der Kunden auszurichten. Hierfür sind Reaktionsfähigkeit und Flexibilität erforderlich. Reaktionsfähigkeit bezeichnet die Fähigkeit, auf unerwartete Wünsche reagieren zu können. Flexibilität beschreibt, inwiefern Lieferant und Kunde gemeinsam auf Veränderungen reagieren.

---

[89] Vgl. hierzu und nachfolgend Pfohl, 2000, S. 32ff.

Interne Integration: Hierunter ist die Notwenigkeit zur funktionsübergreifenden Vereinigung von Aktivitäten zu steuerbaren Prozessen zu verstehen. Zielsetzung ist hierbei die Reduktion der Komplexität der Supply Chain, um möglichst effizient den Kundennutzen zu erhöhen. Dabei sind insbesondere Standardisierungsmöglichkeiten zu nutzen, um die Prozesse so weit wie möglich zu vereinfachen. Hierzu gehört auch eine strukturelle Anpassung der internen Abläufe an die prozessgerechte Ausführung.

Integration der Material- und Servicelieferanten: Neben der Kundenorientierung ist das Augenmerk auf die Beschaffungsprozesse zu legen. Hierbei ist die gemeinsame strategische Ausrichtung der Netzwerkpartner sowie die Vermeidung von Redundanzen durch operative Fusion sowie finanzielle Verflechtungen von entscheidender Bedeutung. Neben der Bekundung des gegenseitigen Interesses an einer langfristigen Beziehung steht die Realisierung von Synergien und Skaleneffekten im Vordergrund. Dies wird durch ein ausgeprägtes Lieferantenmanagement unterstützt.

Integration von Technologie und Planung: Ein integriertes Management in Netzwerken setzt die Integration von Technologie und Planung voraus. Grundlegend hierfür ist ein effizientes Informationsmanagement, eine interne Kommunikation und die Fähigkeit zum Informationsaustausch sowie zur gemeinsamen Prognose und Planung. Auf diese Weise können Daten strukturiert und effizient zwischen den Netzwerkpartnern ausgetauscht werden.

Integration der Erfolgsmessung: Wesentliche Voraussetzung für eine Leistungsbeurteilung ist die Erfolgsmessung. Zudem lässt sich durch eine Erfolgsmessung frühzeitig ein Auseinanderdriften zwischen Soll- und Ist-Leistung erkennen. Folgende Fähigkeiten im Rahmen der Integration der Erfolgsmessung sind zu nennen: Leistungsmessung der Funktionen, Activity-Based-Costing sowie Total-Cost-Methoden, Entwicklung umfassender auf die Supply Chain bezogener Messgrößen und die Kenntnis der finanziellen Wirksamkeit der Supply Chain.

Integration der Beziehungen: Hiermit ist die Integration der Netzwerkpartner im Hinblick auf die persönliche Interaktion gemeint. Wesentlich ist ein partnerschaftliches Verhältnis, welches die Art und Weise des Umgangs bestimmt. Zur Integration der Beziehung gehören die Spezifizierung von Aufgaben und Rollen aller Netzwerkpartner, ein gemeinsamer Bestand an Leitsätzen und Richtlinien sowie die Bereitschaft, Informationen auszutauschen und die Supply Chain-Ergebnisse zu teilen.

Abbildung 8 gibt einen Überblick über Integrationskompetenzen sowie die einzelnen Fähigkeiten, aus denen sie sich zusammensetzen.

Integration der Kunden	Interne Integration	Integration der Material-/Service-lieferanten	Integration von Technologie und Planung	Integration der Erfolgsmessung	Integration der Beziehungen
Kundensegmentierung	Funktionsübergreifende Vereinigung	Strategische Ausrichtung	Informationsmanagement	Leistungsmessung der Funktionen	Spezifizierung der Aufgaben & Rollen
Relevanz für den Kunden	Standardisierung	Operative Fusion	Interne Kommunikation	Prozessorientierte & Total-Cost Methoden	Leitsätze und Richtlinien
Reaktionsfähigkeit	Vereinfachung	Finanzielle Verflechtung	Informationsaustauschfähigkeit	Umfassende Meßgrößen	Informationsaustauschbereitschaft
Flexibilität	Prozessgerechte Ausführung	Lieferantenmanagement	Gemeinsame Prognose & Planung	Finanzielle Wirksamkeit	Ergebnisteilung
	Strukturelle Anpassung				

Abb. 8: Integrationskompetenzen und Fähigkeiten (Quelle: Bowersox/Closs/Stank, 1999, S. 117. Übersetzung entnommen aus Pfohl, 2000, S. 33)

Mit dem dargestellten Integrationsmodell eines exzellenten Managements wird die Bildung von „Nahtstellen" zwischen den Netzwerkpartnern betont. Durch eine erfolgreiche Integration der Netzwerkunternehmen kann die Effektivität und Effizienz der kollektiven Leistungserstellung in Netzwerken gesteigert werden.

4.2 Integrationsgrad

Bei der Gestaltung der Integration von Netzwerkunternehmen spielt der *Grad der Integration* eine entscheidende Rolle. Der Begriff der logistischen Integration wird systemtheoretisch als die spezifische Verknüpfung von Subsystemen eines Logistiksystems verstanden. Nachfolgend wird unter Integration der Prozess der Verknüpfung bzw. des Integrierens verstanden. Dabei kann die logistische Integration die Schaffung neuer Beziehungen in einem Logistiksystem sowie die Intensivierung bestehender Beziehungen betreffen.[90]

Unternehmensnetzwerke in ihrer Gesamtheit als auch einzelne Beziehungen zwischen jeweils zwei Netzwerkunternehmen können sich durch unterschiedliche Integrationsgrade auszeichnen. Ein stark integriertes Netzwerk wird dabei andere Ausprägungen der Struktur- und Beziehungsmerkmale aufweisen als ein schwach integriertes Netzwerk. Zur Bestimmung der

[90] Vgl. Häusler, 2001, S. 77.

Merkmale spielt mitunter die Dichte des Netzwerks eine Rolle. Eine zunehmende Netzwerkdichte weist dabei auf einen steigenden Integrationsgrad hin. Allerdings stellt die Dichte des Netzwerks zwar einen notwendigen aber keinen hinreichenden Indikator für den Integrationsgrad dar.[91]

Für die Bestimmung des Integrationsgrades hinsichtlich der Beziehungsmerkmale spielen die Beziehungsintensität, die Anzahl an Beziehungen derselben Art sowie die Multiplexität der Beziehungen eine entscheidende Rolle. Die Beziehungsintensität wird anhand der in die Beziehung getätigten Investitionen und der Interaktionshäufigkeit erfasst. Beziehungsarten lassen sich nach organisatorischen, sozialen, technischen, vertraglichen und finanziellen Beziehungen unterscheiden. Netzwerkunternehmen können beispielsweise organisatorische Beziehungen zwischen Einkauf und Verkauf und den Qualitätssicherungsabteilungen unterhalten, die sich allerdings durch unterschiedliche Beziehungsintensität auszeichnen. Multiplexität bezeichnet schließlich die Tatsache, dass bei Existenz mehrerer Beziehungen unterschiedlicher Art sich die Intensität der Geschäftsbeziehung erhöht. Abbildung 9 verdeutlicht die verschiedenen Merkmale zur Bestimmung des Integrationsgrades eines Netzwerks.

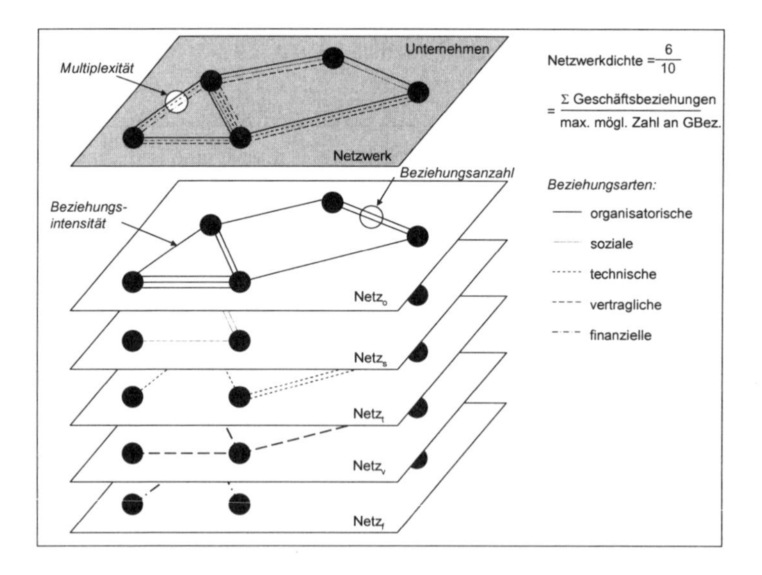

Abb. 9: Merkmale zur Erfassung des Integrationsgrades eines Netzwerks (Quelle: Häusler, 2001, S. 155)

[91] Vgl. hier und nachfolgend Häusler, 2001, S. 153ff. und die darin zitierte Literatur.

4.3 Die Rolle des Logistikdienstleisters als Netzwerkintegrator

Logistikdienstleister, die weniger in einzelne Beziehungen investieren und verstärkt multilateral entlang einer unternehmensübergreifenden Supply Chain tätig sind, müssen eine ausgeprägte Fähigkeit zur Integration der Netzwerkunternehmen besitzen.[92] Für solche Logistikdienstleister ist vor einigen Jahren der Begriff des Fourth Party Logistics (4PL) Providers durch die Unternehmensberatung Anderson Consulting (jetzt: Accenture) geprägt worden. Der 4PL Provider als Logistikdienstleister eines Netzwerks ist somit für die gesamte Supply Chain vom Rohstofflieferanten bis zum Endkunden verantwortlich.[93] Durch die Beauftragung eines Logistikdienstleisters durch mehrere Netzwerkunternehmen wird die Anzahl von Schnittstellen und damit der Koordinationsbedarf reduziert.[94]

Primäre Aufgabe des 4PL Providers ist die flexible vertikale Integration und gesamthafte Planung und Steuerung der Supply Chain. Ziel solcher Integrationsbemühungen ist die Schaffung schlanker, schneller und integrierter Prozessketten. Neben der reinen Schnittstellenkompatibilität müssen dabei auch redundante Funktionen bereinigt werden.[95] Dies setzt auf Seiten des Dienstleisters wachsende Kompetenzen sowohl im Aufbau leistungsfähiger Informationssysteme als auch im logistischen Wissen mit Beratungskompetenz voraus. Die Entwicklung zum 4PL Provider geht daher mit einem fundamentalen Wechsel der Kernkompetenz des Anbieters einher: Statt des Managements materieller logistischer Ressourcen, steht das Management von Informationen, Wissen und Beziehungen im Vordergrund.[96]

Der 4PL Provider verfügt nicht über eigene Ressourcen (Fuhrpark, Warehouse). Damit genießt er die Vorteile geringer Kapitalbindung und trägt zudem keine Auslastungsrisiken. Im Wesentlichen integriert der 4PL Provider die eigenen Fähigkeiten mit denen der Kunden und komplementären Dienstleister zu einer intelligenten, kundenindividuellen Gesamtlösung.[97]

Aus dem Leistungsspektrum eines 4PL Providers können folgende grundlegende Leistungsmerkmale der Unternehmen abgeleitet werden:[98]

---

[92] Vgl. Zadek, 2004, S. 17.

[93] Vgl. Baumgarten, 2001b, S. 36.

[94] Vgl. Zadek, 2004, S. 19.

[95] Vgl. Emmermann/Özemir, 2004, S. 102.

[96] Vgl. Delfmann/Nikolova, 2002, S. 424f.

[97] Vgl. Nissen/Bothe, 2002, S. 17; Eisenkopf, 2002, S. 410.

[98] Vgl. Delfmann/Nikolova, 2002, S. 427f.

- Management komplexer Aufgaben (Steuerung und Optimierung einer kompletten Wertschöpfungskette)
- Know-how auf allen Gebieten des integrierten Supply Chain Managements
- Verbindung von logistischem Know-how mit Beratungskompetenz und IT-Expertise; Wissensmanagement
- Beratung auf unterschiedlichen Gebieten: z.B. Ausgestaltung logistischer Strukturen und Prozesse, der Vernetzung zwischen einzelnen Unternehmen, des Einsatzes der IT
- Kundenorientierte Problemlösung

Hieraus folgt, dass jede Leistung spezifisch und nur für eine Kundensituation einsetzbar ist. Dies erfordert eine intensive Zusammenarbeit zwischen dem 4PL Provider und dem Kunden. Dadurch, dass der 4PL Provider die Verantwortung für alle logistischen Aufgaben des Kunden übernimmt, ist die Anzahl der Kundenunternehmen begrenzt. Oft wird es sich nur um einen Kernkunden und dessen Kunden und Zulieferer handeln.[99]

Durch die enge Zusammenarbeit zwischen den Kunden und dem 4PL Provider entsteht ein Abhängigkeitsverhältnis, bei dem der 4PL Provider auch Zugang zu sensiblen Kundendaten erhält. Der Kunde muss daher von der Neutralität und Vertrauenswürdigkeit des Dienstleisters überzeugt sein.[100]

Das Aufgabenspektrum eines klassischen Logistik-Dienstleistungsunternehmens ist damit weit überschritten. Insofern stellen 4PL Provider ein neues Segment der Logistikdienstleister dar.[101] Bislang erfolgt allerdings eine Einbeziehung von 4PL Providern in ein Netzwerk noch nicht weitgehend genug. Es ist aber davon auszugehen, dass die Potenziale, die sich aus einer Steuerung und Kontrolle logistischer Prozess über mehrere Netzwerkpartner hinweg ergeben, bei weitem noch nicht ausgeschöpft sind.[102]

5 Schlussbetrachtung und Ausblick

Die Überlegenheit von vernetzten Strukturen gegenüber traditionellen Großunternehmen in bestimmten Situationen ist in der Managementtheorie und Praxis unbestritten. Bedingt durch die steigende Wettbewerbsintensität und globalen Ausrichtung von Unternehmen wird es auch

---

[99] Vgl. Delfmann/Nikolova, 2002, S. 428.

[100] Vgl. Delfmann/Nikolova, 2002, S. 429.

[101] Vgl. Kasiske, 2004, S. 152.

[102] Vgl. Baumgarten/Kasiske/Zadek, 2002, S. 34.

in den nächsten Jahren verstärkt zur Bildung von logistischen Netzwerken kommen. Das Managementwissen in Zusammenhang mit Kooperationen hat daher eine große Bedeutung für den Erfolg von vernetzten Unternehmen.

Managementaufgaben in Netzwerken sind sehr anspruchsvoll und komplex. Neben Aufgaben im Zusammenhang mit den Gestaltungsobjekten Organisation und Technik kommt im Rahmen des Gestaltungsobjekts Netzwerkakteur dem Beziehungsmanagement eine hohe Bedeutung zu. Das Beziehungsmanagement muss dabei der entsprechenden Beziehungssituation angemessen sein.

Neben der Bewältigung der steigenden Intensität und Komplexität logistischer Prozesse und des Koordinationsbedarfs an den Unternehmensschnittstellen spielt die Integration der zum Teil heterogenen Netzwerkpartner eine entscheidende Rolle. Hierfür sind besondere Integrationskompetenzen und -fähigkeiten der Netzwerkunternehmen notwendig. Hinsichtlich des Grades der Integration unterscheiden sich dabei sowohl einzelne Beziehungen zwischen zwei Netzwerkpartnern als auch ganze Unternehmensnetzwerke.

Für die professionelle Abwicklung logistischer Prozesse in Netzwerken sowie die Integration von Netzwerkunternehmen entlang der Suplly Chain empfiehlt sich in vielen Fällen die Beauftragung spezieller Logistikdienstleister mit entsprechenden Kernkompetenzen. Angesichts der aktuellen Entwicklungen und Herausforderungen, denen sich Unternehmen und Logistikdienstleister gegenübersehen, ist davon auszugehen, dass der Markt für Logistikdienstleistungen weiterhin wachsen wird. Dabei geht die Entwicklung in Richtung 4PL Provider, die für relativ wenige Kunden möglichst umfassende Supply Chain Lösungen anbieten.

Literaturverzeichnis

Altmeyer, M. (1997)
Gestaltung von Produktionskooperationen. Ein Verfahren zur Generierung, Bewertung und Auswahl von Strategien für horizontale zwischenbetriebliche Produktionskooperationen. Frankfurt/Main 1997.

Aulinger, A. (1999)
Wissenskooperationen – Eine Frage des Vertrauens? In: Engelhard, J./Sinz, E. J. (Hrsg.): Kooperation im Wettbewerb. Neue Formen und Gestaltungskonzepte im Zeichen von Globalisierung und Informationstechnologie. Wiesbaden, S. 89-111.

Bach, N./Buchholz, W./Eichler, B. (2003)
Geschäftsmodelle für Wertschöpfungsnetzwerke – Begriffliche und konzeptionelle Grundlagen. In: Bach, N./Buchholz, W./Eichler, B. (Hrsg.): Geschäftsmodelle für Wertschöpfungsnetzwerke. Wiesbaden 2003, S. 1-20.

Bacher, R. M. (2000)
Outsourcing als strategische Marketing-Entscheidung. Wiesbaden 2000.

Backhaus, K./Meyer, M. (1993)
Strategische Allianzen und Strategische Netzwerke. In: Wirtschaftswissenschaftliches Studium 22(1993)7, S. 330-334.

Baumgarten, H. (2001a)
Trends und Strategien in der Logistik – Die Entwicklung und die Zukunft der Logistik. In: Baumgarten, H. (Hrsg.): Logistik im E-Zeitalter. Die Welt der globalen Logistiknetzwerke. Frankfurt/Main 2001, S. 9-32.

Baumgarten, H. (2001b)
4PL in der Praxis: Auf halbem Weg. In: Logistik Heute 23(2001)11, S. 36-38.

Baumgarten, H./Kasiske, F./Zadek, H. (2002)
Logistik-Dienstleister – Quo vadis? Stellenwert der Fourth Logistics Provider (4PL). In: Logistik Management 4(2002)1, S. 27-40.

Baumgarten, H./Thoms, J. (2002)
Trends und Strategien in der Logistik. Supply Chains im Wandel. Berlin 2002.

Behrenbeck, K. u. a. (2003)
Wie Handel und Hersteller besser kooperieren. In: Harvard Business Manager 25(2003)3, S. 39-47.

Bleicher, K. (2003)
Integriertes Management von Wertschöpfungsnetzwerken. In: Bach, N./Buchholz, W./Eichler, B. (Hrsg.): Geschäftsmodelle für Wertschöpfungsnetzwerke. Wiesbaden 2003, S. 145-207.

Bössmann, E. (1983)
Unternehmungen, Märkte, Transaktionskosten: Die Koordination ökonomische Aktivität. In: Wirtschaftwissenschaftliches Studium 12(1983)3, S. 105-111.

Bowersox, D. J./Closs, D. J./Stank, T. P. (1999)
21st Century Logistics: Making a Supply Chain Integration Reality. Oak Brook 1999.

Brandenburger, A. M./Nalebuff, B. J. (1996)
Co-opetition. New York 1996.

Bretzke, W.-R. (2004)
Vom Make zum Buy? Grundlagen eines erfolgreichen Outsourcing logistischer Leistungen. In: Prockl, G. u. a. (Hrsg.): Entwicklungspfade und Meilensteine moderner Logistik. Skizzen einer Roadmap. Wiesbaden 2004.

Buchholz, W./Olemotz, T. (2003)
Steuerung von Logistiknetzwerken – Vom virtuellen 4PL zum integrierten Logistikdienstleister. In: Bach, N./Buchholz, W./Eichler, B. (Hrsg.): Geschäftsmodelle für Wertschöpfungsnetzwerke. Wiesbaden 2003, S. 369-384.

Bundesvereinigung Logistik (BVL) (2003)
Studie Supply Chain Collaboration 2003. Unternehmensübergreifende Zusammenarbeit. Bremen 2003.

Coase, R. H. (1937)
The Nature of the Firm. In: Williamson, O. E./Winter, S. G. (Hrsg.): The Nature of the Firm. Origins, Evolution, and Development. New York, Oxford 1991.

Commons, J. R. (1931)
Institutional Economics. In: The American Economic Review 21(1931)4, S. 648-657.

Corsten, H. (2001)
Grundlagen der Koordination in Unternehmungsnetzwerken. In: Corsten, H. (Hrsg.): Unternehmungsnetzwerke: Formen unternehmungsübergreifender Zusammenarbeit. München, Wien 2001, S. 1-57.

Corsten, H./Gössinger, R. (2001)
Einführung in das Supply Chain Management. München, Wien 2001.

Corsten, D. u. a. (2004)
Wie kann komplexes Netzwerkmanagement erlernt werden. In: Hossner, R. (Hrsg.): Jahrbuch Logistik 2004. Düsseldorf 2004, S. 276- 281.

Davidow, W. H./Malone, M. S. (1993)
Das virtuelle Unternehmen. Der Kunde als Co-Produzent. Frankfurt/Main, New York 1993.

Deering, A./Davis, C./Markham, B. (2003)
The Partnering Paradox. In: A.T. Kearney. Executive Agenda 6(2003)2, S. 39-49.

Delfmann, W./Nicolova, N. (2002)
Strategische Entwicklung der Logistik – Dienstleistungsunternehmen auf dem Weg zum X-PL. In: Bundesvereinigung Logistik (Hrsg.): Wissenschaftssymposium Logistik der BVL 2002. Dokumentation. Bremen 2002, S. 421-435.

Eisenkopf, A. (2002)
Fourth Party Logistics (4PL) – Fata Morgana oder Logistikkonzept von Morgen? In: Bundesvereinigung Logistik (Hrsg.): Wissenschaftssymposium Logistik der BVL 2002. Dokumentation. Bremen 2002, S. 407-419.

Emmermann, M./Özemir, I. (2004)
Enterprise-Application-Integration-Systeme. In: Baumgarten, H./Darkow, I.-L./Zadek, H. (Hrsg.): Supply Chain Steuerung und Services. Logistik-Dienstleister managen globale Netzwerke – Best Practices. Berlin, Heidelberg u. a. 2004, S. 101-111.

Freichel, S. (1992)
Organisation von Logistikservice-Netzwerken – Theoretische Konzeption und empirische Fallstudien. Berlin 1992.

Gleich, R./Galgenmüller, F. (2004)
Netzwerksteuerung in der Automobilindustrie. Erfahrungen und Weiterentwicklungspotentiale. In: Zeitschrift für die gesamte Wertschöpfungskette Automobilwirtschaft 7(2004)2, S. 6-12.

Göpfert, I./Haage, G. (2004)
Zeitpotenziale des Supply Chain Managements. In: Hossner, R. (Hrsg.): Jahrbuch Logistik 2004. Düsseldorf 2004, S. 128-132.

Gronau, N./Haak, L./Noll, R.-P. (2002)
Der Technologiebedarf in heterarchisch koordinierten Netzwerken. In: Busch, A., Dangelmaier, W. (Hrsg.): Integriertes Supply Chain Management. Theorie und Praxis effektiver unternehmensübergreifender Geschäftsprozesse. Wiesbaden 2002, S. 385-401.

Häusler, P. (2001)
Integration der Logistik in Unternehmensnetzwerken. Entwicklung eines konzeptionellen Rahmens zur Analyse und Bewertung der Integrationswirkung. Frankfurt/Main 2001.

Hirschmann, P. (1998)
Kooperative Gestaltung unternehmensübergreifender Geschäftsprozesse. Wiesbaden 1998.

Ihde, G. B./Kloster, T. (2001)
Netzeffekte in Logistiksystemen. In: Logistikmanagement 3(2001)2, S. 25-34.

Jarillo, C. J. (1988)
On Strategic Networks. In: Strategic Management Journal 9(1988)1, S. 31-41.

Kasiske, F. (2004)
Wege zum Manager der Supply Chain. In: Baumgarten, H./Darkow, I.-L./Zadek, H. (Hrsg.): Supply Chain Steuerung und Services. Logistik-Dienstleister managen globale Netzwerke – Best Practices. Berlin, Heidelberg u. a. 2004, S. 151-156.

Katz, M. L./Shapiro, C. (1985)
Network Externalities. Competition and Compability. In: American Economic Review 75(1985)3, S. 424-440.

Klein, S. (1996)
Interorganisationssysteme und Netzwerke. Wechselwirkungen zwischen organisatorischer und informationstechnischer Entwicklung. Wiesbaden 1996.

Köhler, T./ Fink, D. (2003)
Outsourcing 2007 – Von der IT-Auslagerung zur Innovationspartnerschaft. Eine Marktanalyse zu aktuellen Trends und Entwicklungen im deutschsprachigen Outsourcing-Markt. Kronberg 2003.

Krüger, W. (1994)
Organisation der Unternehmung. 3., verbesserte Auflage. Stuttgart, Berlin u. a. 1994.

Krüger, W./Homp, C. (1997)
Kernkompetenzmanagement. Steigerung von Schlagkraft und Flexibilität im Wettbewerb. Wiesbaden 1997.

Krüger, W. (2001)
Organisation. In: Bea, F. X., Dichtl, E., Schweitzer, M. (Hrsg.): Allgemeine Betriebswirtschaftslehre, Band 2: Führung, 8., neubearbeitete und erweiterte Auflage. Stuttgart 2001, S. 127-216.

Kuhn, A./Hellingrath, B. (2002)
Supply Chain Management. Optimierte Zusammenarbeit in der Wertschöpfungskette. Berlin, Heidelberg u. a. 2002.

Lambert, M. D./Cooper, M. C./Pagh, J. D. (1998)
Supply Chain Management: Implementation Issues and Research Opportunities. In: The International Journal of Logistics Management 9(1998)2, S. 1-19.

Laurent, M. (1996)
Vertikale Kooperation zwischen Industrie und Handel: Neue Typen und Strategien zur Effizientsteigerung im Absatzkanal. Frankfurt/Main 1996.

Leavitt, H. J. (1965)
Applied Organizational Change in Industry. Structural, Technological and Humanistic Approaches. In: March, J. G. (Hrsg.): Handbook of Organizations. Chicago 1965, S. 1144-1170.

Lutz, S. (2000)
Perspektiven einer vernetzten Produktion. In: Lutz, St./Windt, K./Wiendahl, H.-P. (Hrsg.): Produktionsmanagement in Unternehmensnetzwerken. Wandelbare Produktionsnetze. Band 2. Dortmund 2000, S. 9-35.

Männel, B. (1996)
Netzwerke in der Zulieferindustrie. Konzepte, Gestaltungsmerkmale, betriebswirtschaftliche Wirkungen. Wiesbaden 1996.

March, J. G./Simon, H. A. (1958)
Organizations. New York 1958.

Mertens, P. (2004)
Integrierte Informationsverarbeitung 1. Operative Systeme in der Industrie. 14., überarbeitete Auflage. Wiesbaden 2004.

Müller, E./Preissner, A. (2004)
Weg damit! Outsourcing: Personalwesen, Logistik, Entwicklung – etliche Unternehmen lagern ganze Geschäftsprozesse aus. Doch Vorsicht, beim Ausgliedern drohen viele Fehler. In: Managermagazin 34(2004)1, S. 108-115.

Neuburger, R. (1994)
Auswirkungen von EDI auf die zwischenbetriebliche Arbeitsteilung – Eine transaktionskostentheoretische Analyse. In: Sydow, J./Windeler, A. (Hrsg.): Management interorganisationaler Beziehungen. Vertrauen, Kontrolle und Informationstechnik. Opladen 1994, S. 49-70.

Nissen, V./Bothe, M. (2002)
Fourth Party Logistics – Ein Überblick. In: Logistik Management 4(2002)1, S. 16-26.

Olle, W. (2001)
Produktion in Partnerschaft durch vernetze Logistik. In: Baumgarten, H. (Hrsg.): Logistik im E-Zeitalter. Frankfurt/Main 2001, S. 55-67.

Payer, H. (2002)
Wieviel Organisation braucht das Netzwerk? Entwicklung und Steuerung von Organisationsnetzwerken mit Fallstudien aus der Cluster- und Regionalentwicklung. Klagenfurt 2002.

Pfohl, H.-Chr. (2000)
Supply Chain Management: Konzept, Trends, Strategien. In: Pfohl, H.-Chr. (Hrsg.): Supply Chain Managment. Logistik plus? Logistikkette – Marketingkette - Finanzkette. Berlin 2000, S. 1-42.

Pfohl, H.-Chr. (2001)
Management von Produktionsnetzwerken. In: Baumgarten, H. (Hrsg.): Logistik im E-Zeitalter. Die Welt der globalen Logistiknetzwerke. Fankfurt/Main 2001, S. 35-54.

Pfohl, H.-Chr./Hofmann, E. (2003)
Integration akquirierter Unternehmen aus Sicht der Logistik. In: Wurl, H.-J. (Hrsg.): Industrielles Beteiligungscontrolling. Stuttgart 2003, S. 303-335.

Pfohl, H.-Chr. (2004a)
Logistiksysteme. Betriebswirtschaftliche Grundlagen. 7., korrigierte und aktualisierte Auflage. Berlin, Heidelberg u. a. 2004.

Pfohl, H.-Chr. (2004b)
Logistikmanagement. Konzeption und Funktionen. 2., vollständig überarbeitete und erweiterte Auflage. Berlin, Heidelberg u. a. 2004.

Prahalad, C. K./Hamel, G. (1991)
Nur Kernkompetenzen sichern das Überleben. In: Harvard Business Manager 13(1991)2, S. 66-78.

Rautenstrauch, T. (2002)
SCM-Integration in heterarchischen Unternehmensnetzwerken. In: Busch, A./ Dangelmaier, W. (Hrsg.): Supply Chain Management. Wiesbaden 2002, S. 343-438.

Rößl, D. (1994)
Gestaltung komplexer Austauschbeziehungen. Analyse zwischenbetrieblicher Kooperation. Wiesbaden 1994.

Scheer, A.-W./Angeli, R. (2002)
Management dynamischer Unternehmensnetzwerke. In: Busch, A./Dangelmaier, W. (Hrsg.): Integriertes Supply Chain Management. Theorie und Praxis unternehmensübergreifender Geschäftsprozesse. Wiesbaden 2002, S. 363-384.

Schenkenbach, R./Zeier, A. (2003)
Collaborative SCM in Branchen. Bonn 2003.

Schierenbeck, H. (2000)
Grundzüge der Betriebswirtschaftslehre. 15., überarbeitete Auflage. München, Wien 2000.

Schuh, G. (1996)
Logistik in der virtuellen Fabrik. In: Schuh, G./Weber, H./Kajüter, P. (Hrsg.): Logistikmanagement. Stuttgart 1996, S. 165-179.

Seuring, S. u. a. (2003)
Logistik in der virtuellen Fabrik. In: Schuh, G./Weber, H./Kajüter, P. (Hrsg.): Logistikmanagement. Stuttgart 1996, S. 165-179.

Siebert, H. (2001)
Ökonomische Analyse von Unternehmensnetzwerken. In: Sydow, J. (Hrsg.): Management von Netzwerkorganisationen. Beiträge aus der „Managementforschung". 2., aktualisierte und erweiterte Auflage. Wiesbaden 2001, S. 7-27.

Stock, J. R./Lambert, D. M. (2001)
Strategic Logistics Management. New York 2001.

Sydow, J. (1991)
Unternehmensnetzwerke. Begriffe, Erscheinungsformen und Implikationen für die Mitbestimmung. Düsseldorf 1991.

Sydow, J. (1992)
Strategische Netzwerke und Transaktionskosten. Über die Grenzen einer transaktionskostentheoretischen Erklärung der Evolution strategischer Netzwerke. In: Staehle, W. H./ Conrad, P., (Hrsg.): Managementforschung 2. Berlin, New York 1992, S. 239-311.

Sydow, J. (1993)
Strategische Netzwerke. Evolution und Organisation. Nachdruck. Wiesbaden 1993.

Sydow, J. (1995)
Unternehmungsnetzwerke. In: Corsten, H./Reiss, M. (Hrsg.): Handbuch Unternehmungsführung. Wiesbaden 1995, S. 159-169.

Sydow, J. (2001)
Management von Netzwerkorganisationen – Zum aktuellen Stand der Forschung. In: Sydow, J. (Hrsg.): Management von Netzwerkorganisationen. Beiträge aus der Managementforschung. 2., aktualisierte und erweiterte Auflage. Wiesbaden 2001, S. 293-339.

Sydow, J. (2004)
Logistik in Netzwerkorganisationen: Dynamik verstehen, Wandel managen. Vortragsunterlagen BVL-Kongress Mai 2004.

Thommen, J. P./Achleitner, A.-C. (2003)
Allgemeine Betriebswirtschaftslehre. Umfassende Einführung aus managementorientierter Sicht. 4., überarbeitete und erweiterte Auflage. Wiesbaden 2003.

Thorelli, H. B. (1986)
Networks: Between Markets and Hierarchies. In: Strategic Management Journal 7(1986)1, S. 37-51.

Trent, R. J. (2004)
What everyone needs to know about SCM. In: Supply Chain Management Review 8(2004)2, S. 52-59.

Tröndle, D. (1987)
Kooperationsmanagement. Steuerung interaktioneller Prozesse bei Unternehmenskooperationen. Bergisch Gladbach, Köln 1987.

Tröndle, D. (1987)
Kooperationsmanagement. Steuerung interaktioneller Prozesse bei Unternehmenskooperationen. Bergisch Gladbach, Köln 1987.

VDA - Verband der Automobilindustrie e.V. (1996)
VDA-Empfehlung 5000: Vorschläge zur Ausgestaltung logistischer Abläufe. Frankfurt 1996.

Williamson, O. E. (1990)
Die ökonomische Institution des Kapitalismus. Unternehmen, Märkte, Kooperationen. Tübingen 1990.

Wurche, S. (1994)
Vertrauen und ökonomische Rationalität in kooperativen Interorganisationsbeziehungen. In: Sydow, J./Windeler, A. (Hrsg.): Management interorganisationaler Beziehungen. Opladen 1994, S. 142-159.

Zadek, H. (2004)
Trends in der Logistik. In: Baumgarten, H./Darkow, I.-L./Zadek, H. (Hrsg.): Supply Chain Steuerung und Services. Logistik-Dienstleister managen globale Netzwerke – Best Practices. Berlin, Heidelberg u. a. 2004, S. 1-28.

Zahn, E./Herbst, C/Hertweck, A. (1999)
Management vertikaler Wertschöpfungspartnerschaften – Konzepte für die Umsetzung und Integration. In: Industrie Management 15(1999)5, S. 9-13.

Zäpfel, G. (2004)
Bausteine und Architekturen von Supply Chain Management-Systemen. In: PPS Management 6(2001)1, S. 9-18.

Nils-Joachim Bauer

Michael Arretz

Enhancing Cooperation – Lieferantenqualifizierung aus Sicht einer Nachhaltigkeits-Beratung am Beispiel der Textilwirtschaft

Nils-Joachim Bauer, Dr. Michael Arretz

Systain Consulting GmbH/Otto Group, Hamburg

Inhaltsverzeichnis

1 Einkauf im Textilhandel

Der Einkauf der Ware ist für Textilhändler, die in den weltweiten Beschaffungsmärkten sourcen und die Produktentwicklung und Beschaffungsprozesse direkt steuern, durch sechs Herausforderungen geprägt.

- Das Modeverständnis der Konsumenten in den Absatzmärkten muss bei der Produktentwicklung und der Produktion vom Hersteller in weit entfernten Beschaffungsmärkten, die meist ökonomische Schwellen- oder Entwicklungsländer sind, nachvollzogen werden.
- Die Entwicklung der Bestellmengen und des technischen Anforderungsprofils ist gerade bei modischen Trendprodukten starken Schwankungen unterworfen und nur schwer vorhersehbar.
- Die Produktlebenszyklen im Mode und Trendsegment sind mit sechs Wochen bis sechs Monaten relativ kurz, so dass jeweils nur wenig Zeit für die gemeinsame Produkt- und Qualitätsentwicklung mit den Herstellern bleibt.
- Die Kulturunterschiede, wie z.B. das Verhältnis zur Verbindlichkeit von Zeitabsprachen und Qualitätsvereinbarungen, führen bei der Abwicklung der einzelnen Geschäftsvorfälle zu Reibungen und Abstimmungsverlusten.
- Makroökonomische Faktoren, wie Zölle, Kosten für Quoten, Steuern etc., unterliegen in vielen Beschaffungsmärkten kontinuierlichen Veränderungen. Dies führt zu ständigen Verschiebungen im Preisgefüge der Hersteller und entscheidet häufig über die kostengünstigste Produktion.
- Die wirtschaftlichen Determinanten der einzelnen Hersteller sind für die Einkäufer der Handelsunternehmen in großem Maße unbekannt, so dass Preisverhandlungen eher vom Beziehungsgefüge und weniger vom Wissen über tatsächliche Kosten und Margen geprägt sind.

Die Schnelllebigkeit der Produkte – getrieben durch die Modeentwicklung in den Absatzmärkten, gepaart mit makroökonomischer Dynamik in den Beschaffungsmärkten – führen zu häufigen Wechseln bei der Auswahl von Zulieferbetrieben. Der Aufbau von stabilen, mittel- bzw. langfristigen Lieferbeziehungen mit den entsprechenden nachhaltigen Entwicklungsmöglichkeiten fällt in der Textilindustrie traditionell um ein Vielfaches schwerer als in anderen Branchen.

Nur solche Unternehmen, die sich für den Aufbau der eigenen Produktionswelt oder langfristige Kooperationszusagen entschieden haben, können ihre Produktionswelt systematisch auf die Kundenanforderungen ausrichten. Alle anderen klassischen Textilhändler entwickeln ihr Einkaufsverhalten in einem scheinbar paradoxen Beziehungsgeflecht: Der Dynamik und dem jeweiligen Preisdruck folgend, werden stark diversifizierte Herstellerportfolios über eine große Anzahl von Beschaffungsmärkten aufgebaut, die kontinuierlicher Veränderung unterliegen. Gleichzeitig aber – und darin liegt das Paradoxon – betonen alle Beteiligten auf Händler- wie auf Herstellerseite uni sono die Bedeutung der persönlichen Bindung und Beziehung für den Geschäftserfolg. Die Intensität bzw. Vertrautheit der jeweiligen Herstellerbeziehung sind oftmals der einzige Garant für die Absicherung einer hinreichenden Lieferperformance, die im Wesentlichen durch den Preis, die Einhaltung des Liefertermins und die zuverlässige Umsetzung der spezifischen Qualitätsanforderungen definiert ist.

In diesem Spannungsverhältnis – zwischen dem schnellen Wechsel von Lieferbeziehungen und der besonderen Bedeutung der Tiefe von Beziehungen für den jeweiligen Erfolg eines Geschäftsvorfalles – entwickelt sich der folgende Beitrag. Die Untersuchung besteht aus folgenden zwei Schritten:

1. Im ersten Schritt geht es um die Identifikation von Erfolgsfaktoren eines systematischen Beziehungsmanagements in der Zusammenarbeit mit Textilherstellern. Untersuchungsgegenstand sind hier Beratungsprojekte, die auf nachhaltige Prozess- und Organisationsveränderungen bei den Herstellern zielen.
2. Im zweiten Schritt wird dann die Frage nach der Anwendbarkeit der im Rahmen der Beratungsprojekte identifizierten Erkenntnisse auf die Beziehungsgestaltung zwischen Textilhändlern und Herstellern aufgeworfen.

Der Zielstellung nach soll dieser Beitrag eine Anregung sein, die eigenen – vielleicht oftmals impliziten – Leitbilder bei der Ausrichtung des Beziehungsmanagements in der Warenbeschaffung zu reflektieren, mit der Möglichkeit, bewusster mit den jeweiligen Beziehungssystemen umzugehen und diese aktiv zu gestalten.

2 Partnerschaft als Bedingung des Erfolges für Qualifizierungsprojekte bei Textilherstellern

Systain[1], ein aus der Otto-Gruppe hervorgegangenes Beratungsunternehmen, hat durch die Initiierung von Beratungsprojekten entlang der gesamten textilen Wertschöpfungskette einen besonderen Einblick in die Möglichkeiten der Beziehungsgestaltung mit den Textilhersteller gewonnen, deren Erkenntnisse im Folgenden beschrieben und bewertet werden sollen.

---

[1] Systain hat Büros in Hamburg und Istanbul mit mehr als 20 Beratern. Der Umsatz liegt bei mehr als 2 Mio. € (2003).

2.1 Projektbeteiligte, -ziele und -inhalte

Die Beratungsprojekte beziehen die drei Parteien

- Textilhändler
- Textilhersteller und
- Beratungsunternehmen

mit ein. So können die angestrebten Prozess- und Organisationsveränderungen beim Hersteller mit den Erwartungen und Bewertungen der Textilhändler als Kunden abgeglichen werden.

Die Projektinhalte, die von Systain in der textilen Kette mit Blick auf die Interessenlage der Handelshäuser und der Hersteller bearbeitet werden, betreffen alle Aspekte der Textilherstellung, insbesondere:

- Verbesserung der Performance bei der Erfüllung der Qualitätsanforderungen und Verkürzung der Lead-Times
- Durchsetzung von ökologischen und sozialen Mindestanforderungen zur Absicherung der Sortimente gegenüber Angriffen von NGOs und Verbraucherverbänden
- Preisvorteile und Gewinnmaximierung durch Prozessoptimierungen und Effizienzsteigerungen

Das gemeinsame Arbeiten von Textilhändlern und Herstellern in Beratungs- und Qualifizierungsprojekten geht über die in der Textilindustrie üblichen Herstelleraudits mit entsprechenden Korrekturplänen deutlich hinaus. Die Umsetzung der Projekte umfasst einen Zeitrahmen von vier bis acht Monaten und kann darüber hinaus andauern. Im Verlauf kommt es zu einer Vielzahl von Interventionen auf allen Ebenen des Herstellers, die immer wieder nachgehalten werden müssen. Nur so kann Veränderung nachhaltig herbeigeführt werden.

Die Hersteller erarbeiten sich durch aktive Teilnahme an den Projekten den strategischen Vorteil, in die Gruppe der Qualitätshersteller der jeweiligen Handelsunternehmen aufzurücken. Gleichzeitig erlangen sie Know-how und Kostenvorteile.

Alle Projekte sind durch Raum und Zeit klar begrenzt und weisen ein festgelegtes Budget an Personalressourcen und Kosten auf. Die Kosten werden entweder von den Handelshäusern und den Hersteller geteilt oder allein von den Hersteller getragen.

2.2 Entwicklung einer Partnerschaft als tragende Säule des Projekterfolges

Im Rahmen dieser Beratungsprojekte ist der wichtigste Erfolgsfaktor das Beziehungsmanagement. Dies beginnt in der Projektdesignphase, steigert sich während der Bestandsaufnahme und ist unerlässlich in der Qualifizierungs- und Umsetzungsphase.

Es ist erforderlich, dass im Rahmen des Projektes eine Partnerschaft entwickelt wird, die auf fünf Aspekten gründet:

- Vertrauen, insbesondere in die praktische Kompetenz des Partners
- Geben und Nehmen, also die Akzeptanz von Kompromissen in der Beziehung
- Zeitlicher Raum für Vereinbarungsprozesse gemeinsamer Ziele
- Ständiges Bearbeiten von Ängsten und Befürchtungen
- Kontinuierliche Aufmerksamkeit in der Kommunikation

Das Beziehungsmanagement muss dafür sorgen, dass die Projektpartner einander vertrauen und mit der notwendigen Offenheit, Flexibilität, Konfliktfähigkeit und Lösungskompetenz ihren Beitrag zur Zielerreichung leisten.

2.3 Umfassendes Beziehungsmanagement auf allen Hierarchieebenen

Für jedes der beteiligten Unternehmen (Hersteller, Händler und Beratung) muss die Einbeziehung der folgenden drei Hierarchieebenen gewährleistet sein (vgl. Abb. 1):

- Eigentümer- bzw. Steuerungs- und Entscheidungsebene
- Management- bzw. Leitungsebene
- Arbeits- bzw. operative Ebene

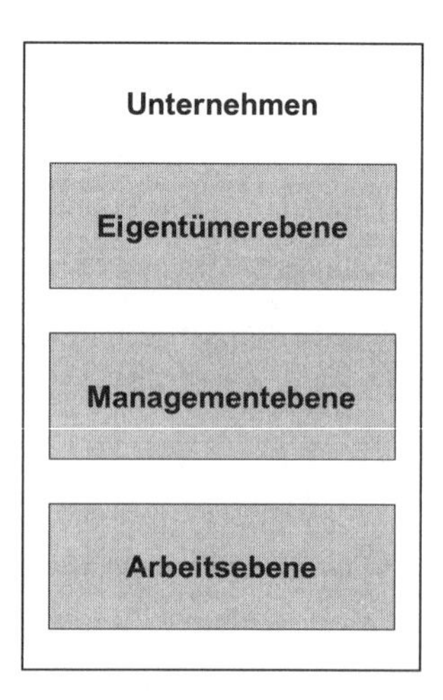

Abb. 1: Hierarchieebenen

Das Beziehungsmanagement muss so angelegt sein, dass horizontal zwischen den verschiedenen Unternehmen und gleichzeitig vertikal innerhalb des jeweiligen Unternehmens die Rahmenbedingungen für eine Partnerschaft unter Einbeziehung aller Hierarchiestufen entwickelt werden kann.

Das klassische Vorgehen, zunächst die oberste Hierarchieebene anzusprechen und so die Projektchancen mit ‚push und pull'- Unterstützung der Führung zu garantieren, ist nicht immer der richtige Weg. Genau hier beginnt das differenzierte und gezielte Beziehungsmanagement, das die vertikale Komplexität von Beziehungen innerhalb von Unternehmen genauso wie die horizontalen Beziehungen zwischen den Projektpartnern mit berücksichtigen muss.

Die jeweiligen Spezifika dieses differenzierten Beziehungsmanagements als integraler Bestandteil der Projektarbeit sollen im Folgenden kurz entlang der wichtigsten Projektphasen beschrieben werden, um ein Verständnis für die Komplexität eines partnerschaftlichen Beziehungsmanagements zu schaffen.

2.4 Partnerschaftliches Beziehungsmanagement entlag der Projektphasen

Projektdesignphase

Stufe 1: Initiiert werden die Projekte durch Gespräche im Rahmen der täglichen Arbeit, die Systain mit vielen Handelsunternehmen führt. In der ersten Stufe muss ein Beziehungsmanagement auf der Arbeitsebene zwischen dem Handelsunternehmen und dem Beratungsunternehmen, hier Systain, entwickelt werden. Oftmals ist es wichtiger, Vertrauen zwischen den Personen aufzubauen als bereits konkrete Projektideen zu skizzieren. Die Praktiker der Arbeitsebene setzten sich erst dann für ein Projekt dieser Art ein, wenn sie von der ‚Hands-on-Fähigkeit' der Berater in den Beschaffungsmärkten überzeugt sind. Erst nach einem solchen – oftmals viele Gesprächsrunden andauernden – Vorlauf wird die Eigentümer- bzw. Entscheidungsebene aufgrund des positiven Votums seitens der Arbeitsebene einbezogen.

Stufe 2: Damit ist in der zweiten Stufe der Startschuss für die Auswahl potentieller Partner im Herstellerrahmen erfolgt. Ziel ist es, die richtigen Projektpartner aus den Portfolios an Herstellern zu identifizieren. In enger Abstimmung zwischen den Arbeitsebenen auf Seiten des Handelsunternehmens und Systain erfolgt nun die systematische Prüfung geeigneter Kandidaten in den verschiedenen Beschaffungsmärkten.

Stufe 3: Nun folgt die direkte Ansprache der Hersteller. Hier ist der Dialog zwischen Handelsunternehmen und Hersteller nur bedingt zielführend. In dieser dritten Stufe wird erneut die kritische und unabhängige Prüfung der Berater – diesmal vom Hersteller – eingefordert. Als ideal ist anzusehen, wenn auch die Arbeits- bzw. Managementebene des Handelsunternehmens mit einbezogen wird, um die Einsatzbereitschaft des Handelsunternehmens im Projekt zu manifestieren.

Bis zu diesem Zeitpunkt wird auf Seiten der Produktionsunternehmen immer nur die Eigentümer- bzw. Entscheidungsebene angesprochen. Erst im Anschluss an die Entscheidung wird der Dialog auf die Managementebene erweitert, um mit der Projektdurchführung beauftragt zu werden. Damit ist dann auch die Projektdesignphase abgeschlossen (vgl. Abb. 2).

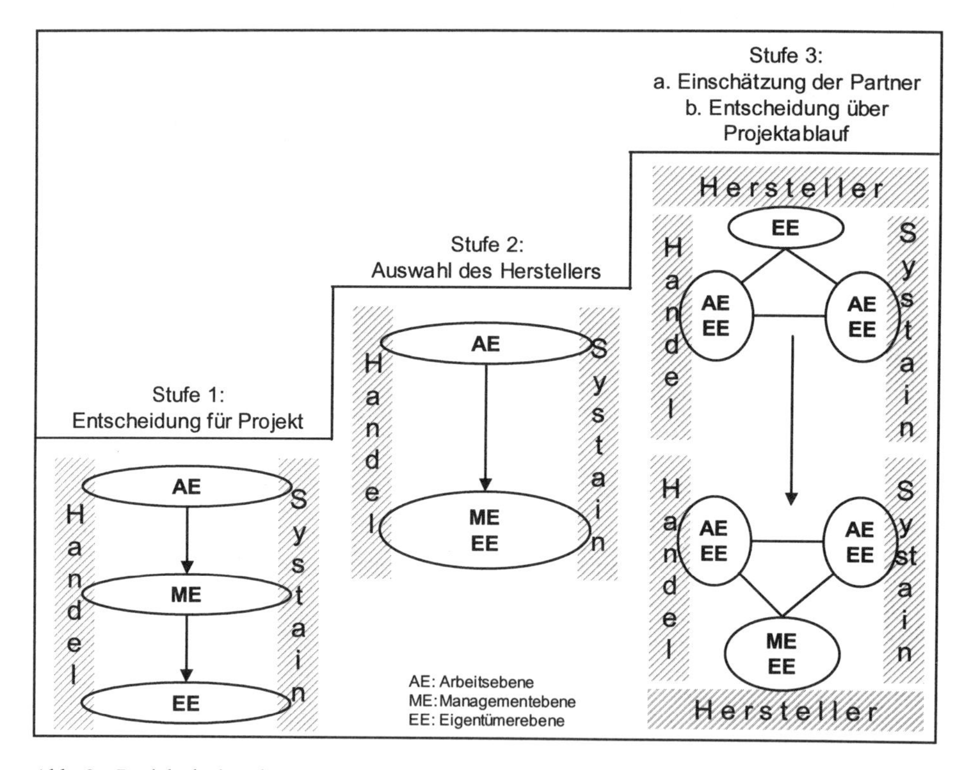

Abb. 2: Projektdesignphase

Kick-Off Phase

Die größte Hürde steht gleich zu Beginn. Es geht darum, die Projektleitung – also die Managementebene beim Hersteller – zum ‚Eigentümer' des Projektes zu machen, damit nicht einfach nur nach den Anweisungen der Eigentümerebene gearbeitet wird. Dies ist in stärker hierarchisch geordneten Kulturen und Organisationen eine besondere Herausforderung.

Hierfür gilt – wie schon zuvor – die Idee und die Ziele des Projektes sowie die Kompetenz von Systain erfahrbar zu machen und auf mögliche Ängste der Projektpartner im Produktionsunternehmen einzugehen und diese abzubauen.

Die meisten Ängste finden sich in der Regel in der Managementebene. Neben der ganz vordergründigen Befürchtung eines eventuellen Wegfalles der eigenen Position, geht es meistens um die etwas verborgenere Angst vor den unbekannten Faktoren eines Veränderungsprozesses. Inhaltlich geht es um die Beseitigung von Schwachstellen und die Erhöhung der Effizienz, für die die Managementebene formal verantwortlich ist. Allerdings wird in den eigentümergeführten Betrieben diese formale Verantwortung materiell nicht gelebt, was zu einer Reihe von Unsicherheiten im Rahmen des Beratungsprojektes führen kann, wenn dieser Umstand von den Beratern nicht gewürdigt wird. Deshalb muss verdeutlicht werden, dass die Projekterfolge der Zukunft nur in gemeinsamer, partnerschaftlicher Zusammenarbeit realisiert werden können, mit einer Stärkung der Managementebene einhergehen und nicht darauf abzielend, suboptimale Verhaltensweisen der Vergangenheit zu bewerten.

Bevor mit einem allgemeinen Kick off auch die Arbeitsebene des Herstellers einbezogen wird, entwickeln Managementebene und Systain gemeinsam Kommunikationsregeln für die Schnittstelle zur Arbeitsebene des Handelsunternehmens und der Eigentümer- bzw. Entscheidungsebene im eigenen Unternehmen.

Gerade die Anbindung der Eigentümerebene beim Hersteller ist notwendig, um in der streng hierarchisch strukturierten Textilindustrie sicherzustellen, dass der Eigentümer über den Projektverlauf kontinuierlich informiert ist und nicht aus Sorge vor intransparenten Entscheidungen und Veränderungen kontinuierlich Berichte einfordert, die verhindern, dass offen mit den betroffenen Mitarbeitern organische Veränderungsprozesse eingeleitet werden können.

Phase der Bestandsaufnahme

Ziel der Bestandsaufnahme ist, das eigentliche Beratungsprojekt zur Optimierung der Prozesse zu gestalten. Dies setzt eine deutliche Verschiebung in der bisher gewinnbringenden Dreierbeziehung voraus. Der Trilog zwischen Hersteller, Handelsunternehmen und Systain muss beendet und zu einem Dialog zwischen Systain und den beiden anderen Projektpartnern umgebaut werden.

Diese Abgrenzung ist zwingend erforderlich, um den Wunsch des Herstellers nach Vertraulichkeit gegenüber dem Handelsunternehmen zu erfüllen. Denn für das Verständnis der Prozesse müssen Bücher geöffnet, Rezepturen erläutert und Kalkulationen nachgerechnet werden. Das Projekt verlagert sich hierbei von der interpersonalen verstärkt auf die mehr technische

Ebene. Es gilt nunmehr Fakten aufzunehmen, Prozessabläufe nachzuzeichnen und Daten für Energie-, Wasser-, Materialverbräuche sowie für Zeit und Kosten zu ermitteln.

Dennoch ist auch hier das Beziehungsmanagement ausschlaggebend für den Projekterfolg. Nur wenn es den Beratern gelingt, Einfühlungsvermögen und die notwendige Offenheit aufzubauen und den Willen zum Projekterfolg auf die Projektpartner zu übertragen, ist es möglich, die richtigen Informationen zu generieren.

Phase der Umsetzung

In der Umsetzung kommt es entscheidend darauf an, ob es bisher gelingen konnte, die Systain-Berater nicht als Kontrolleure, sondern als Coach und Unterstützer zu positionieren. Diese Beziehungsform ist den meisten Mitarbeitern in den Textilherstellungsbetrieben aufgrund ihrer Erfahrungen mit Auditoren unbekannt.

Weiterhin ist erfolgsentscheidend, dass Interventionen und Anleitungen zur Umsetzung einen möglichst hohen Grad an Bestimmtheit aufweisen und so zugeschnitten sind, dass sie detailgetreu nachvollzogen und angewandt werden können. Das heißt auch, dass sie personenspezifisch formuliert sein müssen und dabei das jeweilige Profil des Mitarbeiters berücksichtigen. Jede Zielsetzung, die nicht diesen hinreichenden Grad an Konkretisierung aufweist, wird von den z.T. sehr hierarchisch geführten Mitarbeitern in Produktionsbetrieben, die mikrosteuernde Anweisungen gewohnt sind, nicht umgesetzt und bleibt damit ohne Wirkung.

Währenddessen muss auf allen Ebenen Transparenz über das Vorgehen gewährleistet sein, um das in der Projektdesignphase aufgebaute Vertrauen nicht durch Informationsverluste zu gefährden. Immer wieder kommt es vor, dass die Eigentümerebene von der Managementebene bewusst falsch oder gar nicht informiert wird. Hierbei ist es von entscheidender Bedeutung, dass auch Systain mit allen drei Hierarchieebenen in das Projekt einbezogen und somit in der horizontal geführten Kommunikation über Erfolge berichten und kritische Situationen abfedern und darstellen kann.

2.5 Auswertung zum Beziehungsmanagement in den Beratungsprojekten

Die Textilhersteller haben in der Regel weder Beratungserfahrungen noch Erfahrungen in der Projektarbeit. Die Beratung wird in ökonomischen Schwellen- oder Entwicklungsländern durchgeführt, was vor allem eine hohe Sensibilität und Fähigkeit bei der Beziehungsgestaltung mit Rücksicht auf interkulturelle Unterschiede erfordert.

Bei den meisten Herstellern handelt es sich um eigentümergeführte Betriebe. Es fehlt an Basisregeln zur Aufbau- und Ablauforganisation mit verteilten Verantwortlichkeiten. Für die Beziehung zwischen Eigentümer und Management sind zwei Grundtypen anzutreffen:

In einem Teil der Herstellerbetriebe wird die Schaffung von Regeln zur Delegation von Verantwortung durch die familiäre Unternehmensstruktur behindert. Die Eigentümerfamilie befürchtet Macht- und Einflussverlust und steuert das Unternehmen in allen Detailfragen selbst, so dass die erste Berichtsebene den ausführenden Kräften zuzuordnen ist. Im Beratungsprojekt wird nicht zuletzt die Angst der Eigentümer vor Korruption und Unterschlagung zu einer fast unüberwindbaren Hürde bei der Dezentralisierung von Verantwortung und Kontrolle. Gleichzeitig fürchtet die Managementebene, mit zu großer Verantwortung belastet zu werden. In diesen Unternehmen gibt es kaum Erfahrungen im Umgang mit Entscheidungsspielräumen und eigenständiger Entscheidungsfindung, was Unsicherheit aus dem Gefühl der Überforderung heraus auslöst.

In anderen Herstellerbetrieben ist zu beobachten, dass mit gewachsener Größe die Managementebene die eigentliche Steuerung inne hat. Zwar treffen die Eigentümer eine Reihe an strategischen und operativen Entscheidungen, allerdings werden diese nicht systematisch nachgehalten und kontrolliert, so dass es zu sich verselbständigenden Managementfunktionen kommt. Im Beratungsprojekt ist hier die Befürchtung des Managements, dass nun Teile der Entscheidungsfreiheiten einem kontrollierten Entscheidungsprozess geopfert werden und das Maß ihrer persönlichen Einflussnahmen sinkt.

Schlüssel zur Überwindung dieser Herausforderungen im Laufe des Projektes ist ein partnerschaftliches Beziehungsmanagement. Es geht darum, ein Miteinander innerhalb des Herstellers – also vertikal zwischen den Unternehmensebenen – aufzubauen. Mit Zeit und Ausdauer in langwierigen Diskussionsprozessen kann man sich der Sachebene nähern, während immer wieder das Vertrauen betont und gestärkt werden muss. Solche Gespräche sind häufig informell und erfordern, die eigenen kulturellen Vorstellungen von Dialog und Verhandlung zu verlassen und sich auf die lokalen Gegebenheiten einzulassen. Sollte der Beratungs- und Entwicklungsprozess auf die Sachebene reduziert werden, ist er zum Scheitern verurteilt. Der Aufbau des Vertrauens in die Partner ist das wichtigste Ziel des Beziehungsmanagements. Ohne dieses sind die Projektziele zur Verbesserung der Herstellerperformance nicht zu erreichen.

Die beschriebene Projektarbeit positioniert sich an der Schnittstelle zwischen Handel und Hersteller. Die Komplexität dieser Beziehung wird durch die jeweiligen Organisationen in den Beschaffungsmärkten, z.B. Agenturen, als verlängerter Arm des Handels erhöht. Die spezifische Rolle solcher Marktorganisationen wurde hier nicht differenziert dargestellt. Sie sind aber in ihrer Rolle als Ansprechpartner des Handels vor Ort wichtiger Motivator und Treiber für das Beratungsprojekt. Die partnerschaftliche Arbeit zwischen Berater und Hersteller braucht immer wieder dieses treibende Moment und die Impulse von außen, da ein auf reiner

Freiwilligkeitsbasis konzipiertes Projekt – gerade in der Anfangsphase, wo die interne Überzeugungsarbeit noch geleistet wird – leicht gefährdet werden kann.

Der langfristige Wert dieser Qualifizierungsarbeit hängt entscheidend davon ab, ob Hersteller und Handel an die im Beratungsprojekt erarbeiteten Erfolge, die neben der reinen Qualifizierung der Prozesse in dem Schaffen einer Vertrauensbasis bestehen, anknüpfen und ein nachhaltiges Beziehungsmanagement etablieren und somit in eine gemeinsame, eigenständige Form der weiteren gegenseitigen Entwicklungsarbeit einsteigen können. Nur dann kann das Beratungsprojekt als Instrument für eine nachhaltige und wirkungsvolle Veränderung und Gestaltung der Beziehung zwischen Handel und Hersteller wirken.

3 Anwendbarkeit eines partnerschaftlichen Beziehungsmanagements auf die Geschäftsbeziehungen zwischen Textilhandel und Hersteller

Im weiteren Verlauf soll nun untersucht werden, ob die in der Projektarbeit beim Hersteller systematische Gestaltung des Beziehungsmanagements mit dem Ziel einer Partnerschaft auch gewinnbringend auf die Beziehung Hersteller - Händler übertragen werden kann.

3.1 Beziehungsmodelle

Grob lassen sich heute vier Beziehungsmodelle für das Verhältnis des Textilhandels zu seinen Herstellern unterscheiden:

Beim *Einkaufsmodell* nimmt das Handelsunternehmen keinen direkten Kontakt mit den Einkaufsmärkten und Produktionsbetrieben auf; die beteiligten Personen der Einkaufs- und Beschaffungsabteilungen bleiben uneingeschränkt im Absatzmarkt und beschränken sich auf Vorgaben bei der Produkt- und Qualitätsentwicklung. Die Beziehungsgestaltung zu den Herstellern erfolgt über Importeure und Agenten, die nach eigenem Ermessen und eigenen Leitbildern ihre Herstellerbeziehungen implizit oder explizit gestalten. Die Herstellerauswahl folgt in der Regel streng dem Preiskriterium. Das Handelsunternehmen kann je nach Marktmacht und Ordergröße per unilateraler Vorgabe und Vertragsstrafen bestimmte Produkt- oder Prozessanforderungen durchsetzen. Dieses Modell wird u.a. von den großen Discountern, gleichzeitig aber auch von kleinen Textilhändlern ohne ein weitverzweigtes internationales Beziehungsnetzwerk, gelebt.

Beim *Direktimportmodell* gehen die Textilhändler als Direktimporteure in verschiedene Beschaffungsmärkte und bauen auf der Basis einzelner Produkte oder Orderplatzierungen ihre Beziehungen zu den Herstellern auf. Die Beziehung zu den Herstellern wird von den Einkäufern und/oder in Zusammenarbeit mit den jeweiligen Agenten bzw. eigenen Marktorganisationen vor Ort nach eigenem Ermessen der Beteiligten gestaltet und unterliegt keiner mittel-

oder langfristigen Planung. Die Auswahl der Märkte bzw. Ausgestaltung des Herstellerportfolios wird im Einzelfall durch Vorgaben der Eigentümer- bzw. Entscheidungsebene des Handels beeinflusst. Begleitend werden für bestimmte Produkt- oder Prozessanforderungen Auditierungs- bzw. in seltenen Fällen Qualifizierungsprogramme entwickelt, wie z.B. bei der Absicherung von Umwelt- und Sozialstandards. Dieses Modell wird in unterschiedlichen Varianten von den großen Kaufhäusern, Versandhändlern und von einigen Modemarken gelebt.

Beim *Direktimportmodell mit Kooperationsansatz* gehen die Textilmarkenhersteller/-händler eine direkte Bindung mit ihren Herstellern über die Ebene der Einzelbestellung eines Produktes hinaus ein, indem sie über langfristige Kooperationsverträge oder die systematische Auslastung der Produktionskapazitäten bestimmte Entwicklungsziele für die Partnerschaft festlegen. Das Verhältnis zu den Herstellern wird damit über die Produktebene hinaus auf die Unternehmensebene gehoben. Zum Teil werden Aufgaben wie die Qualitätskontrolle komplett auf den Hersteller im Rahmen von langfristigen Vereinbarungen übertragen. Diese Form der Beziehungsgestaltung wird häufig auch auf die zweite oder dritte Stufe der Wertschöpfungskette erweitert. Die enge Bindung der Herstellerbeziehung geht in der Regel mit sehr detaillierten Produkt- und Prozessvorgaben einher. Dieses Modell wird von einigen heute sehr erfolgreichen Textilmarken sowie teilweise von klassischen Qualitätsanbietern gelebt.

Beim *Eigenproduktionsmodell* betreiben die Textilmarkenhersteller/-händler ihre eigenen Produktionsstätten und arbeiten nur im Fall von Lieferengpässen mit nicht unternehmenseigenen Herstellern zusammen. Qualitäts- und Produktentwicklung findet in enger Zusammenarbeit mit den Produktionsverantwortlichen statt. Dieses Modell wird von klassischen Marken mit hoher Kundenbindung oder aber jungen, besonders markengetriebenen Unternehmen gelebt.

3.2 Partnerschaftliches Beziehungsmanagement für die Beziehungsmodelle

Der in diesem Beitrag erörterte partnerschaftliche Ansatz im Rahmen der Beziehungsgestaltung zwischen Handel und Herstellern wird von den Vertretern des Direktimportmodells mit Kooperationsansatz und des Eigenproduktionsmodells zumindest dem Anspruch nach explizit angestrebt, wobei Erscheinungsformen und Durchdringungstiefe der Partnerschaft stark variieren. Der Entwicklungsstand und daraus abzuleitende Potenziale für die Ausdifferenzierung eines partnerschaftlichen Beziehungsmanagements lässt sich nur am Einzelfall bewerten.

Der Gegensatz dazu gilt für die Unternehmen, die sich im Rahmen der strategischen Ausrichtung ihres Geschäftes für das Einkaufsmodell entschieden haben. Fragen nach Form und Intensität eines partnerschaftlichen Beziehungsverständnisses sind nicht relevant.

Systematisch müssen sich die Unternehmen des Direktimportmodells mit der Ausgestaltung ihres Partnerschaftsverständnisses auseinandersetzen. Denn dieses Modell vereint unterschiedliche Elemente der anderen Modelle und gibt am meisten Gestaltungsspielraum in die eine oder andere Richtung.

4 Partnerschaftliches Beziehungsmanagement für Unternehmen des Direktimportmodells

Unter dem Direktimportmodell können wir heute eine Reihe von sehr unterschiedlich strukturierten und im jeweiligen Absatzmarkt positionierten Unternehmen unterscheiden, die ihre Einkaufs- und Beschaffungsprozesse unterschiedlich systematisch entwickelt haben. Ziel ist es hier, verschiedene Aspekte der Beziehungsgestaltung aufzuzeigen, die in der Projektarbeit erkennbar wurden und die einen Selbstreflektionsprozess für Handelsunternehmen anstoßen und unterstützen können.

4.1 Beziehungsgestaltung auf der Produktebene

Für alle Unternehmen des Direktimportmodells gilt, dass sie sich mit ihren Herstellern auf der Produktebene auseinander setzen und ihre Beziehung gestalten müssen. Das Beziehungsgeflecht zwischen Handel und Hersteller definiert sich in der Regel über die Verhandlungssituation bzw. die Absprache von produktbezogenen Details im Rahmen des Einkaufes und der Auseinandersetzung im Fall von Produktionsproblemen oder Lieferverzögerungen. Die Produktanforderungen werden von den Handelsunternehmen bislang in spezifische Beschreibungen für die Designer, Techniker und Merchandiser übersetzt.

Bereits hier ist auffällig, dass es innerhalb des gleichen Unternehmens zu unterschiedlichen impliziten Leitbildern kommt, nach denen die Beziehung zum Hersteller im Rahmen des Produkterstellungsprozesses gestaltet und interpretiert wird. Die produktverantwortlichen Designer und Textilingenieure sind während der Entwicklungsphase der einzelnen Produkte eher an einem partnerschaftlichen, umfassenden und flexiblen Beziehungsmanagement interessiert. Die Verantwortlichen der Qualitätssicherung, der Finanzabteilungen, der Transportabwicklung und anderer Supportfunktionen folgen eher hierarchischen, stark formalisierten Beziehungsansätzen und agieren tendenziell nach unilateralen Handlungsmustern.

4.2 Beziehungsgestaltung auf der Unternehmensebene

Festzustellen ist, dass die Mehrzahl der Handelsunternehmen und Hersteller, die mit dem Direktimportmodell arbeiten, in der Regel nicht auf die systematische Entwicklung ihrer gegenseitigen Beziehungen über die reine Produktebene hinaus eingerichtet sind. Das bewusste Erarbeiten von Vereinbarungen auf Unternehmensebene zwischen Handel und Hersteller ist eher die Ausnahme.

Ansätze einer unternehmensbezogenen Beziehungsgestaltung manifestieren sich allenfalls im Rahmen der Qualitäts-, Umwelt-, und Sozialauditierungen, mit deren Hilfe versucht wird, bestimmte Anforderungen des Absatzmarktes in der Herstellerwelt zu implementieren. Die meisten Initiativen basieren allerdings auf zur Fehlersuche und Kontrolle entwickelten Instrumenten, die wenig Raum für einen gegenseitigen Erkenntnis- und Entwicklungsprozess geben. Ein im Rahmen einer Partnerschaft notwendiger Qualifizierungsprozess, der auf den Ergebnissen der Audits aufbaut, findet in den seltensten Fällen statt.

Für das notwendige partnerschaftliche Beziehungsmanagement reichen oft die organisatorischen bzw. individuellen Fähigkeiten und Ressourcen der Beteiligten nicht aus. Damit fehlt die Basis für Veränderungsprozesse. Dies ergibt sich nicht zuletzt daraus, dass Mitarbeiter der Handelshäuser sich nicht längerfristig in den Lieferbetrieben aufhalten und somit die persönliche Beziehungsebene nicht gestärkt werden kann.

Umgekehrt gibt es wenig Initiative der Hersteller, die Anforderungen des Handelsunternehmens zu verstehen und in die eigene Unternehmensentwicklung mit aufzunehmen. Meist fehlt ein übergeordnetes Verständnis, das an die Markt-, Produkt- und Wettbewerbsstrategien der Handelsunternehmen anknüpft. Dieses übergeordnete Verständnis ist aber eben gerade Voraussetzung, um Vorgaben bei der Produktentwicklung oder bei der Gestaltung der Herstellungsprozesse selbständig umsetzen zu können. Dies zeigt sich ganz besonders bei den von den Kernanforderungen Qualität, Lieferzeit und Preis etwas entfernteren Anforderungen wie z.B. der Umweltverträglichkeit der Produkte bzw. der Einhaltung sozialer Mindeststandards im Herstellungsprozess. Für die meisten Zulieferer sind die hier eingeforderten Standards und Prozesse kaum nachvollziehbar, da die Kundenerwartungen und der Druck aus den Absatzmärkten im Rahmen der klassischen Verhandlungs- und Auditierungssituationen nicht transparent gemacht werden.

4.3 Gemeinsame Leitbilder zur Ausgestaltung der partnerschaftlichen Beziehung

Das Fehlen eines einheitlichen Herstellerleitbildes führt zu externen wie internen Konflikten. Die fehlende Transparenz und Diffusität der gegenseitigen Erwartungshaltung in den Hersteller-Handel Beziehungen ist genauso schädlich wie die fehlende Transparenz über den Fortgang des Beratungsprojektes auf den drei Hierarchieebene der beteiligten Projektpartner, die den gesamten Beratungserfolg gefährden kann (siehe Teil 2).

Nicht nur das Nebeneinander von Herstellerleitbildern verschiedener Einkaufsabteilungen, sondern vor allem die Kulturunterschiede zwischen Technikern, Betriebswirten und Mitarbeitern der Vertriebsorganisationen im Handelsunternehmen übersetzen sich in verschiedene, für die Hersteller oft schwer nachvollziehbare, Handlungsmuster. Implizite Vorstellungen über das Herstellerleitbild machen es unmöglich, dass Hersteller und Handelsunternehmen ein gemeinsames Verständnis über ihre Beziehungen entwickeln.

Ein Handelsunternehmen steht aus diesem Grund vor der Herausforderung, ein Herstellerleitbild zu entwickeln und dies konsequent – intern gegenüber allen Unternehmensabteilungen und extern gegenüber allen Partnern – zu vermitteln. Dabei sollte je nach Anforderung an die jeweilige Beziehung die Intensität des partnerschaftlichen Verständnisses ausformuliert werden.

Ein möglicher Ansatz ist hier, nach Produktgruppen und/oder Konsumentenforderungen zu unterscheiden. So kommt jedes Handelsunternehmen zu differenzierten Herstellerleitbildern, die unter Einbeziehung der eigenen Prozessanforderungen die einzelfallbezogene Beziehungsgestaltung von einzelnen Mitarbeitern ablösen und den Textilhändler zu einem Unternehmen mit systematischem Herstellermanagement avancieren lassen.

Das ist der erste notwendige Schritt, um Synergieeffekte beim Wareneinkauf durch die Verlagerung von Aufgaben und Verantwortlichkeiten und die Optimierung der Abläufe gemeinsam mit den Herstellern zu hebeln. Nur wenn ein solches qualifiziertes Beziehungsverständnis vorherrscht, kann der Handel an die Erfolge von Qualifizierungsprojekten im Rahmen der eigenständigen Weiterentwicklung seiner Herstellerbeziehungen anknüpfen.

Thomas Fleck

Zusammenarbeit in der Beschaffung auf Basis regelbasierter Geschäftsprozesse

Thomas Fleck

IBM Deutschland GmbH, Mainz

Inhaltsverzeichnis

1 „Supplier Collaboration and Replenishment Process“ der IBM Corporation

Zunehmende Arbeitsteilung und die Konzentration der Unternehmen auf ihre Kernkompetenzen bedingen eine immer stärkere Vernetzung der Unternehmen mit der Lieferantenbasis. Die Anzahl von Transaktionen mit den Lieferanten nimmt zu, weil die Zyklen der Bedarfsrechnungen immer kürzer werden und die Variantenanzahl steigt. Gerade für den Bereich der Teilenummer gesteuerten Zulieferteile ist eine Automatisierung und Verbesserung des Prozesses notwendig, denn mit klassischen Papierbestellungen und manuellen Bedarfvorschauen erreicht man die notwendige Planungs- und Versorgungssicherheit nicht mehr. Die IBM Corporation betreibt seit einigen Jahren einen weltweit vereinheitlichten Prozess mit dem sie ihren Teilebedarf an ihre Lieferantenbasis kommuniziert und die physischen Warenbewegungen in die IBM Fertigungsstätten steuert. Der Prozess besteht aus zwei wesentlichen Unterprozessen, das sind der kollaborative *Planungszyklus*, in dem interaktiv Planungsdaten ausgetauscht werden und der *Replenishmet-Zyklus*, in dem die physischen Warenbewegungen bis hin zur Fertigungslinie gesteuert werden. Dieser Prozess ist in Abbildung 1 übersichtsartig dargestellt und wird in den folgenden Kapiteln detailliert beschrieben.[1]

IBM betreibt dieses System weltweit in allen 30 Fertigungsstandorten seiner fünf Divisionen. Angeschlossen sind über 500 Lieferanten und rund 2000 interne und externe Benutzer, 140.000 Teilenummern sind erfasst und pro Lauf werden rund 350.000 Forecast Records bewegt. Der Zugriff der Lieferanten erfolgt in der Regel über das Internet und „Spreadsheet upload/download“ Funktionalitäten. Für höhere Datenvolumen sind auch B2B-Verbindungen etabliert. Die Anwendung ist zentral in einem Servercenter installiert und rund um die Uhr sieben Tage die Woche verfügbar.

---

[1] Vgl. Fleck/Fromm, 2003.

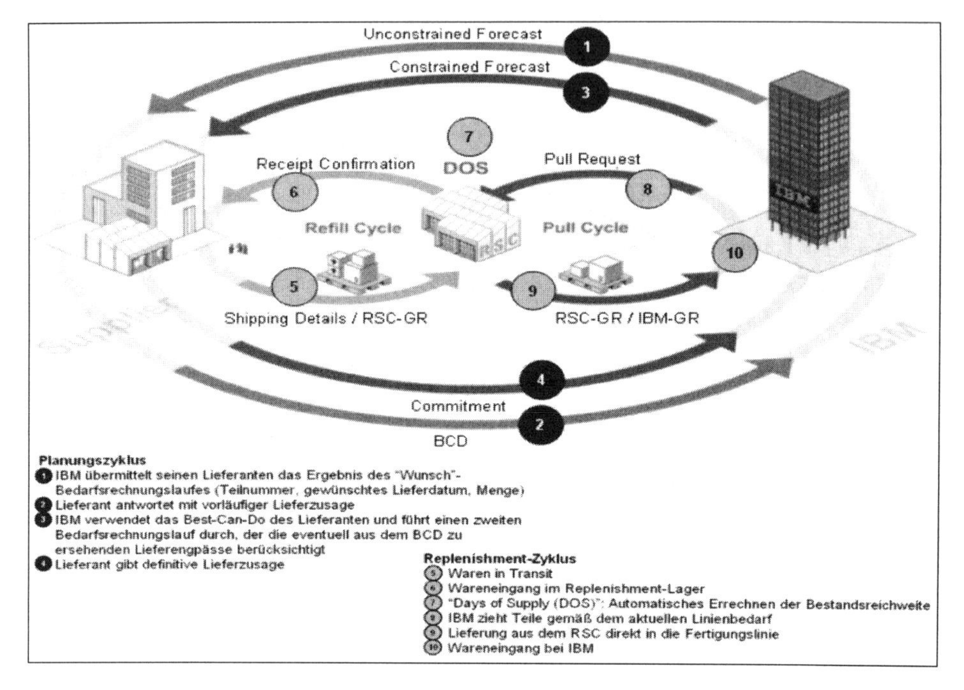

Abb. 1: Planungszyklus und Replenishment-Zyklus bei IBM

1.1 Kollaborativer Planungsprozess

Die Produktion verfolgt das Ziel durch interaktive Planung ein Bauprogramm zu entwickeln, in dem bekannte Restriktionen durch Komponentenengpässe bereits berücksichtigt werden. Klassische Planungssysteme gehen dagegen zumeist von unbeschränkter Lieferfähigkeit des Zuliefermarktes aus. Der zweiphasige interaktive Ansatz fragt vor der Erstellung des verbindlichen Bauprogramms die Lieferfähigkeit der Lieferkette ab und berücksichtigt einen so ermittelten Engpass in der weiteren Planung.

Im ersten Schritt wird das Bauprogramm vom OEM (Original Equipment Manufacturer) aufgrund der vom Markt abgeleiteten Absatzprognose erstellt und geht auf Fertigproduktbasis in die Bedarfsrechnung ein. Die Bedarfsrechnung errechnet nun auf Basis der Stücklisten und Parameter den "unconstrained forecast", d.h. den Bedarf an Einzelkomponenten über einen Zeitstrahl. Diese Informationen, genauer Teilenummer, Menge und Lieferdatum, werden nun dem Lieferanten zur Verfügung gestellt, der wiederum seine Lieferfähigkeit überprüft. Entweder er bestätigt die Anforderungen oder er kommt mit einer geänderten Teilenummer/Mengen/Termin-Information zurück. Dieses "best-can-do" wird nun beim OEM analysiert. Treten Mindermengen auf oder wird die Terminvorgabe nicht getroffen, entscheidet ein Managementsystem über die weitere Behandlung. Die akzeptierten Engpassmaterialen werden dann aber mit den anderen Einzelkomponenten als Grundlage für einen "Implosions-Bedarfsrechnungslauf" verwendet. Dieses Verfahren ist im Prinzip eine umgedrehte Bedarfsrechnung, d.h. auf Basis der Verfügbarkeit der Einzelkomponenten ermittelt das System die maximale Ausbringungsmenge der Endprodukte. Diese Endproduktplanung berücksichtigt nun als limitierenden Faktor die bekannten Materialengpässe. Der Implosions-Bedarfsrechnungslauf lässt sich gegebenenfalls mit zusätzlichen Algorithmen oder Simulationen verknüpfen, die die Ausbringungsmenge nach einem definierten festgelegten Zielsystem optimieren. Ein Beispiel hierfür ist die Berücksichtigung der internen Kapazitätsrestriktionen. Das Ergebnis ist ein neues Bauprogramm auf Fertigproduktbasis. Damit ist die erste Phase abgeschlossen.

In dem nun sofort folgenden Bedarfsrechnungslauf der zweiten Phase geht die eben ermittelte maximal mögliche und ggf. schon optimierte Ausbringungsmenge als "Top-Input" ein. Bei der Auflösung in die Einzelkomponenten ist nun sichergestellt, dass ein abgestimmtes Teileset errechnet wird. Diese Informationen gehen nun als neue Teilenummer-/Mengen-/Termin-Information an den Lieferanten, jetzt als "constrained forecast". Im Falle von Materialengpässen liegt diese neue Bedarfsmenge bei den meisten Lieferanten unter der ersten Anfrage. Bei dem Engpasslieferanten trifft sie genau sein "best-can-do". Der Lieferant kann nun in der Regel "committen", d.h. er bestätigt interaktiv die angepassten Bedarfe und verpflichtet sich zur Lieferung. Abweichungen in diesem Stadium sind die Ausnahme, die durch das System besonders hervorgehoben werden und zur Eskalation führen, d.h. der Einkäufer und das Management werden informiert und es wird versucht, das Problem zu lösen. Das Ergebnis dieser zwei Zyklen ist nun ein ausführbares Bauprogramm, das mit der Lieferfähigkeit der Lieferkette abgestimmt ist und einen abgestimmten Teilesatz an die Zulieferer kommuniziert hat.

In der betrieblichen Praxis hat dieser Prozess in einigen Fällen eine gewisse Modifizierung erfahren. Vor allem bei wöchentlichen Bedarfsrechnungsläufen reicht die Zeit nicht, um die zwei Zyklen vollständig zu durchlaufen. In diesen Fällen wird nur noch der „constaint forecast" benutzt. Allerdings werden im Falle von Unterdeckungen, die sich dann durch fehlende „Commitments" ausdrücken, dieselben Entscheidungsprozesse durchlaufen und das nächste Bauprogramm wird entsprechend angepasst. Die Grundidee, Lieferrestriktionen der Supply Chain in der eigenen Planung zu berücksichtigen, bleibt auch bei diesem Ansatz erhalten. Der schnellere Ablauf des inneren Planungszyklusses ersetzt den „unconstraint forecast".

Abbildung 2 stellt den prozessualen Ablauf der kollaborativen Planung zusammenfassend dar.

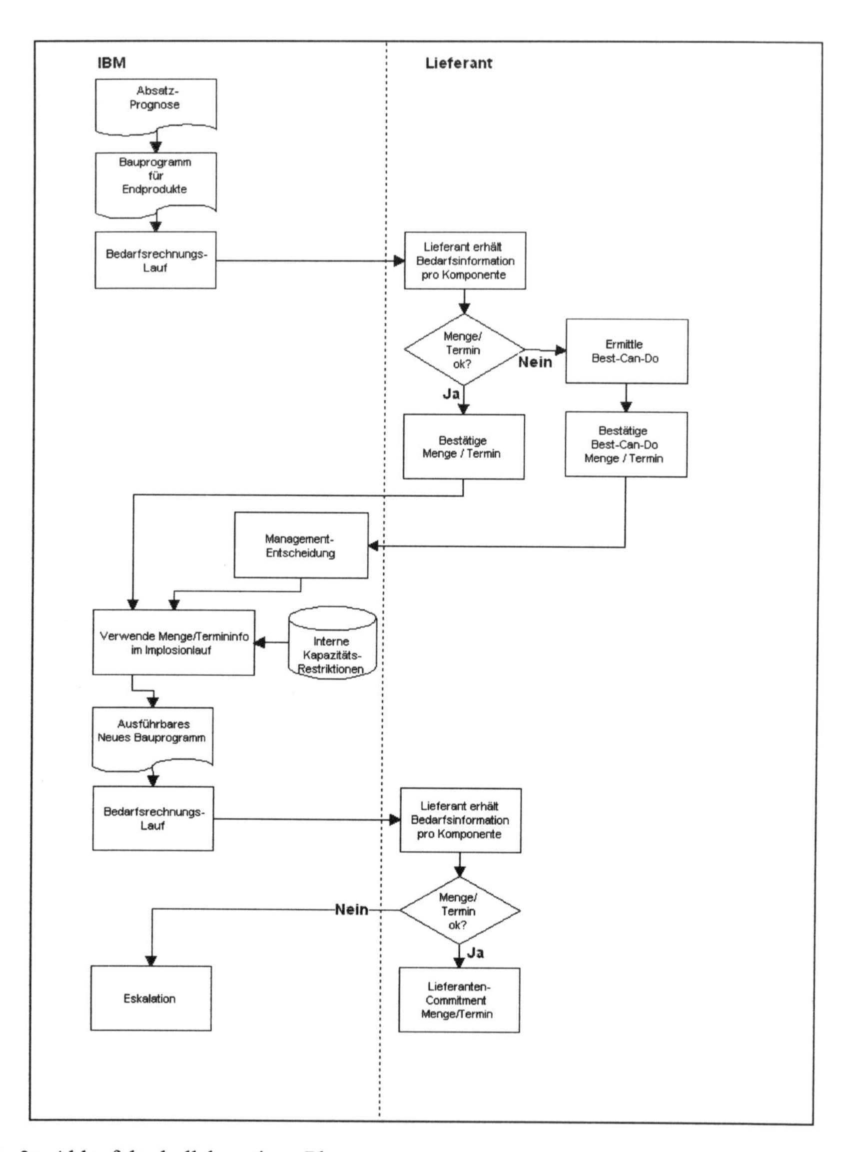

Abb. 2: Ablauf der kollaborativen Planung

1.2 Replenishment Prozess

Auch dieser Prozess besteht aus zwei Unterprozessen. Zum einen ist es der Auffüll-Zyklus, mit dem der Lieferant das Konsignationslager auffüllt, zum anderen der Abruf-Zyklus, mit dem der OEM die Materialien aus dem Lager in seine Fertigungsstätte zieht.

Das Konsignationslager ist in der Regel ein Lager, das von einem externen Logistikdienstleister in räumlicher Nähe zu den Fertigungsstätten des OEMs unterhalten wird. Der Logistikdienstleister transportiert die Ware und lagert sie. Die Bestandsdaten sowie alle Zu- und Abgänge im Konsignationslager sind für alle am Prozess Beteiligten jederzeit sichtbar.

Eine zentrale Rolle bei der Steuerung der Bestandshöhe auf Teilenummernbasis in diesem Lager sind die DOS (days of supply). Diese Messgröße gibt an, wie viele Tage der aktuelle Lagerbestand den Bedarf abdeckt. Konkret wird dabei vom aktuellen Bestand auf Teilenummernbasis der "constrained forecast" abgezogen, bis Null erreicht wird. Daraus ergibt sich dann die Abdeckungsreichweite in Tagen. Das Interessante dabei ist, dass damit die Planzahlen in einem dynamischen Vorgang mit den aktuellen Beständen verknüpft werden, denn in den Beständen schlagen sich naturgemäß alle Abweichungen von der Planung nieder. Es ist deshalb wichtig, dass für die DOS eine Bandbreite vereinbart wird, die beiden Parteien Gestaltungsspielraum gibt. Die Zielvorgabe für den Lieferanten ist nun, die Bestandshöhe in der vereinbarten Größenordnung zu halten. Die Zielvorgabe für den OEM ist, gemäß seiner aktuellen Produktion abzurufen. Eine Abweichung vom Produktionsplan wird sofort in der DOS-Kennzahl reflektiert und führt bei Überschreiten der Bandbreite nach oben oder unten zu Aktionen. Veränderungen, die durch ein höheres (niedrigeres) Bauprogramm hervorgerufen werden, erhöhen (verringern) die Anzahl der Teile, die für den gleichen DOS-Wert notwendig sind und passen den Gestaltungsspielraum somit entsprechend an. Damit hat man die Planungsdaten und das aktuelle Produktionsgeschehen mit einem Regelkreis, also einem geschlossenen, sich selbst steuernden System, verbunden.

Im Tagesgeschäft prüft der Komponentenlieferant den Bestand im Konsignationslager und veranlasst vor Erreichen der unteren Grenze neue Lieferungen oder verzögert diese, wenn die obere Bestandsgrenze erreicht ist. Sein Gestaltungsspielraum dabei ist, dass er die Liefermenge flexibler gestalten kann und auch – solange er in der Bandbreite bleibt – nicht tagesgenau liefern muss. Hier steckt ein deutliches Kosteneinsparungspotential, da im klassischen Prozess oft Anstrengungen unternommen werden, den Liefertag gemäß Bestellung genau zu treffen, nur damit die andere Seite die Ware dann auf Lager legt. Im System sind die transportbezogenen Daten und die Bestandsdaten sichtbar. Alle Parteien kennen die Transitbestände, Wareneingang im Konsignationslager und Lagerbestand. Durch diese Transparenz werden viele unnötige Aktionen vermieden.

Auf der Seite des OEMs werden für benötigte Teile täglich Abrufe aus dem Konsignationslager gestartet. Diese Abrufe richten sich nach den aktuellen Produktionsbedarfen, die wiederum vom Bauprogramm abgeleitet werden. Das Bauprogramm ist das zentrale Planungsinstrument, mit dem die tägliche Produktionsmenge pro Produkt und Fertigungslinie vorgeplant wird. Systemseitig ist sichergestellt, dass genau die dafür benötigten Komponenten als

„constrained forecast“ an die Lieferanten übermittelt wurden. Allerdings reflektieren die Abrufe auch die täglichen Schwankungen und Verschiebungen, die nicht oder anders im Bauprogramm geplant wurden. Diese Planabweichungen sind in der betrieblichen Praxis nicht zu vermeiden und müssen von einem fehlertoleranten System aufgefangen werden. Aufgrund der Abrufe wird im Konsignationslager die Ware kommissioniert und an den OEM geliefert. Im System werden die tägliche Abrufmengen sichtbar; der Warenausgang im Konsignationslager und der Wareneingang beim OEM.

Der Warenausgang verändert die Bestandshöhe und damit die DOS, was wiederum automatisch die Auffüllaktivitäten veranlasst. Auch hier wirkt das Prinzip der selbststeuernden Regelkreise. Alle nicht im Bauprogramm reflektierten Schwankungen werden sofort in ihrer Auswirkung auf die DOS sichtbar gemacht und erzeugen automatisch bei Überschreiten von vorher vereinbarten Bandbreiten korrektive Aktionen beim Lieferanten. Größere Schwankungen werden in den Bauprogrammläufen berücksichtigt und auf diese Weise den Lieferanten mitgeteilt.

1.3 Vorteile für die direkte Kunden-Lieferantenbeziehung

Die Verbindung der interaktiven Planung mit einem dynamischen selbststeuernden Replenishmentprozess bringt messbare Kosten- und Prozessverbesserungen für beide beteiligten Parteien. Tabelle 1 verdeutlicht die Vorteile.

Vorteile IBM	**Vorteile für die Lieferanten**
• Verringerung des Lagerbestandes am Werk • Erhöhung der Lagerumschlagshäufigkeit • Reduzierung der Transportkosten • Verkürzte Lieferzeiten • Vermeidung von Produktionsstillständen • Vergrößerung der Flexibilität bei der Produktionsplanung • Verringerung der Transaktionskosten bei der Pflege der Bestellungen	• Vergrößerung der Flexibilität bezogen auf die Anlieferung der Güter durch die vergrößerte Visibilität der aktuellen Days of Supply und der internen Planung • Reduzierte Lagerbereitstellung durch Verschiebung der Lagerhaltung in die Replenishment-Lager • Verbesserte Kundenkommunikation und Kundenbindung • Reduzierung der Vertriebskosten • Bessere Rechnungserstellung und schnellere Bezahlung • Ausgleich von Produktionsspitzen

Tab. 1: Vorteile der Vorgehensweise

1.4 Neue Regeln

Die geänderte Vorgehensweise erfordert angepasste Absprachen und eine geänderte Vertragsgestaltung mit den Lieferanten. Die klassische Einkaufsbestellung mit festen Terminvorgaben gibt es in diesem Prozess nicht mehr. Mit den Lieferanten wird ein Jahresvertrag abgeschlossen, in dem der Preis und ggf. mengenabhängige Preisstaffeln vereinbart sind. Statt der festen Liefertermine wird der Lieferant verpflichtet, die „days of supply“ in der vereinbarten Bandbreite zu halten. Weiterhin werden Regeln festgelegt, in welchen Zeiträumen die Bedarfsvorschauen kommuniziert werden und in welchem Zeitraum die Antwort erwartet wird. Der gesamte Ablauf muss intensiv mit dem Lieferanten besprochen und die entsprechenden Mitarbeiter müssen geschult werden. Das gilt für alle beteiligten Parteien: Lieferant, Logistikdienstleister und OEM. Das Prinzip der selbststeuernden Regelkreise muss erkannt werden und gewollt sein. Die ausführenden Mitarbeiter müssen ihre neu gewonnenen Entscheidungsspielräume kennen und nutzten können.

Zwei einfache Regeln ergänzen die Lieferbeziehung. Der OEM eskaliert, wenn die „days of supply“ im Konsignationslager unter den vereinbarten Wert sinken. Der Lieferant eskaliert, wenn er gemäß der Bedarfsvorschau liefert, aber die Teile nicht aus dem Lager abfließen und somit die Bestandsreichweite nach oben getrieben wird. Hier ist dann der OEM gefordert, sein Bauprogramm entsprechend zu korrigieren. Durch diese beiden Begrenzungen werden Abweichungen zeitnah eskaliert und bearbeitet. Nicht eingelöste Abnahmevereinbarungen werden dann in der Regel über Preisanpassungen gelöst und nicht durch die Abnahme und ggf. folgende Verschrottung der Teile. Auch das bringt auf längere Sicht beiden Parteien Vorteile und schont die Ressourcen.

Eine weitere Voraussetzung ist die einwandfreie Teilequalität. Der Replenishmentprozess verträgt sich schlecht mit einer Wareneingangsprüfung. Die fehlerfreie Anlieferung gemäß ISO 900x ist ein Muss.

2 Grenzen des Ansatzes

Zwangsläufig ist das beschriebene proprietäre System auf den OEM, in diesem Falle IBM ausgerichtet und deckt dessen Sicht auf seine erste Ebene der Lieferkette ab. Für die Lieferanten ergibt sich zwar der Vorteil, mit einem Kunden auf elegante Art zusammenarbeiten zu können, allerdings haben die weiteren Kunden eines Lieferanten gegebenenfalls unterschiedliche Systeme, so dass der Lieferant eine Vielzahl von Systemen bedienen muss und keine automatische Bedarfskonsolidierung hat.

IBM selbst kann die Kette nicht weiter nach oben zu seinen Kunden ausdehnen, denn die Kunden sind nur in Ausnahmefällen bereit ihre Daten in ein proprietäres System zu überspielen.

Weiterhin sind die Lieferanten der Lieferanten nicht Teil des Systems, so dass ein Blick in die Tiefe der Lieferkette nicht möglich ist. Es bleibt also bei einer „Kollaborationsinsel“ (vgl. Abb. 3).

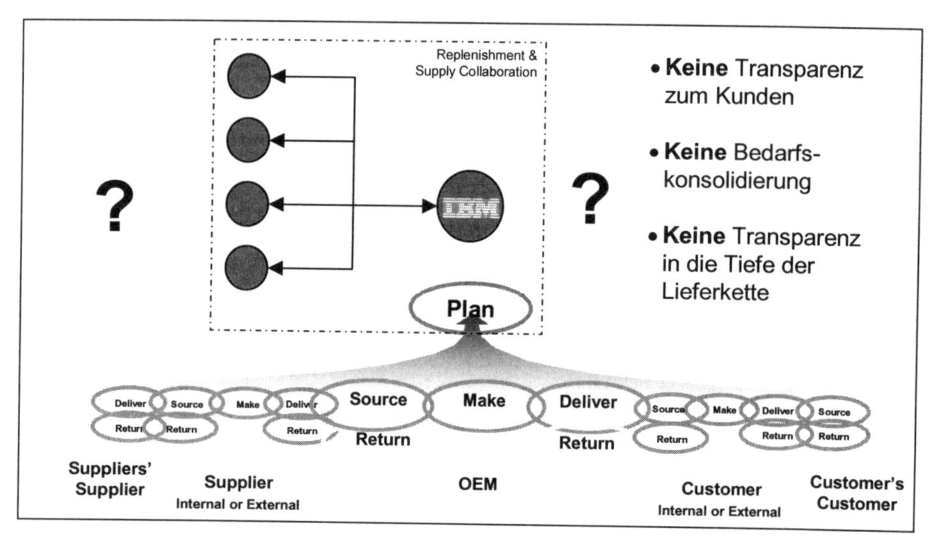

Abb. 3: Kollaborationsinsel

3 Ausbau zum Netzwerk

Gerade im Bereich der Ausdehnung auf die Zulieferer gibt es verschiedenste Anstrengungen, die Kette weiter nach unten auszudehnen. Notwendig erscheint das oft für spezielle Komponenten, bei denen eine Eins-zu-Eins Beziehung mit dem Primärbedarf des OEMs besteht und die eine lange Wiederbeschaffungszeit haben. Manche OEMs nehmen dann diese Komponenten in ihre Stücklisten auf und nehmen quasi die Bedarfsrechnung des Lieferanten in ihrer Bedarfsrechnung vorweg. Dazu werden auf unterschiedlichsten Wegen die dazu notwendigen Parameter, vor allem die Bestandsinformationen, beschafft und in das eigene System eingestellt. Die errechneten Bedarfe werden dann direkt dem „Tier 2“-Lieferanten übermittelt, „Tier 1“ wird übersprungen. Die Lieferbestätigung erfolgt nun ebenfalls direkt von „Tier 2“ zum OEM. Gegebenenfalls wird diese Vorgehensweise in weitere Ebenen der Lieferkette fortgesetzt und dadurch immer komplexer. Da der OEM die Berechnungen vornimmt, bleibt natürlich auch das Fehlerrisiko bei ihm.

Der hier beschriebene Ansatz geht einen anderen Weg. Die Verantwortung für die Bedarfsrechnung verbleibt bei jeder Ebene. Das jeweilige Kunden-Lieferantenverhältnis bleibt führend. Es wird nicht versucht, das Ergebnis der Bedarfsrechnung eines Unterlieferanten vorwegzunehmen. Vielmehr wird der Lieferant in die Lage versetzt, seine Lieferanten genauso effizient und transparent zu managen, wie der OEM es tut. Dies geschieht ganz einfach, indem er mit seinen Lieferanten den gleichen Prozess vereinbart, wie er es mit seinem Kunden, dem OEM, durchführt. Er benutzt das gleiche Datenmodell und im Wesentlichen den gleichen Prozess. Natürlich können die einzelnen Teilnehmer den Prozess variieren, d.h. einen ein- oder zweistufigen „Forecast" Prozess fahren und die Replenishment Funktionalität nutzen oder nicht. Durch die Verbindung der einzelnen gleichen Kollaborationsinseln ergibt sich dann ein umspannendes Netzwerk. Es ist ja die Grundidee eines Netzwerkes, gleiche oder sehr ähnliche Strukturen zu wiederholen und beliebige Verbindungen zwischen den Elementen herstellen zu können.

Damit sich jedoch selbstständig entscheidende Unternehmen an ein solches Netzwerk anschließen, muss es für alle Beteiligten Vorteile bringen. Wesentliche Voraussetzungen dafür sind:

- Keine proprietäre Lösung
- Ähnliche Geschäftsprozesse, trotzdem flexibel
- Einfache Skalierbarkeit
- Modular erweiterbare Funktionalität
- Einheitliches Datenmodell
- Offen, einfacher Zugang
- Einfacher Anfang und einfaches Beenden der Zusammenarbeit
- Alle Datenformate und Übermittlungsprotokolle
- Hohe Zuverlässigkeit und Verfügbarkeit
- „Hosted solution"
- Kostengünstig
- Vom Start an über der kritischen Masse an Teilnehmern

Zusätzliche Vorteile ergeben sich automatisch durch den Doppeleffekt, dass Kollaboration mit Lieferanten auch automatisch immer Kollaboration mit zumindest einem Kunden ist. Wie sich ein solches Netzwerk auf die gesamte Lieferkette auswirkt und welche technischen Voraussetzungen notwendig sind, wird im Folgenden erläutert.

3.1 Erweiterung zum Kunden und Kundenbedarfskonsolidierung

Lieferantenkollaboration ist auch immer Kundenkollaboration. Es ist lediglich ein unterschiedlicher Blick auf dieselbe Beziehung. Gemeinhin spricht man von Lieferantenkollaboration, wenn die Initiative vom OEM, also vom Kunden, ausgeht. Natürlich wird eine Kundenkollaboration nur effektiv, wenn nicht nur ein Kunde, sondern am Besten alle Kunden des OEMs dem Netzwerk angeschlossen sind. Im bisherigen Modell ist allerdings die Kundenkollaboration recht eingeschränkt, da nur ein Kunde angeschlossen ist. Zum Kunden hin besteht auch weniger Dominanz. Deshalb muss der Anschluss an das Netzwerk extrem einfach sein und für den Kunden einen Zusatznutzen bringen, damit er sich aus eigenem Antrieb anschließt. Das System muss also in der Lage sein, unterschiedlichste Formate zu akzeptieren. Schließen sich nun die Kunden des OEMs an das System an, mit der Absicht Lieferantenkollaboration zu betreiben, ergibt sich auf der Ebene des OEMs die Möglichkeit, den Bedarf aller oder zumindest eines Großteiles seiner Kunden auf einen Blick zu sehen.

Abbildung 4 zeigt den Ausbau des Netzwerkes durch einen Kunden, der über die Lieferantenkollaboration mit einer Vielzahl von angeschlossenen Partnern zusammenarbeitet, mit dem Ergebnis einer weitgehenden Bedarfskonsolidierung beim betrachteten OEM. Derselbe Effekt findet natürlich auch in der Tiefe der Lieferkette statt. Je größer das Netzwerk wird, umso mehr potentielle Liefer- und Kundenbeziehungen werden mit einem Anschluss abgebildet.

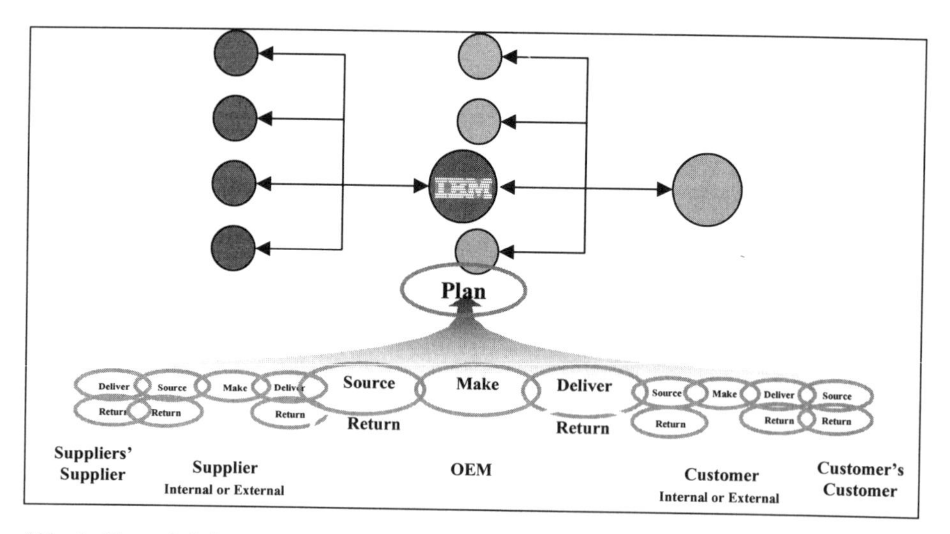

Abb. 4: Erster Schritt: Erweiterung zu einem Kunden

Im ersten Schritt wird dabei vom OEM nur das grundsätzliche Datenmodell dupliziert und zum Kunden gebracht. Dadurch entsteht eine Verknüpfung der Bedarfsrechung des Kunden mit den eigenen MRP-Systemen und eine Vereinfachung, Verbesserung und Automatisierung der Planung. Der Nutzen steigt jedoch um ein Vielfaches, wenn nun immer mehr Kunden dem Netzwerk beitreten, so dass auf der Ebene des OEMs eine Bedarfskonsolidierung erfolgt, d.h. ein Großteil des Bedarfs auf diese Weise strukturiert zur Verfügung gestellt wird (vgl. Abb. 5).

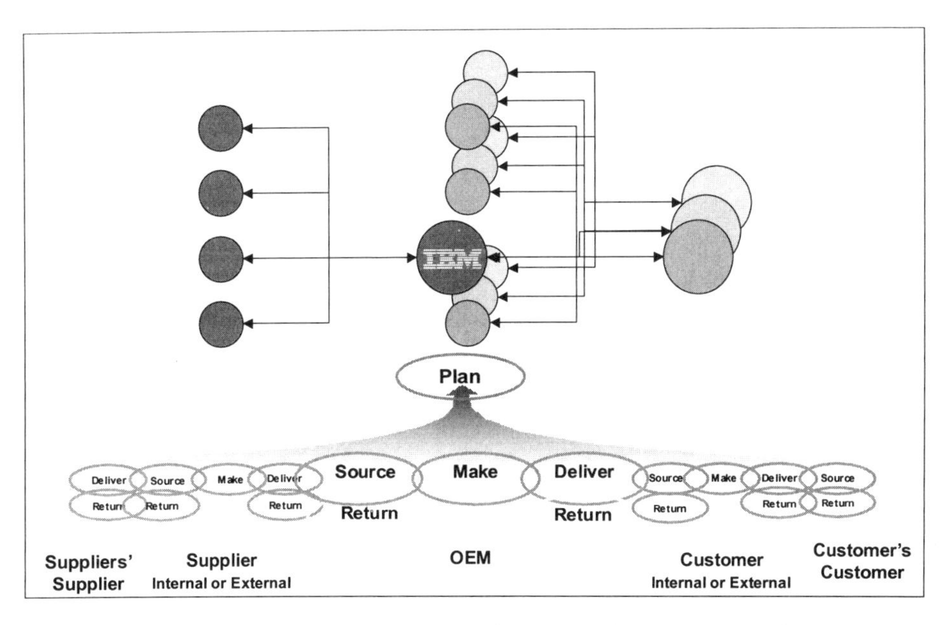

Abb. 5: Zweiter Schritt: Bedarfskonsolidierung durch Anschluss einer Vielzahl von Kunden

3.2 Transparenz in die Tiefe der Lieferkette

Das gleiche Prinzip wird nun auch in der Tiefe der Lieferkette angewandt. Die Lieferanten steuern ihre (Unter-)Lieferanten analog. Das heißt, das Ergebnis der Bedarfsrechnung des Lieferanten wird mit seinen (Unter-)Lieferanten automatisch kommuniziert und eine positive Lieferbestätigung wird erwartet. Zu jedem Zeitpunkt weiß nun der Lieferant, ob seine Liefersituation geschlossen ist oder ob er Probleme zu erwarten hat. Der Lieferant kann auf seiner Ebene entscheiden, ob er diese Information mit seinem Kunden teilt. Er tut dies einmal automatisch, weil die Lieferzusage seiner (Unter-)Lieferanten sein Bauprogramm beeinflusst und damit auch seine Lieferzusage an seinen Kunden. Falls er eine mögliche Unterdeckung seines Lieferanten nicht puffern kann, dann und nur dann wird er eine Unterdeckung an seinen Kunden weitermelden. Hier ist ein nicht zu unterschätzendes, schwankungsreduzierendes Element vorhanden. Der Lieferant wird in seinem Kunde/Lieferverhältnis alles tun, um eine Störung zu beseitigen. Nicht jede Störung in der Lieferkette weitet sich bis zum Endkunden hin aus, und nicht jedes Problem in der Kette bedarf sofort der Aufmerksamkeit aller potentiell Betroffenen. Die Probleme sollen da gelöst werden, wo es am einfachsten ist, im direkten Kunden/Lieferantenverhältnis.

Ist nun ein Lieferproblem für einen Partner in der Kette so essentiell, kann dieser veranlassen, dass sein Lieferant die Lieferinformationen einer speziellen Komponente für ihn und ggf. weitere Partner freischaltet (vgl. Abb. 6). Dazu gibt der entsprechende Lieferant seinen Kunden einen Lesezugriff auf seine Daten, in diesem Fall auf die spezielle Teilnummer/Lieferantenkombination. Nun können alle Interessierten den Status der kritischen Komponente im System sehen. Auf der anderen Seite kann der OEM in kritischen Situationen einem beliebigen Lieferanten in der weiteren Kette den Lesezugriff auf den Ursprungsbedarf geben. Das hilft diesem Lieferanten signifikant bei der Einschätzung der Bedarfsentwicklung, da er die Information direkt und ohne den Zeitverzug über seinen Kunden erhält, allerdings auch ohne die Berücksichtigung von eventuellen Beständen.

Der Lesezugriff erfolgt sehr einfach auf Anfrage und kann zeitlich und inhaltlich genau begrenzt werden. Die interessierten Parteien können dann auf diese Daten wie auf eigene zugreifen und in ihr Berichtswesen einbeziehen.

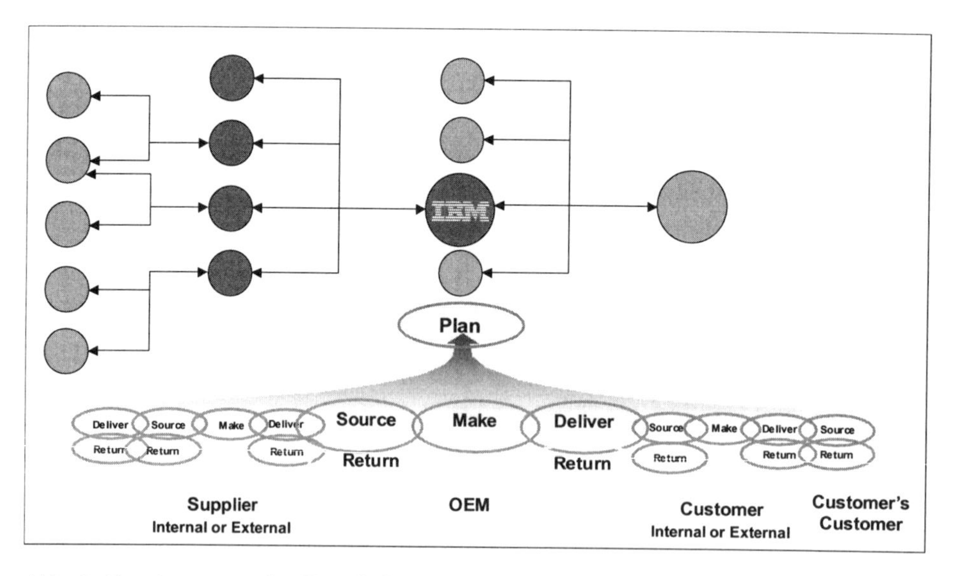

Abb. 6: Erweiterung zu den Unterlieferanten

4 Realisierung der Vorgehensweise bei IBM

IBM hat sich entschlossen, die in der selbstentwickelten Lösung durchgeführten kollaborativen Geschäftsprozesse in ein unabhängiges Gemeinschaftsunternehmen einzubringen. An diesem Gemeinschaftsunternehmen E2open, mit Sitz in Redwood City, Kalifornien, sind namhafte Unternehmen der elektronischen Industrie beteiligt, die gleichzeitig das System und die Prozesse nutzen (vgl. Abb. 7). Mit der Mitte des Jahres 2004 geplanten Überführung der IBM Prozesse in das neue System sind eine Vielzahl von Lieferanten und OEMs angeschlossen, so dass die kritische Masse für solche Ansätze deutlich überschritten ist. Im Bereich der elektronischen Industrie hat ein neu dazukommender Partner die Möglichkeit, mit mehreren hundert Lieferanten sowie den führenden OEMs in Beziehung zu treten. Einmal angeschlossen, wird nicht nur wie bisher eine Kunden-Lieferantenbeziehung abgedeckt, sondern es kann eine Verbindung mit jedem im Netzwerk angeschlossenen Unternehmen aufgenommen werden, unabhängig davon, ob man als Kunde und/oder Zulieferer auftritt.

Abb. 7: E2open Partner

Natürlich bietet die Plattform von E2open noch weitere Nutzungsmöglichkeiten über die beschriebene Kollaboration hinaus. In der weitesten Ausbaustufe steht ein kompletter Werkzeugkasten für die Einkäufer zur Verfügung, der von der Abwicklung einer Einzelbestellung über die komplette Kollaboration vom Forecast bis zur Bezahlung reicht. Web-Konferenzen und Exception Management sind ebenfalls Bestandteil des Pakets.

Das modulare Softwarepaket, in Abbildung 8 als Blockdiagramm dargestellt, ist eine unternehmensübergreifende Prozess Management Software für komplexe Supply Chain Prozesse für viele Anwender und über mehrere Ebenen.

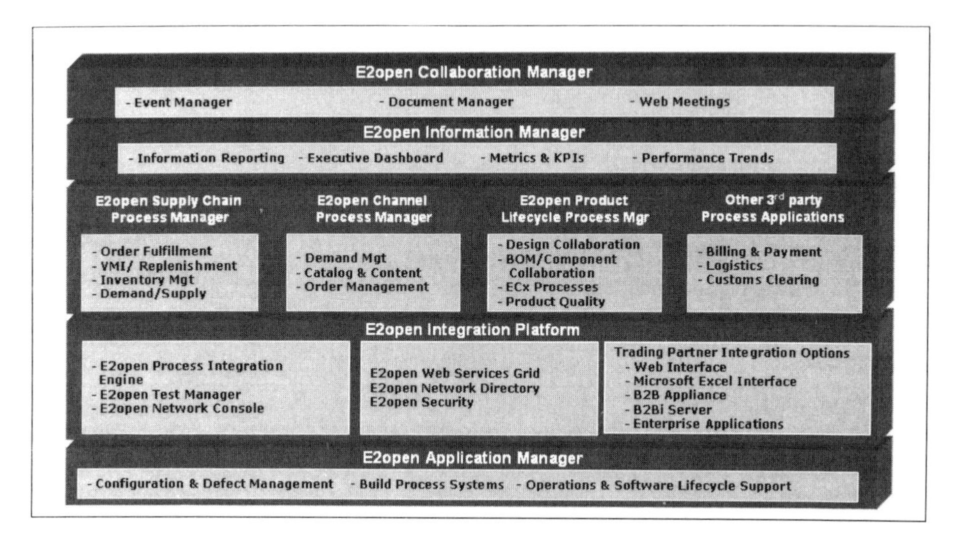

Abb. 8: E2open Software

Der Applikation Manager und die „E2open Integration Platform“ sind die technische Grundlage, auf dem die prozessorientierten Anwendungen aufsetzen. Die Funktionalität deckt die beschriebenen kollaborativen und „Vendor Managed Inventory (VMI)“ Prozesse ab, kann aber auch diskrete Bestellungen handhaben und stellt Kataloge für den indirekten Einkauf zur Verfügung. Im Modul „Lifecycle Process Manager“ sind Anwendungen zur technischen Kollaboration mit den Lieferanten vorhanden, die über den Austausch von Zeichnungen bis zum Änderungsmanagement reichen. Das System ist insoweit offen, weil auch weitere Anwendungen von Dritten integriert werden können. Sinnvoll ist hier die Anbindung des Zahlungsverkehrs.

Das System wird abgerundet vom „Information Manager“ für das Berichtswesen und dem „Collaboration Manager“, der über gemeinsame Dokumentenverwaltung und Web-Meetings das tägliche Leben erleichtern soll.

5 Verbindungen im Netzwerk

Die Lieferkette in ihrer ganzen Ausdehnung ist ein sehr komplexes und dynamisches Gebilde. Für die technische Anbindung muss deshalb ein einfacher Weg gefunden werden, der einen direkten Zugriff und individuelle Verbindungen zulässt. Erreicht wird das dadurch, dass alle

Teilnehmer, unabhängig davon an welcher Stelle sie in der Lieferkette stehen, gleichberechtigt an E2open angeschlossen sind. Diese Plattform akzeptiert grundsätzlich alle Formate für den Dateninput und transformiert die Ausgangsinformation ebenfalls in alle Formate. Der Zugriff kann beliebig über das Internet mit manueller Eingabe erfolgen, vorzugsweise für kleinere Datenmengen. Die Daten können in Spreadsheets herunter geladen werden oder es kann eine B2B-Verbindung aufgebaut werden.

Auf der technischen Seite wird die Lieferkette also flach und ohne Hierarchie abgebildet (vgl. Abb. 9). Einmal angeschlossen, kann der Anschluss beliebig genutzt werden, denn Verbindungen sind von jedem Teilnehmer zu jedem anderen Teilnehmer möglich. So lässt sich dann am Bildschirm die jeweilige Lieferkette zusammenstellen.

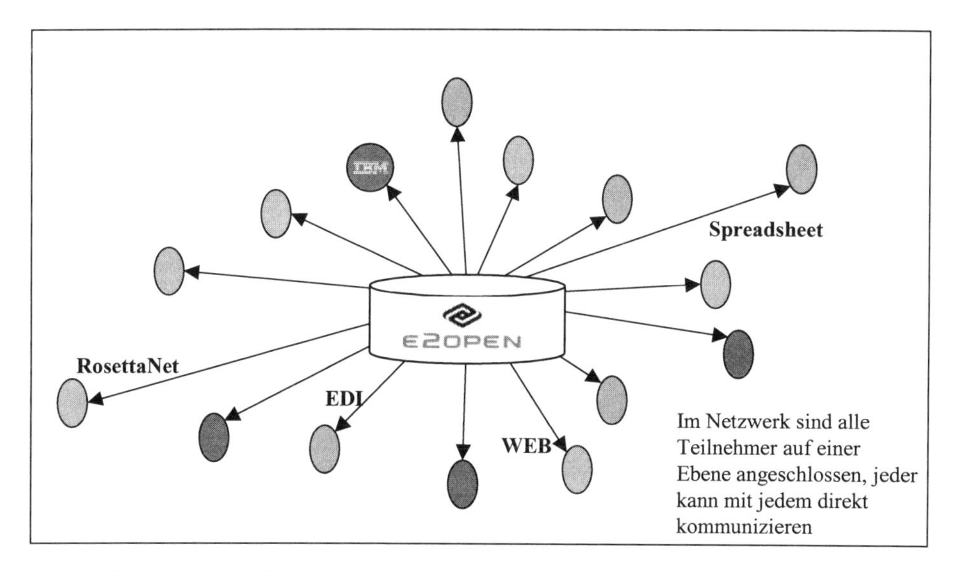

Abb. 9: Technische Realisierung im Netzwerk

Mit einer Verbindung kann dann die Kollaboration mit den Lieferanten betrieben werden, standardmäßig den Tier 1 Lieferanten. Über die Freischaltfunktionalität kann die Verbindung – wenn benötigt – beliebig in die Tiefe ausgedehnt werden. Gleichzeitig ist man auf der Kundenseite verknüpft und erhält von dort Bedarfsinformationen. Zudem gibt man eigene Lieferzusagen weiter, die auf Basis den erhaltenen Zusagen entstanden sind.

6 Erweiterte Vorteile im Netzwerk

Mit der beschriebenen Vorgehensweise entsteht eine Lieferkette, bei der die Beteiligten eine hohe Transparenz über die Lieferfähigkeit der vorgelagerten Stufen haben. Einmal weil sie wissen, dass jeder Lieferant seine Aussagen zu seiner Lieferfähigkeit aufgrund der Fakten seiner Unterlieferanten beurteilt und die Störungen, die er nicht puffern kann, in die Kette weitermeldet. Hier ist die Analogie zum Qualitätsmanagementprozess. Ist ein Lieferant nach ISO 900x zertifiziert, weiß der Kunde, dass dieser Lieferant überprüfbar ebenfalls zertifizierte Unterlieferanten hat oder durch geeignete Systeme sicherstellt, dass die Eingangsqualität in Ordnung ist. Dasselbe gilt hier für die Aussage zur Lieferfähigkeit. Sie basiert auf Fakten und ist über die Stufen abgesichert. Falls das in speziellen Fällen noch nicht ausreichend erscheint, kann jeder Teilnehmer – nach Absprache mit den Dateneignern – sich den Blick in die Liefersituation bestimmter Komponenten freischalten lassen und seinerseits Informationen auch für indirekt betroffene Lieferanten sichtbar machen. Durch die konsequente Nutzung eines ähnlichen Prozesses auf allen Stufen entsteht aus einer Lieferantenkollaboration eine umfassende Kollaboration auf Kunden- und Lieferantenseite. Das Ganze ist individuell entscheidbar und anpassbar. Nur Störungen, die über eine Stufe hindurchschlagen, werden auch weiter gemeldet, so dass auch nur solche Probleme bearbeitet werden müssen.

Die Verantwortung bleibt jeweils da, wo sie hingehört, im direkten Kunden/Lieferantenverhältnis. Dadurch wird die Datenqualität automatisch höher, denn im direkten Verhältnis sind die Daten nachvollziehbar bzw. Fehler können direkt angesprochen und beseitigt werden. Nutzen die Beteiligen neben den Bedarfsvorschauen auch die Replenishmentfunktionalität, werden auf jeder Ebene selbststeuernde Regelkreise dazwischengestaltet, so dass die Kette insgesamt ruhiger und harmonisierter ablaufen kann.

Zusammenfassend lässt sich die „on demand Lösung" wie folgt charakterisieren:

- Reaktionsfähig
  - Erweiterung der Lieferkette zum Kunden
  - Individuell gestaltbare Erweiterung in die Tiefe
- Variabel
  - Vereinheitlichte, aber trotzdem unternehmensspezifisch anpassbare Geschäftsprozesse
  - Modular erweiterbare Geschäftsprozesse
  - Zugriffsfreischaltung und Mehrfachnutzung
  - Kostengünstig

- Fokussiert
  - Verantwortlichkeiten bleiben da, wo sie am effektivsten wahrgenommen werden können
  - Angepasste Bearbeitung von Störungen
- Widerstandsfähig
  - Offenes, allgemein zugängliches System, formatunabhängig
  - Hohe Zuverlässigkeit und ständige Verfügbarkeit

In einer solchen umfassenden Lösung und solch schlüssigen Lieferkette wird dann der (letzte) Rohstofflieferant, der definitionsgemäß keine Kollaboration mit Unterlieferanten mehr betreiben muss, das System für Bestellungen beim OEM nutzen.

Literaturverzeichnis

Fleck, T./Fromm, H. (2003)
Supply Chain Management in der Praxis. In: Teich, I. (Hrsg.): Materialwirtschaft und Logistik in der Praxis. Kissingen 2003.

Michael Krings

Erfolgsfaktoren für Kooperationen mit Logistikdienstleistern im Einzelhandel

---

Dr. Michael Krings

Parfümerie Douglas GmbH, Hagen

Inhaltsverzeichnis

1 Grundsatzentscheidung: Chancen und Risiken des Outsourcings

In den vergangenen Jahrzehnten ist die Logistikfunktion verstärkt in das Blickfeld von Einzelhandelsunternehmen gerückt. Ausgehend von den Optimierungsbemühungen in der Industrie (z.B. in der Automobilbranche), die bereits wesentlich früher mit der Notwendigkeit optimaler Prozessketten konfrontiert wurde, haben sich neue Formen der Logistik entwickelt. Mangels alternativer Möglichkeiten geschah dies zu Beginn der 80er Jahre und bis in die 90er Jahre hinein noch verstärkt durch eigen erstellte logistische Leistungen. Beispiele dafür sind die großen Zentrallager-Projekte der Warenhausunternehmen Karstadt und Kaufhof. Da auch die großen Lieferanten in der Konsumgüterindustrie diesen Trend aufgriffen, wurde schnell deutlich, dass nur durch ein kooperatives Vorgehen zwischenzeitlich vorhandene Doppeltätigkeiten eliminiert werden konnten. Zeitgleich entwickelten sich die Informationstechnologien in einer sehr hohen Geschwindigkeit weiter, so dass der Mix zwischen verschiedenen Produktionsfaktoren in der Logistik stets neu definiert werden konnte und zwar mit zunehmenden Anteilen des Faktors Information.

Kennzeichnend für diese Entwicklung ist die deutliche Reduzierung von Lagerbeständen mit Hilfe geeigneter Prognose-Systeme und einer Vernetzung der Partner in der Wertschöpfungskette, wodurch die Funktion von Lagerbeständen als Sicherheitspuffer immer mehr an Bedeutung verlor. Moderne Handelsunternehmen versuchen, vollständig auf Bestände in ihrer Wertschöpfungskette zu verzichten, sofern es sich nicht um Bestände auf der Verkaufsfläche handelt. Diese Bestände erfüllen dann nicht mehr nur die Sicherungsfunktion, sondern dienen vor allem der Warenpräsentation. Außerdem können Sie durch die Filialmanager direkt gesteuert werden, da sie sich ständig im Blickfeld der Verantwortlichen befinden. Da Verkaufsflächen ein tendenziell knappes Gut (und deshalb vergleichsweise teuer) sind, besteht ein zusätzlicher hoher Anreiz, die für die Präsentation und Lagerung benötigten Flächen so optimal wie möglich zu nutzen. Lagerbestände, die den unmittelbaren Bedarf nicht berücksichtigen, können somit gar nicht erst entstehen.

Aus diesen Überlegungen heraus entstand die Efficient Consumer Response Initiative, deren Ziel die gesamthafte und unternehmensgrenzenübergreifende Optimierung der logistischen Wertschöpfungsprozesse ist.

Vier Aspekte stehen dabei im Vordergrund:

- Ein gemeinsames Kundenverständnis
- Die Nutzung einer gemeinsamen Informationsplattform, nämlich Electronic Data Interchange (EDI) auf Basis des Edifact-Standards, welches inzwischen durch ein WEB-basiertes EDI immer stärker ergänzt (und mittelfristig wahrscheinlich sogar ersetzt) wird.
- Die Konzentration auf Kernkompetenzen der jeweiligen Partner in der Wertschöpfungskette
- Die Möglichkeit einer Kooperation mit den Partnern, welche am besten in der Lage sind, die Anforderungen der Kunden umzusetzen.

Was aber sind die Kernkompetenzen eines Einzelhandelsunternehmens? Zum besseren Verständnis ist zunächst der Begriff der Kernkompetenz zu klären: Eine Kernkompetenz ist die Quelle von Wettbewerbsvorteilen, die dazu führen, dass ein Unternehmen eine einzigartige Position hinsichtlich Wertschöpfung oder Kosten einnimmt, die von den Kunden wahrgenommen wird und die gegenüber dem Wettbewerb langfristig verteidigt werden kann.[1] Eine Kernkompetenz kann somit auch nicht sinnvoll ausgegliedert werden, da sie den Erfolg eines Unternehmens begründet und der Verlust der Kontrolle über diese Kernkompetenz gleichzeitig die Erfolgssicherung erschweren würde.

Kernkompetenzen für ein Handelsunternehmen sind gemäß dieser Definition beispielsweise das Management der store brand[2], das Sortimentsmanagement, die Filialentwicklung, das Informationsmanagement und die Mitarbeiterentwicklung.

Oft wird in diesem Zusammenhang auch die Ausübung der Logistik als eine Kernkompetenz für ein Einzelhandelsunternehmen angesehen. Sicherlich ist die kostengünstige Warenversorgung und die Warenverfügbarkeit bezüglich der richtigen Waren, d.h. die Steuerung der Warenflüsse, eine Kernfunktion des Einzelhandels. Allerdings steht hier eher das Wissen um die Ausübung, also das „Know-how" in seiner unmittelbaren Bedeutung, im Vordergrund. Die Kernkompetenz „Logistikmanagement" kann demnach auch beim Outsourcing der Logistikfunktion bestehen bleiben. Voraussetzung dafür ist allerdings, dass die Fähigkeit zur Steuerung der logistischen Prozesse tatsächlich vorhanden ist. Dies bedeutet, dass sämtliche Transaktionen in den Logistiksystemen hinsichtlich Zeit, Menge, Qualität und Kosten gemessen

---

[1] Vgl. Hamel, G., 1994, S. 18; Krings, M., 1997, S. 146f.

[2] Gemeint ist hier der Name des Handelsunternehmens als Marke, wie z.B. Douglas, IKEA, H&M, C&A etc.

werden können. Nur was messbar ist, kann auch durch das Logistikmanagement gesteuert werden.

Beispielsweise hat die Parfümerie Douglas die Logistikaktivitäten weitgehend an Partner in der Wertschöpfungskette abgegeben und beschränkt sich auf die Steuerung der Supply Chain (vgl. Abb. 1). Möglich wird dies durch eine Logistiksoftware, mit deren Hilfe sämtlich Warenströme und die zugehörigen Aufträge, Lieferscheine und Rechnungen durch ein bestandsloses Cross Docking Netzwerk gesteuert werden.

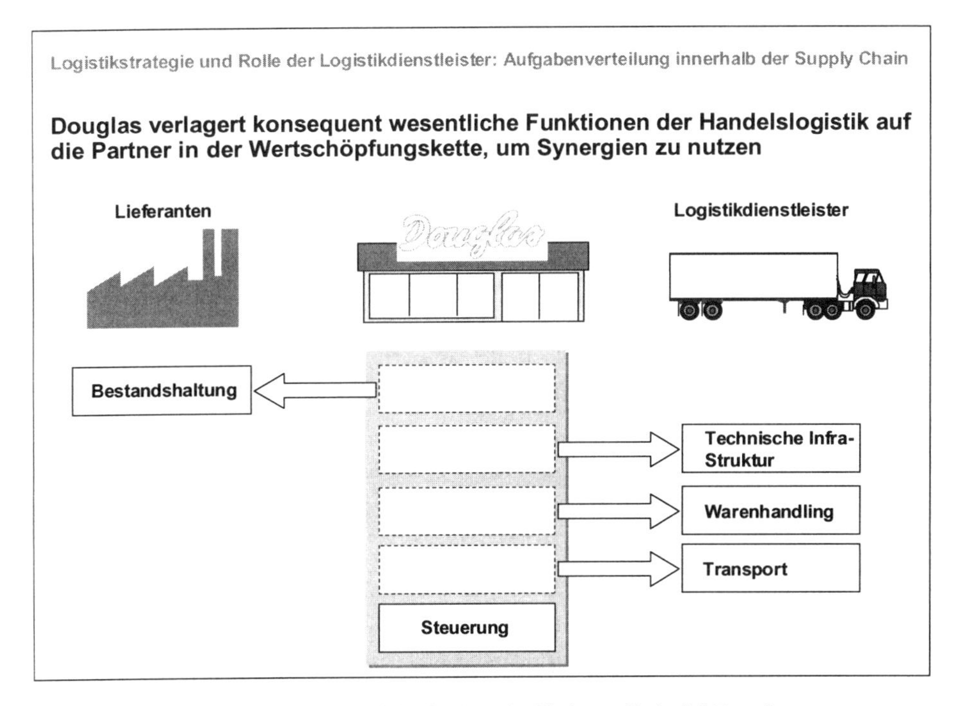

Abb. 1: Modernes Rollenverständnis in der Supply Chain am Beispiel Douglas

Die zuvor beschriebenen Entwicklungen sind jedoch nicht der einzige Grund, weshalb das Outsourcing von Logistikleistungen in den vergangenen Jahren für viele Einzelhandelsunternehmen eine strategische Alternative für die Ausübung logistischer Funktionen geworden ist. Zwei weitere Gründe sprechen für eine Entscheidung des „Buy“ anstelle des „Make“:

Die Möglichkeit zur Nutzung von Synergien

Anfang der 90er Jahre hat die Deregulierung des deutschen Verkehrsmarktes viele Speditions- und Transportunternehmen gezwungen, sich in einem härter werdenden Wettbewerb mit einer Steigerung der eigenen Leistungsfähigkeit zu behaupten. Unter Umsetzung und Anwendung des Logistik-Ansatzes entstanden hoch professionelle Logistikdienstleistungsunternehmen, deren Unternehmenszweck in der Erbringung logistischer Mehrwertleistungen besteht. Die Übernahme weitgehend gleicher logistischer Leistungen für unterschiedliche Unternehmen ermöglicht dabei die Nutzung von Synergieeffekten durch die Auftraggeber. Beispielsweise stellt sich für Textillogistiker das Problem hoher Spitzen in den Monaten August/September (Herbst-/Winterkollektion) bzw. März/April (Frühjahr-/Sommerkollektionen). Andere Branchen benötigen Kapazitätsspitzen in anderen Monaten, z.B. Oktober und November in der Parfümeriebranche, die dann ohne zusätzliche Ressourcen in den ursprünglichen Talzeiten vergleichsweise problemlos erfüllt werden können.

Die Möglichkeit zur Steigerung der Flexibilität

Bei Umsetzung der „Make"-Alternative, d.h. Investitionen in die logistische Infrastruktur, belaufen sich diese für Handelsunternehmen zumeist auf Beträge im zwei bis dreistelligen Millionen-Euro-Bereich. Waren in der Vergangenheit diese Investitionen auch unter Einbeziehung der Lieferanten kalkuliert worden, so müssen sich Logistikkonzepte heute zuerst selber tragen. Bei den vergleichsweise einzelhandelstypisch geringen ROS von 1 bis 2%, muss für derartige Investitionen mit einem Return-on-Investment-Zeitraum von mindestens 10 Jahren gerechnet werden. Da die Planung immer auch auf Vergangenheitsdaten beruht, beträgt der Planungs- und Nutzungszeithorizont ca. 12-15 Jahren. Ein solcher Zeitraum ist vor dem Hintergrund der eingangs zitierten Entwicklungen in der Logistik sehr lang. Eine kurzfristige Anpassung von Logistik-Strategien ist deshalb nur unter Inkaufnahme von „Sunk costs" möglich, ansonsten bleibt als einzige Option, dass sich alle Aktivitäten auf die bestmögliche Ausnutzung der geschaffenen Logistikressourcen ausrichten müssen. Beim Outsourcing der logistischen Leistung steigert sich die Flexibilität deutlich. Zum einen kann oft auf bestehende Ressourcen bei den Logistikdienstleistern zurückgegriffen werden, so dass die geforderte Leistungsbereitschaft schnell hergestellt werden kann. Außerdem bestehen durch befristete und verlängerbare Verträge Änderungsmöglichkeiten, wenn dies aufgrund veränderter Anforderungen und den daran auszurichtenden Strategien erforderlich ist. Voraussetzung für diese Option ist eine entsprechende vertragliche Ausgestaltung sowie das Management des Wechsels im Falle der Neugestaltung. Auf beide Aspekte wird an späterer Stelle noch eingegangen.

Neben den unbestrittenen Vorteilen gibt es aber auch Risiken des Outsourcings. Zu den am häufigsten genannten Risiken zählen die zwei Folgenden, nämlich der Verlust logistischen Know-hows und ein Qualitätsverlust gegenüber der Leistung durch eigene Mitarbeiter:

Verlust logistischen Know-hows

Dem Verlust des logistischen Know-hows kann durch eine besonders enge Zusammenarbeit entgegengewirkt werden. Bei einer Partnerschaft mit verschiedenen Logistikdienstleistern kann die Basis des Know-hows sogar gesteigert werden. Entscheidend ist jedoch die klare Ausübung der Managementfunktion. Outsourcing ohne Controlling ist demnach auf Dauer nicht sinnvoll möglich. Ziel ist es, gemeinsam nach best practices zu suchen und durch permanentes Benchmarking die für den Auftraggeber aber auch den Logistikdienstleister optimalen Prozesse zu definieren. Die Kenntnis der Auswirkungen von Maßnahmen, die die Logistikleistung beeinflussen, ist deshalb zwingende Basis für die Zusammenarbeit. Ohne diese Kenntnisse resultiert die Logistikleistung aus einer „Black Box", deren Effizienz und Potenziale nicht beurteilt werden können. Auf diesen Punkt wird nachfolgend noch detaillierter eingegangen.

Qualitätsverlust gegenüber der Leistung durch eigene Mitarbeiter

Oft wird im Vorfeld der Outsourcing-Entscheidung der Verlust eines Qualitätsniveaus als Argument gegen das Outsourcing in die Diskussion gebracht. Grundsätzlich durchläuft jeder neue Mitarbeiter, ob er auf der eigenen Gehaltsliste steht oder von einem Diensleister beschäftigt wird, nach Beginn seiner Tätigkeit eine mehr oder weniger lange Lernkurve. Das zuvor erwähnte Logistikmanagement kann einen wesentlichen Beitrag leisten, diese Lernkurve so kurz wie möglich zu gestalten. Ist erst einmal ein eingeschwungener Zustand erreicht, kann die Motivation der Mitarbeiter des Dienstleisters sogar wesentlich höher sein, als die der eigenen Mitarbeiter. Ein Grund dafür liegt auf der Hand: Die Tätigkeit eines Mitarbeiters des Logistikdienstleisters ist stets ein Teil der Hauptleistung des Unternehmens und wird entsprechend gewürdigt. Im Einzelhandel dagegen liegt auf den Logistiktätigkeiten nicht unbedingt das höchste Interesse der Filial- oder Unternehmensleitung. Eine Profilierung in diesen Funktionen ist somit für einen Mitarbeiter ungleich schwieriger als in einem Unternehmen, das in diesen Tätigkeiten den Geschäftszweck hat. Natürlich spielt hier die Kultur des Dienstleistungsunternehmens eine entscheidende Rolle: in einer „hire and fire"-Atmosphäre werden Mitarbeiter nur bedingt motiviert und leistungsbereit sein. Bei hoch standardisierten Leistungen bleibt dies unter Umständen ohne große negative Auswirkungen. Bei komplexen Leistungen kann darunter jedoch das gesamte System in Frage gestellt werden. Entsprechend ist dies bereits bei der Auswahl der Dienstleister zu berücksichtigen.

2 Auswahlkriterien: Fachliche Exzellenz und gemeinsames Wertemodell

Die Auswahl des „richtigen" Logistikdienstleisters bedarf einiger Vorbereitung.[3] Nachdem die Grundsatzfrage „Outsourcing ja oder nein?" als Voraussetzung geklärt wurde, ist in einem ersten Schritt das Leistungsspektrum detailliert zu beschreiben. Da diese Beschreibung in den

---

[3] Vgl. zu Phasen des Kooperationsentscheidungsprozesses bspw. Kleer, M., 1991, S. 107ff.

weiteren Phasen der Beziehung, d.h. sowohl bei Vertragsgestaltung als auch beim späteren Betrieb immer wieder eine zentrale Rolle spielt, ist dafür durchaus ein höherer Aufwand gerechtfertigt. Wichtig ist, dass die Beschreibung der vom Logistikdienstleister später durchzuführenden Aktivitäten möglichst lückenlos erfolgt, um die Erwartungshaltung bei allen Beteiligten von vornherein zu definieren und gegebenenfalls einen Abgleich vorzunehmen. Damit verbunden ist nahezu immer eine Beschreibung des Mengengerüstes für die durchzuführenden Aktivitäten. Dazu müssen die erforderlichen Aufwandstreiber definiert werden. Aufwandstreiber[4] werden für jeden Prozessschritt festgelegt: z.B. Anzahl Sendungen pro Tag, Anzahl Packstücke oder Paletten pro Tag für den Wareneingangsprozess. Ist darüber hinaus der Leistungsbedarf über das Jahr hinweg von Saisonalitäten geprägt, so müssen diese ebenfalls abgebildet werden. Über die genannten Punkte hinaus müssen auch Angaben über wichtige Rahmenbedingungen der Tätigkeiten gemacht werden, wie zum Beispiel:

- Flächenbedarfe in qm: Sofern keine präzisen Daten vorhanden sind, genügt im ersten Schritt auch eine eher großzügige Schätzung.[5]
- Diebstahlschutz: Bei diebstahlgefährdeten hochwertigen Konsumgütern ist die Zugangssicherheit und Überwachung der Arbeitsflächen zwingend erforderlich.
- Feuer- und Brandschutz: Sofern es sich bei den Konsumgütern um Gefahrgut handelt, ist dies bei der Auswahl potenzieller Partner von hoher Bedeutung. Nachrüstungen von Flächen verursachen hohe Kosten, deren Behandlung vor Beginn der Zusammenarbeit geklärt sein sollten.

Auf Basis des auf diese Weise zusammengestellten Pflichtenheftes kann dann eine Ausschreibung an potenzielle Partner erfolgen. Hierbei ist entscheidend, wie viel Zeit für die Realisierung der neuen Logistiklösung zur Verfügung steht. Bei hohem Zeitdruck empfiehlt es sich, eine Beschränkung auf solche potenziellen Partner vorzunehmen, die in der Branche oder in der Vergangenheit bereits für den Auftraggeber erfolgreich ihre Fähigkeiten unter Beweis stellen konnten. In diesem Fall wird die oben bereits erwähnte Lernkurve deutlich kürzer ausfallen, als bei einem „Neuling".

---

4 Der Begriff Aufwandstreiber ist der Methodik der Prozesskostenrechnung entlehnt, bei der ein Kostentreiber diejenige Größe kennzeichnet, von der die Höhe der Kosten eines Prozesses oder einer Tätigkeit abhängt. Vgl. dazu ausführlich Reckenfelderbäumer, M., 1994, sowie Pfohl, H.-Chr./Stölzle, W., 1991, S. 1281-1305.

5 Die genauen Bedarfe können im Verlauf der Betriebsphase noch exakt ermittelt und die Flächen angepasst werden.

Die Ausschreibung selber soll so gehalten werden, dass eine Vergleichbarkeit der verschiedenen Angebote gewährleistet ist. Die geforderten Angaben sollten daher standardisiert sein, wobei die folgenden Daten für den Vergleich besonders geeignet sind:

- Kosten pro Mitarbeiterstunde: Führungskräfte, Teamleitungen, Mitarbeiter
- Kosten pro qm Fläche (inkl. Nebenkosten): Bearbeitungsflächen, Verwaltungsflächen
- Transportkosten pro Transporteinheit (Paletten, Boxen, ...)

Weiterhin ist die Eignung der vorhandenen Flächen und Einrichtungen zu überprüfen. Sind die Flächen neuwertig oder ist noch ein hoher Aufwand für die adäquate Ausstattung der Flächen erforderlich? Ist die Flächenaufteilung klar (rechteckig, flussorientiert) oder sind die Flächen verwinkelt oder hinterschnitten? Sind die Flächen ebenerdig oder ist ein Zugang nur über einen Fahrstuhl möglich? Sind die Räumlichkeiten für value added services geeignet (Licht, Lärm- und Staubschutz etc.)? Ist der Standort mittels öffentlicher Verkehrsmittel zu erreichen, sind die Verkehrsverbindungen an die zum Teil ungewöhnlichen Arbeitszeiten der Mitarbeiter angepasst?[6] Für diese und ähnliche Fragen sollte eine Checkliste erstellt werden, die dann im Rahmen von Besichtigungen der potenziellen Standorte ausgefüllt werden kann.

Neben diesen quantitativen Fakten sind bei solchen Besuchsterminen auch noch qualitative Aspekte zu bewerten. Dabei sollte beantwortet werden, ob ein kultureller Fit zwischen den Partnern gegeben ist. Kleine Dienstleistungsunternehmen bieten den Vorteil, dass kurze Entscheidungswege und damit eine hohe Flexibilität ermöglicht werden. Hat der Auftraggeber selber eher mittelständische Strukturen, dann ist in der Regel eine vergleichbare Struktur geeignet. Je individueller die Anforderungen sind, umso eher wird dies in flexiblen Strukturen kleinerer Logistikunternehmen realisierbar sein. Je anspruchsvoller und ressourcenintensiver die zu lösenden Aufgaben sind, umso eher können größere Unternehmen diesen Anforderungen gerecht werden. Entscheidend sind unabhängig von der Größe:[7]

- Professionalität: Umsetzung der Anforderungen in ein plausibles Konzept
- Kompetenz: Fähigkeiten und Fertigkeiten der Mitarbeiter
- Glaubwürdigkeit: Ruf, Vertrauenswürdigkeit, Referenzen
- Sicherheit: finanzielle und materielle Sicherheit
- Reagibilität: schnelle, pünktliche und unmittelbare Erledigung von Anfragen

---

[6] Mitarbeiter können leichter gewonnen werden, wenn Verkehrsverbindungen mit ÖPNV-Mitteln vorhanden sind.

[7] Vgl. Eggert, U., 2003, S. 114.

- Verständnis: Erkennen der Bedürfnisse des Kunden und Lösung der Probleme
- Kontinuität: Gleichwertige und fortlaufende Beziehung zwischen den handelnden Personen
- Loyalität: Vertraulichkeit und Identifikation mit den Zielen des Auftraggebers

Nicht alle der genannten Kriterien können vor dem Beginn einer Kooperation umfassend abgeklärt werden. Dennoch ist es sinnvoll, im Vorfeld diese soft skills zu überprüfen. Intensive Gespräche mit verschiedenen Hierarchieebenen des Logistikdienstleisters und die Befragung aktueller Kunden der Kandidaten können einen wesentlichen Beitrag zur Beantwortung der Fragen nach den Kriterien liefern. Dabei ist es sinnvoll, dass auch Führungskräfte des Vertriebs des Einzelhandelsunternehmens (z.B. Bereichseiter oder Filialleiter), die ja die eigentlichen Kunden der Logistikleistung sind, Gelegenheit zur Durchführung von Gesprächen mit den nach einer ersten Bewertung als geeignet angesehenen Kandidaten haben.

Die abschließende Bewertung erfolgt bei mehreren nahezu gleichwertigen Anbietern am besten mittels eines Scoring-Modells, in das die zuvor genannten Kriterien eingebracht werden.

3 Vertragsgestaltung: Kernpunkte und Alternativen

Nachdem die Rahmenbedingungen abgeklärt und die Entscheidung für einen Kooperationspartner getroffen wurde, steht mit der Vertragsgestaltung eine weitere wesentliche Aufgabe an. Das HGB verlangt für einen Kooperationsvertrag keinesfalls die Schriftform.[8] Und so gibt es verschiedene Beispiele von Unternehmen, die mit ihren Logistikdienstleistern oder Zulieferern gar keine schriftlichen Verträge abgeschlossen haben und dennoch seit Jahren für beide Seiten erfolgreich zusammenarbeiten. In anderen Kulturkreisen, z.B. in Asien, spielt ein schriftlicher Vertrag nur als allerletzte Instanz eine Rolle. Gleichwohl erscheint es sehr sinnvoll, die Form der Zusammenarbeit in ihren wesentlichen Punkten mit dem Partner zu regeln. Oft geschieht dies zu Beginn der Zusammenarbeit in Form einer Absichtserklärung (Letter of Intent), die insbesondere den Partner, der Investitionen als Vorleistung tätigen muss, absichert. Die Ausgestaltung des Vertrages ist den Partnern völlig freigestellt. Deshalb wird darauf verwiesen, dass alle nachfolgend genannten Aspekte nur als Anhaltspunkte dienen können. Ein Vertrag muss an die jeweilige Situation angepasst sein und sollte in jedem Fall durch juristische Fachleute geprüft werden.

---

[8] Vgl. HGB §350.

Als Inhalte eines logistischen Kooperationsvertrags für die Übernahme kompletter logistischer Leistungen auf Flächen und in Gebäuden des Logistikdienstleisters haben sich die nachfolgenden Punkte bewährt:

Präambel

Eine Präambel ist nicht notwendig. Sie drückt aber noch einmal den Geist aus, unter dem die nachfolgende Vereinbarung getroffen wird. Dies kann z.B. die Absicht sein, eine bereits bestehende vertrauensvolle Zusammenarbeit zeitlich oder inhaltlich auszubauen.

Leistungsumfang

Hierunter wird eine umfassende Beschreibung der zu erbringenden logistischen Leistungen verstanden. Gegebenenfalls können die Hauptpunkte in einer Anlage, die beispielsweise aus einem Ablaufpan bestehen kann, weiter detailliert werden. Oft werden den beschriebenen Tätigkeiten die allgemeinen deutschen Spediteurbedingungen (ADSp) zugrundegelegt, sofern der Vertrag nichts Abweichendes regelt.[9]

Abzuwickelndes Mengenvolumen

Insbesondere bei hohen Mengenschwankungen, wie sie für das Einzelhandelsgeschäft mit seiner hohen Saisonalität typisch ist, sollte eine Regelung festgelegt sein, wie damit umzugehen ist. Möglich ist z.B. die Abstimmung regelmäßiger Prognose-Meetings der Vertragspartner, bei denen die Mengengerüste für die Folgeperiode so gut wie möglich besprochen werden.

Beschreibung der Einrichtungen und Flächen

Neben den Adressdaten der zur Nutzung bestimmten Gebäude und Flächen werden hier weitere Eigenschaften definiert. Dies können z.B. Temperaturdaten oder Sicherheitsaspekte wie Videoüberwachung, Brandschutzeinrichtungen etc. sein. Die Bestätigung des Vorhandenseins dient der Absicherung der Partner gegen Ansprüche Dritter (z.B. Versicherungen) und soll gleichzeitig die Erfüllung der zugesagten Eigenschaften der Flächen sicherstellen.

Zuständigkeiten

Beide Partner sollen Personen benennen, die als Hauptverantwortliche für die reibungslose Durchführung des Tagesgeschäfts zuständig sind. Weiterhin sind regelmäßige Abstimmungsgespräche sowie ein Eskalationsplan für den Fall der Nicht-Einhaltung gemeinsam getroffener

---

[9] Die ADSp neuester Fassung können über das Internet (Webpage des Bundesverbandes Spedition und Logistik e.V.) abgerufen werden unter: www.spediteure.de/download/ADSp_2003_deutsch.pdf

Absprachen unter diesen Punkt gefasst. Auf diesen Punkt wird im nachfolgenden Kapitel noch einmal ausführlicher eingegangen.

Haftung

Unter der Überschrift Haftung werden sämtliche Aspekte eines Versicherungsschutzes sowie möglicher Haftungsbeschränkungen (Werte und Inhalte) geregelt. Da einige Aufraggeber selber bereits über umfassende Versicherungsabdeckungen verfügen, kann hier genau eingegrenzt werden, wessen Versicherung welche Schäden abdeckt.

Inventur

Sofern in den übernommenen Logistikfunktionen auch Lagertätigkeiten enthalten sind, wird die Durchführung einer Inventur erforderlich sein. Das Inventurverfahren (z.B. permanente Inventur oder Stichtagsinventur) ist hier festgelegt und auch die Verfahrensweise bei Feststellung von Inventurdifferenzen.

Schulung

Bei qualifizierteren Logistikleistungen ist meist eine Schulung vor Beginn aber auch noch während der Anfangsphase der Tätigkeit erforderlich. In diesem Fall wird die Schulung durch den Auftraggeber durchgeführt, der in aller Regel auch die Kosten der Ausbildung übernimmt. Inhalt und Form der Schulung können hier detailliert vorgegeben werden.

Vergütung und Preisanpassungsklausel

Kernpunkt des Vertrages ist neben der Leistungsbeschreibung und der Regelung der Zuständigkeit die Festlegung des Vergütungsmodells. Hier liegt auch ein Grund, warum der eigentliche Vertragsabschluss in aller Regel erst einige Monate zum Teil auch nach Jahren nach Aufnahme der Tätigkeiten erfolgt und der Zeitraum dazwischen unter Verwendung des LOI abgedeckt wird. Oft sind die genauen Kosten zu Beginn der Kooperationsbeziehung noch gar nicht genau bekannt, was einerseits aus dem Fehlen geeigneter Benchmarks (Zielkosten) oder aus Unkenntnis über die Quantität der in der Leistungsbeschreibung qualitativ definierten Tätigkeiten resultiert. Somit bedarf es einer Zeit des Übergangs, während der sich die Partner über die finanziellen Auswirkungen ihrer Kooperation Klarheit verschaffen können. Ein Mittel dies zu tun bietet die Open-Book-Methodik, bei der Kosten und Leistungen beidseitig und permanent einem Monitoring unterworfen werden. Auf Basis der dabei gefundenen Erkenntnisse wird dann erst ein Konditionenmodell gefunden. Dafür bieten sich vier Lösungen an, die miteinander kombiniert werden können:

1. Budget-Modell: Hier werden die Kosten in Prozent einer geeigneten Basis-Größe, wie z.B. dem Wert der bearbeiteten Waren (Transportumsatz), festgelegt. Für den Logistikdienstleister hat dies den Vorteil, dass alle Einspareffekte, die er erzielt, ihm direkt zugute kommen. Insofern besteht eine hohe Motivation und das System ist beinahe selbststeuernd. Für den Auftraggeber ist das Verfahren relativ aufwandsgenau, einfach zu handhaben und bedarf nur eines Minimums an Controlling-Aufwand. Der Nachteil besteht für ihn jedoch darin, dass es keine gemeinsamen Ziele für eine Optimierung gibt. Effekte, die vom Auftraggeber beeinflusst werden (z.B. Verzicht auf Preisauszeichnung), müssen immer wieder in den abgesprochenen Kostensatz eingearbeitet werden.

2. Kostentreiber-Modell: Hierbei werden pro Einheit des Kostentreibers Stückkosten festgelegt. Dies können z.B. die Anzahl der bearbeiteten Artikel oder Aufträge sein. Bei Transporten wird meist auf die Anzahl der Transporteinheiten, d.h. Pakete oder Paletten zurückgegriffen. Dieses Verfahren hat den Vorteil einer aufwandsgenauen Abrechnung. Allerdings können Größendegressionseffekte damit nicht gut abgebildet werden. Ein Anreiz für eine Optimierung der Prozesse wird somit nicht geschaffen.

3. Produktivitäts-Modell: Hierbei werden die Kosten in Abhängigkeit von der erzielten Produktivität (z.B. Stück pro Mitarbeiterstunde) festgelegt. Je höher die Produktivität ist, umso höher wären in diesem Beispiel auch die Stundensätze. Sinkt die Produktivität, werden auch die Stundensätze reduziert. Die Abrechnung der Leistung erfolgt monatlich im Rahmen eines Bonus-/Malus-Systems. Dieser Ansatzes kombiniert sowohl Elemente des Budget-Verfahrens wie auch des Kostentreiber-Modells. Entscheidend ist, dass für beide Partner Zielgleichheit besteht. Die Normproduktivität muss nur dann angepasst werden, wenn sich die Rahmenbedingungen in starkem Maße ändern (z.B. bei Wegfall ganzer Leistungsbündel). Ansonsten können beide Partner gezielt auf ein ständiges Steigen der Produktivität hinarbeiten. Durch dieses Modell wird der bei einem Outsourcing befürchtete Black-Box-Effekt (s.o.) verhindert, weil in einem hohem Maße Zielkongruenz der Partner besteht und stets gemeinsam weitere Maßnahmen zur Optimierung der Produktivität überlegt werden, die von beiden Partnern angestoßen und umgesetzt werden können.

4. Qualitäts-Modell: Zusätzlich zu den kostenorientierten Ansätzen sollte auch ein qualitätsorientiertes Vergütungsmodell in den Vertrag hineingenommen werden, damit keine einseitige Optimierung zu Lasten der Qualität erfolgt. Kriterien können beispielweise die Fehlerrate pro Auftragszeile bzw. Auftrag oder die Pünktlichkeitsrate pro Anfahrt sein. Wird ein festgelegter Grenzwert überschritten, so greifen Malus-Klauseln, die einerseits den entstandenen Schaden kompensieren sollen, andererseits aber auch einen Anreiz zur Optimierung der Qualität setzen.

Entscheidend für die Durchführbarkeit aller genannten Verfahren ist die Existenz eines Logistikcontrollings, das von beiden Partnern akzeptiert wird. Nur dann werden die ermittelten Kennzahlen und Kriterien als Basis der Vertragsgestaltung sinnvoll zur Anwendung kommen können.

Die dauerhafte Unterschreitung oder auch Überschreitung der Kennzahlen zieht einen Redefinitionsprozess nach sich. Dieser kann im ersten Schritt durch die Partner selber und, sofern keine Einigung zustande kommt, unter Hinzuziehen von Fachexperten (z.B. externe Berater) angestoßen werden. Um zusätzlich tariflich oder anderweitig extern bedingten Preiserhöhungen[10] gerecht zu werden, kann eine Regelung getroffen werden, ob diese direkt weiterbelastet werden sollen oder anderweitig zwischen den Partnern aufzuteilen sind.

Laufzeit und Kündigung des Vertrags

Die Laufzeit des Vertrages richtet sich ganz nach den Bedürfnissen, die sich aus dem Umfang und der Tiefe der Kooperationsbeziehung ergeben. Bei hohen Anfangsinvestitionen der Partner wird die Laufzeit länger ausfallen als bei vergleichsweise geringen Investitionen und einer weitgehend standardisierten Leistungserstellung. Grundsätzlich gilt, dass eine kürzere Laufzeit meist besser ist. Dies ist auch deshalb logisch, weil die angestrebte Flexibilität ja ein Motiv für das Zustandekommen von Kooperationen ist. Da die Interessenlage bei den Partnern aber verschieden ist (Auftraggeber bevorzugen tendenziell kürzere, Auftragnehmer dagegen eher längere Laufzeiten), wird oft ein Kompromiss getroffen, bei dem Gesamtlaufzeiten in Blöcke unterteilt werden, um die sich ein Vertrag bei Nicht-Kündigung automatisch verlängert (z.B. drei mal drei Jahre). Als Kündigungszeitraum ist eine Zeitdauer von mindestens sechs Monaten empfehlenswert.

Geheimhaltung

Logistikdienstleister haben bei einer intensiven Kooperation Einblicke in viele, zum Teil geheime Daten des Auftraggebers. Zusätzlich üben diese Dienstleister ihre Funktion auch oft für mehrere Auftraggeber aus, die sich möglicherweise in einem Wettbewerbsverhältnis zueinander befinden. Daher ist es selbstverständlich, dass der Dienstleister für die unbedingte Vertraulichkeit der ihm überlassenen Informationen garantiert. Auch sollten Veröffentlichungen, zum Beispiel zum Aufzeigen von Referenzen, stets mit dem Auftraggeber abgestimmt werden. Gleiches gilt für Besichtigungen oder ähnliche Aktivitäten.

---

[10] Beispiele sind neben den Lohnerhöhungen im Speditionsgewerbe auch Straßennutzungsgebühren und Treibstoff-Kosten.

Schlussbestimmungen

Schlussbestimmungen sind grundsätzlich Bestandteil eines jeden schriftlichen Vertrags. In ihnen ist der Gerichtsstand, die Vereinbarung der Schriftform (sofern gewünscht) sowie eine salvatorische Klausel enthalten. Letztere dient dazu, einerseits etwaige Lücken in der getroffenen Vereinbarung im Sinne des gesamten Vertrags zu klären, andererseits die Wirksamkeit des Vertrages auch bei Nichtigkeit einzelner Punkte aufrechtzuerhalten.

Abschließend bleibt festzuhalten, dass ein Vertrag die gute Beziehung zwischen den Kooperationspartnern nicht ersetzen kann. Er ist aber eine Basis, auf der eine gute Beziehung wachsen kann. Entscheidend ist für beide Partner, ob die Erwartungshaltung, die mit dem Vertrag ihren Ausdruck findet, sich in der Durchführung der Kooperation im Tagesgeschäft bewährt.

4 Durchführung: Tagesgeschäft, Beziehungs- und Konfliktmanagement

Ausgehend von den Zielen der Kooperationsbeziehungen hängt der Erfolg vom Management der Beziehung und vom Management der Leistungsprozesse ab. Die Messung der Leistungsprozesse wurde bereits im vorherigen Kapitel unter dem Aspekt der vertraglichen Festlegung der Vergütung besprochen. Bei der Durchführung der Kooperation stehen Beziehungsmanagement und Prozessmanagement gleichberechtigt auf einer Stufe nebeneinander (vgl. Abb. 2). Durch die enge Einbeziehung des Kunden in die logistische Leistungserstellung und allen anderen Ebenen wird eine Unzufriedenheit über die Logistikkosten/Logistikleistung im Vorfeld bereits vermieden bzw. eine konstruktive Diskussion geführt. Durch die Einbeziehung kann ebenfalls der oben als Risikofaktor angesprochene Black-Box-Effekt vermieden werden. Findet dagegen eine Einbeziehung nicht statt, bezieht sich die Diskussion zwischen den Partnern in bezug auf eine Leistungsverbesserung oft auf externe Faktoren: „Die schlechte Lieferqualität der Lieferanten führt zu hohem Aufwand“ oder „für die geforderten Leistungen müssen die Kosten natürlich höher sein“ sind dann typische Aussagen, die aber nicht zu einer Verbesserung der Leistungsfähigkeit beitragen, da diese Aspekte nicht von den Partnern unmittelbar beeinflusst werden können bzw. für die Kooperation konstitutiv sind.

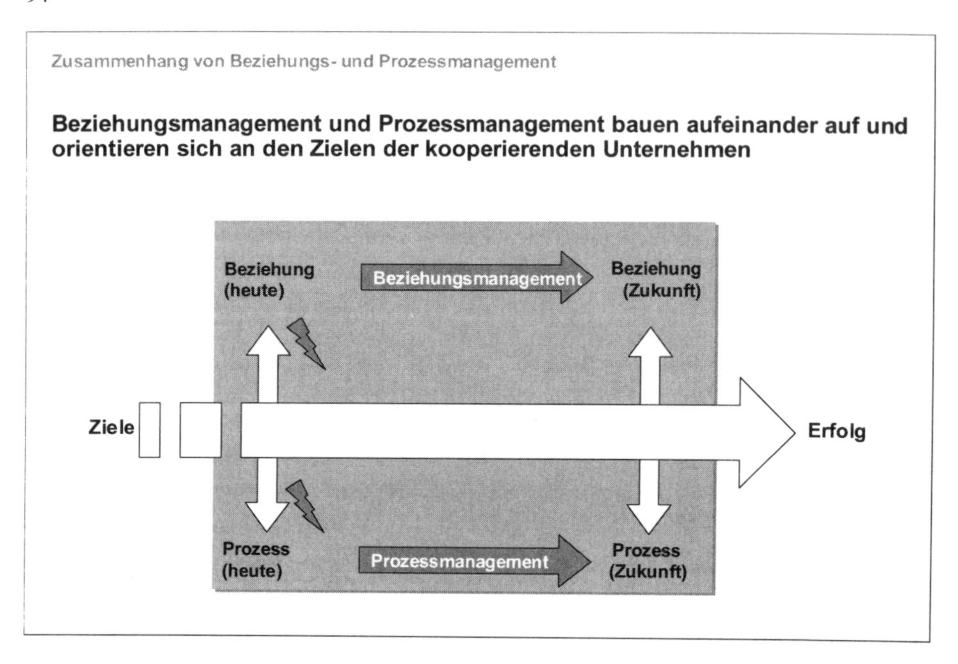

Abb. 2: Zusammenhang von Prozess- und Beziehungsmanagement (Quelle: ATHENE Projekt der TU Darmstadt)

Die Beziehungen durchlaufen während einer Kooperationsbeziehung verschiedene Phasen, ähnlich einem Produktlebenszyklus. Während dieser Phasen ändert sich die Beziehungsintensität und das Ziel des Beziehungsmanagements kontinuierlich. Drei Phasen werden dabei unterschieden: [11]

- Planungs-/Aufbau-Phase
- Betriebsphase
- Phase des Abbaus bzw. des Relaunches

Der typische Verlauf der Intensität ist in der nachfolgenden Abbildung 3 in Form einer „Badewannen"-Funktion dargestellt.

[11] Vgl. Forschungsprojekt ATHENE der TU Darmstadt.

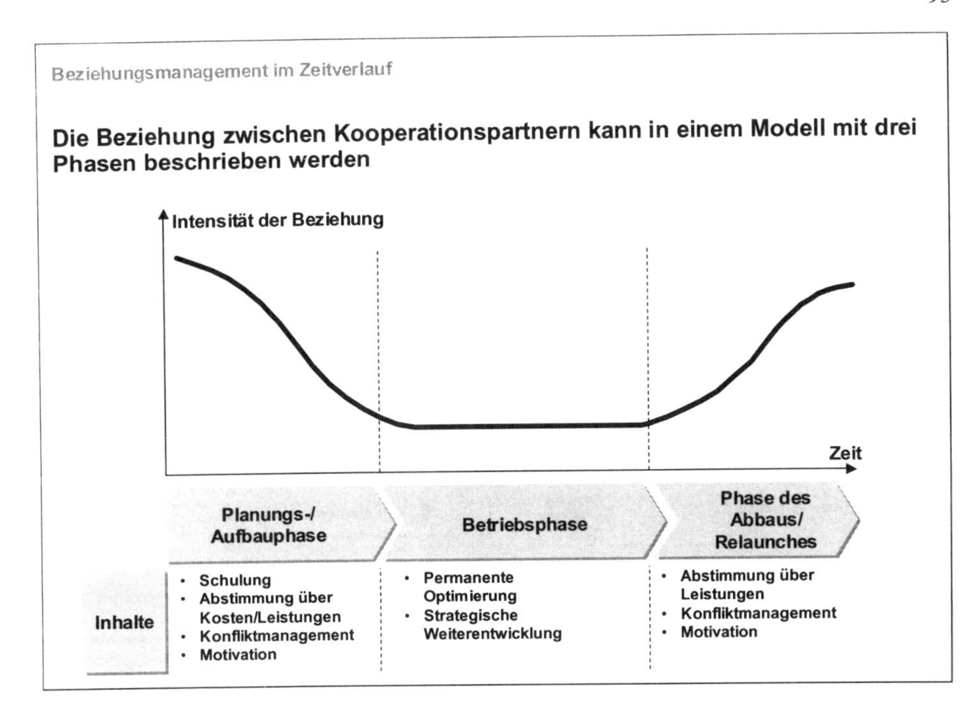

Abb. 3: Beziehungsmanagement im Zeitverlauf (Quelle: ATHENE Projekt der TU Darmstadt)

Für die optimale Durchführung eines Beziehungsmanagements muss die im vorherigen Kapitel bereits angesprochene Zuständigkeit als Organigramm und Prozess abgebildet werden. Dies kann durch einen gleichgerichteten hierarchischen Aufbau beider Partner im Rahmen der Zusammenarbeit geschehen. Das heißt, es wird eine Beziehungspyramide aufgebaut, die in der Regel aus drei Ebenen besteht. In Ebene 1 wird das Tagesgeschäft, in Ebene 2 die taktische Führung der Kooperation und in Ebene 3 die strategische Ausrichtung der Kooperationsbeziehung abgebildet und gesteuert. In der nachfolgenden Abbildung 4 ist der organisatorische Aufbau beispielhaft abgebildet.

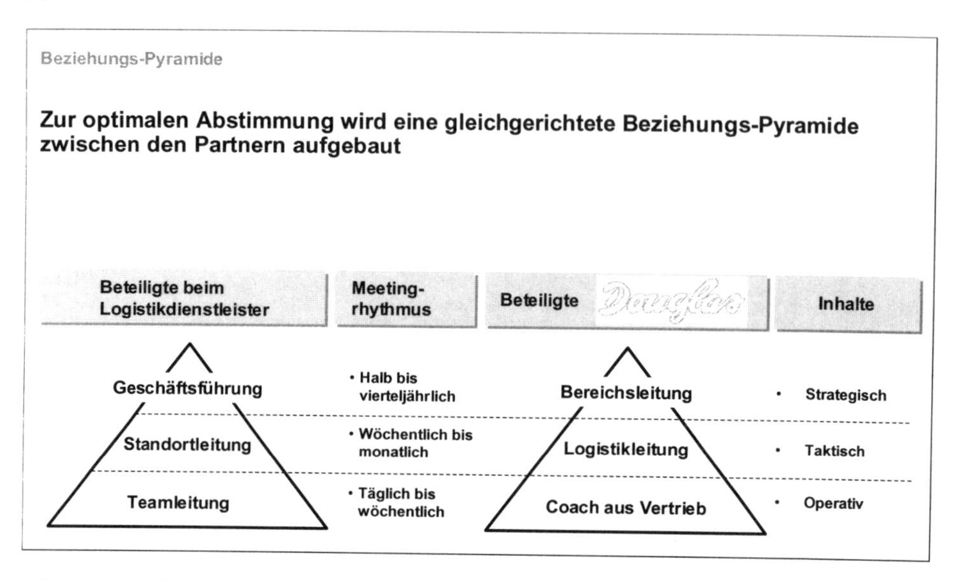

Abb. 4: Beziehungspyramide am Beispiel Douglas

Auf der Ebene 1 erfolgt die permanente Abstimmung der Aktivitäten des Tagesgeschäfts. Alle Fragen, die insbesondere während des Aufbaus von Bedeutung sind, werden zunächst auf dieser Ebene geklärt. Dazu zählt daher auch die Schulung der Mitarbeiter des Dienstleisters beispielsweise in Warenkunde und den Spezifika logistischer Dokumente. Inwieweit die Aktivitäten zur Zielerreichung führen kann in wöchentlichen, später monatlichen Abstimmungsgesprächen auf taktischer Ebene (Ebene 2) abgestimmt werden, an denen die Standortleiter und die Abteilungsleiter des Kunden teilnehmen. Die strategische Ebene dient primär der Abstimmung, ob die ursprünglichen Ziele erfolgreich erreicht werden oder ob gegebenenfalls Kurskorrekturen erforderlich sind. Diese Gespräche, an denen die Unternehmensleitung des Logistikdienstleisters bzw. dessen Key-Account-Manager sowie die Bereichsleitung/Geschäftsführung des Einzelhandelsunternehmens teilnimmt, finden in der Regel viertel- bis halbjährlich statt.

Durch die Ebenen ist auch die Möglichkeit einer Eskalation für die Fälle gegeben, in denen keine Einigung erzielt werden kann. Diese Fälle können dann auf der jeweils nächst höheren Ebene besprochen und geklärt werden. Sollte auch die oberste Ebene keine Einigung erzielen, bleibt immer noch die Möglichkeit einer neutralen externen Expertise. Wenn dann immer noch keine Lösung erreicht werden kann, muss die Zielsetzung des Projekts und die Zukunftsfähigkeit kritisch hinterfragt werden.[12]

Für das Beziehungsmanagement stehen unterschiedliche Methoden und Mittel zur Verfügung. Die Skala reicht von standardisierten/formalen Methoden des Beziehungsmanagements bis hin zu umfassenden, weitgehend individualisierten Methoden des Beziehungsmanagements (vgl. Abb. 5). Je intensiver die Beziehung wird, umso stärker werden individualisierte Methoden zum Tragen kommen.

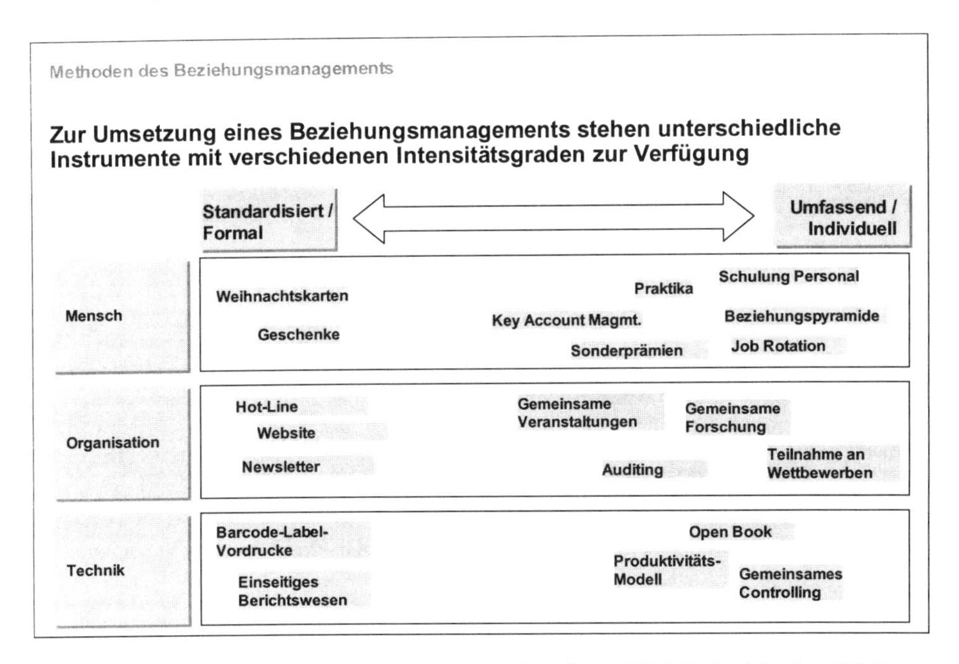

Abb. 5: Methoden des Beziehungsmanagements (Quelle: ATHENE Projekt der TU Darmstadt)

Durch ein intensives und kontinuierliches Benchmarking kann die Prozessqualität in gleichem Maße gesteigert werden. Der Austausch der Partner über Maßnahmen und deren Wirkungen sorgt für eine Steigerung des logistischen Know-hows auf beiden Seiten.

Wenn Eingangs als Hauptargument für ein Outsourcing logistischer Funktionen die Steigerung der Flexibilität und die Reaktionsfähigkeit auf Marktanforderungen genannt wurde, so ist implizit auch in jeder Kooperation die Möglichkeit der Beendigung angelegt. In der Tat kön-

[12] In solchen gravierenden Fällen können auch Sonderkündigungsrechte greifen, die im Vertrag festgelegt werden müssen.

nen Erkenntnisse oder veränderte Rahmenbedingungen zu einer Entscheidung über das Auflösen der Kooperationsbeziehung führen. Rechtlich ist dies zumeist vertraglich geregelt und daher formal unkritisch. Inhaltlich bedeutet dies aber einen gravierenden Einschnitt in das oben beschriebene Beziehungsgefüge. Soll die Prozessqualität darüber nicht leiden, so ist gerade in der Schlussphase einer Kooperationsbeziehung eine besonders hohe Intensität erforderlich.

Die Intensität drückt sich in vielerlei Hinsicht aus: Zum einen sind beide Partner auf eine gemeinsame und detaillierte Planung angewiesen, wie eine Migration der Logistikaktivitäten erfolgen soll. Die Zeitspanne der Migration soll dabei so kurz wie möglich sein: auf diese Weise können doppelte Kosten für die alte und die neue Logistikaktivität sowie die Gefahr von Auflösungserscheinungen minimiert werden. Die Abstimmungsgespräche auf allen Ebenen werden während dieser Phase auf dem gleichen Intensitäts-Niveau geführt, wie auch in der Startphase der Beziehung. Tendenziell wird der Logistikdienstleister versuchen, die personellen Kapazitäten frühzeitig umzuschichten. Oft sind die Topkräfte als erste für andere Aufgaben verplant. Hier ist beispielsweise ein Kompromiss erforderlich, der dem Auftraggeber nach wie vor die Qualität der Leistung abzusichern hilft. Durch die Verabredung zusätzlicher Prämien kann die Motivation auch monetär unterstützt werden. Dies ist gut investiertes Kapital, weil naturgegeben die Motivation in der Startphase durch die Perspektive einer gerade beginnenden Partnerschaft für alle Beteiligten höher ist, als gegen Ende, das insbesondere für den Dienstleistungspartner perspektivlos erscheint. Professionalität bedeutet aber auch, dass bis zur letzten Spielminute volle Leistung gegeben wird. Schließlich wirkt eine gute Partnerschaft als Referenz für neue Akquisitionen über das Ende der Geschäftsbeziehung nach.

Literaturverzeichnis

Eggert, U. (2003)
Harter Wettbewerb im Handel. Berlin, Regensburg 2003.

Hamel, G. (1994)
The Concept of Core Competence. In: Hamel, G./Heene, A. (Hrsg.): Competence based Competition. Chichester u.a. 1994, S. 1-26.

Kleer, M. (1991)
Gestaltung von Kooperationen zwischen Industrie- und Logistikunternehmen. Berlin 1991.

Krings, M. (1997)
Ressourcenorientierte Strategische Planung. Hamburg 1997.

Pfohl, H.-Chr./Stölzle, W. (1991)
Anwendungsbedingungen, Verfahren und Beurteilung der Prozesskostenrechnung in industriellen Unternehmen. In: Zeitschrift für Betriebswirtschaft 61(1991)11, S. 1281-1305.

Reckenfelderbäumer, M. (1994)
Entwicklungsstand und Perspektiven der Prozesskostenrechnung. Wiesbaden 1994.

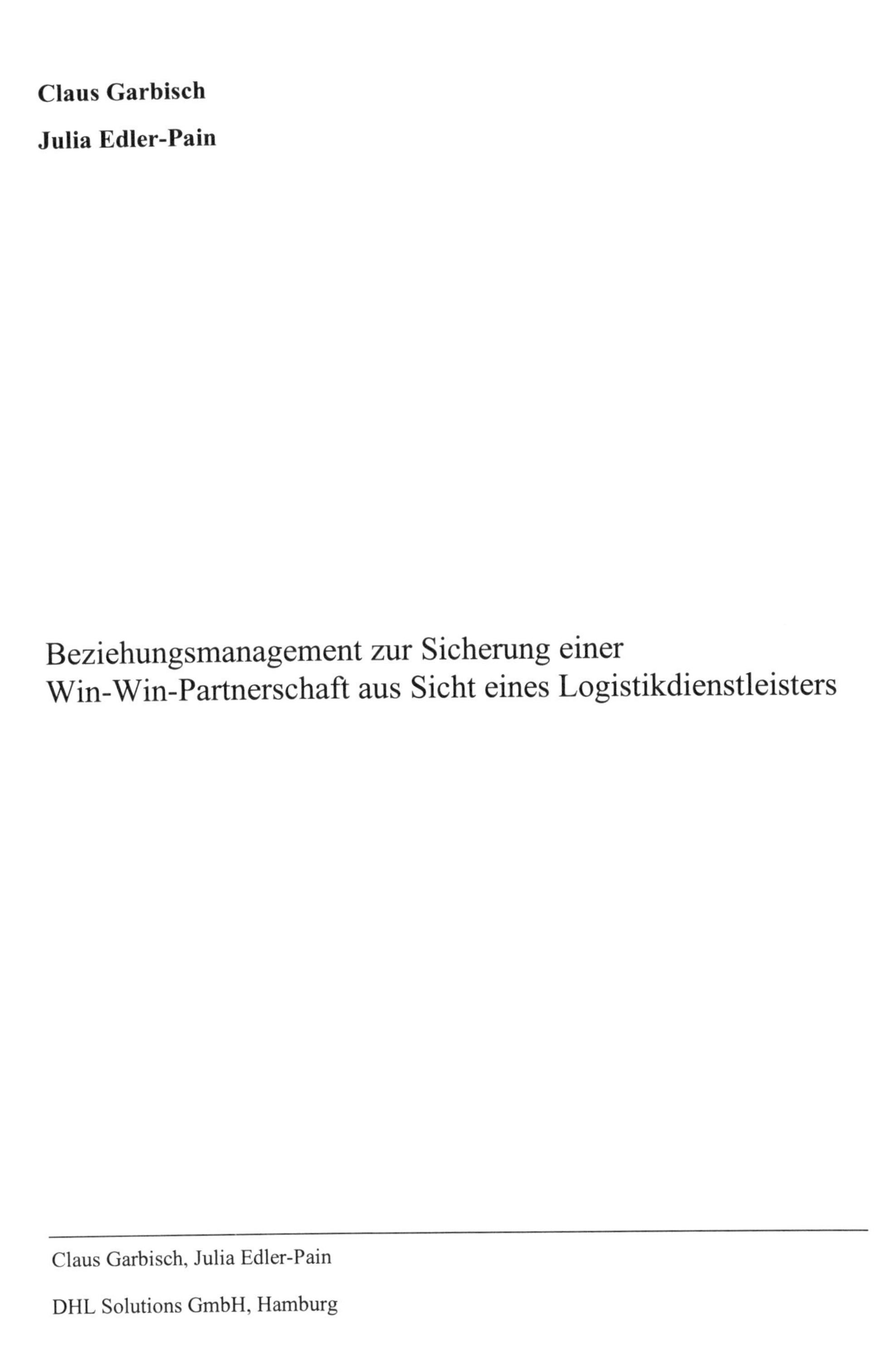

Claus Garbisch

Julia Edler-Pain

Beziehungsmanagement zur Sicherung einer Win-Win-Partnerschaft aus Sicht eines Logistikdienstleisters

Claus Garbisch, Julia Edler-Pain

DHL Solutions GmbH, Hamburg

Inhaltsverzeichnis

1 Einleitung

Mit über 1.500 Mio. € Umsatz jährlich gehört DHL Solutions zu den führenden Logistikanbietern weltweit. 15.000 Mitarbeiter in 22 Länder entwickeln und implementieren Komplettlösungen für Unternehmen aus den Bereichen Fast Moving Consumer Goods, Fashion, Healthcare, Electronics, Telecom und Automotive. Schwerpunkt unserer Tätigkeit ist es, für den Kunden eine wertsteigernde Logistiklösung zu schaffen, die zu einem Wettbewerbsvorteil führt. Die Schaffung einer solchen Lösung setzt tiefe Kenntnisse der Leistungsprozesse unserer Kunden voraus, die wiederum auf Kommunikation, Interaktion, Vertrauen – kurzum auf einer guten (Geschäfts)-beziehung – basieren. Wir zielen auf langfristige Partnerschaften, in denen wir das Risiko von unseren Kunden abwenden und dafür mit ihm die Früchte des Erfolgs teilen. Beziehungsmanagement spielt hier eine zentrale Rolle.

Im Folgenden werden zunächst die Eigenschaften einer „Win-Win-Partnerschaft“ und wie diese zustande kommt erläutert. Anschließend wird auf die Anfangsphase der Geschäftsbeziehung eingegangen, in der das Beziehungsmanagement für die Harmonisierung der Ziele von Kunde und Dienstleister von besonderer Bedeutung ist. Die Rolle des Beziehungsmanagements bei der Leistungswahrnehmung wird kurz hervorgehoben, um danach das Beziehungsmanagement aus der Sicht des Logistikdienstleisters zu erläutern.

Im Hauptteil werden drei Beispiele für Win-Win-Partnerschaften aus der Praxis dargestellt. Im ersten Kundenbeispiel hat DHL eine paneuropäische Lösung entwickelt, in der die durch Effizienzsteigerung erzielte Kostensenkung zwischen beiden Partnern geteilt wird (shared win, shared risk).

Im zweiten Beispiel hatte der routinierte Umgang zwischen dem Kunden und DHL nicht mehr die einst positive Auswirkung auf die wahrgenommene Leistung, wenn auch diese faktisch weiterhin sehr gut war. Der hier erläuterte „Relaunch“ hat das Vertrauen des Kunden in DHL wieder gestärkt.

Im dritten Beispiel werden die Vorteile einer Kooperation erläutert, die von einem der bedeutendsten Händler weltweit initiiert wurde und an der über 20 Teilnehmer aus der Industrie sowie DHL Solutions als einziger Logistikdienstleister partizipieren. Ziel dieser Partnerschaft ist es, gemeinsam neue Technologien zu entwickeln und zu testen. DHL unterstützt den Projektinitiator in der Erforschung und Entwicklung neuer Technologien und profitiert zugleich aus den Ergebnissen aller und dem Aufbau neuer bzw. Ausbau bestehender Kundenbeziehungen.

2 Die Win-Win-Partnerschaft

Allgemein betrachtet ist das oberste Ziel eines jeden Unternehmens die langfristige Sicherung der unternehmerischen Tätigkeit. Die Strategie, die hierzu führen soll und die sich daraus ergebenden Teilziele sind wiederum von einer Vielzahl an Faktoren abhängig, wie z.B.:

- Unternehmensform (GmbH, AG, Konzern,...)
- Unternehmenskultur
- Unternehmenshistorie
- Branche
- Positionierung
- Aufbauorganisation

Unter Berücksichtigung dieser Faktoren werden Ziele und Teilziele formuliert, die die unternehmerische Tätigkeit langfristig sichern sollen. Eine Win-Win-Partnerschaft stellt sich ein, wenn die Geschäftsbeziehung zwischen zwei oder mehr Unternehmen zur Erreichung der Unternehmensziele aller Partner beiträgt. Eine Win-Win-Partnerschaft wird insbesondere dann angestrebt, wenn die Früchte der geschäftlichen Tätigkeit vor allem langfristig zum Tragen kommen. Denn langfristig wird keine einseitig erfolgversprechende Geschäftsbeziehung bestehen können. Nur wenn beide Partner einen Vorteil erzielen können, werden diese auch bereit sein, eine Beziehung einzugehen.

Das gemeinsame Streben nach Gewinn verbindet die Partner stärker miteinander. Es wird geprüft, ob der potentielle Partner die benötigten Kriterien erfüllt, um mit ihm eine Geschäftsbeziehung zu etablieren, die den Unternehmenszielen entspricht. Das Beziehungsmanagement sollte darauf ausgerichtet sein, das Vertrauen des Kunden zu stärken. Ein weiterer Vorteil einer solchen Partnerschaft ist die Risikominimierung, denn nicht nur der Gewinn, sondern auch das Risiko werden geteilt. Ein Beispiel hierfür ist die erste Fallstudie „shared win – shared risk".

3 Zielharmonisierung durch Beziehungsmanagement

Bei DHL Solutions ist das Beziehungsmanagement auf langfristige Partnerschaften ausgerichtet. Die Komplexität der logistischen Lösungen birgt eine vielschichtige Verflechtung zwischen den Kunden und dem Dienstleister in sich. Maßgeschneiderte Lösungen erfordern eine tiefe Kenntnis der Kundenstrukturen, die wiederum Zeit und vor allem gegenseitiges Vertrauen erfordert. Abbildung 1 skizziert die Rolle des Beziehungsmanagements bei der Harmonisierung der Ziele beider Partner.

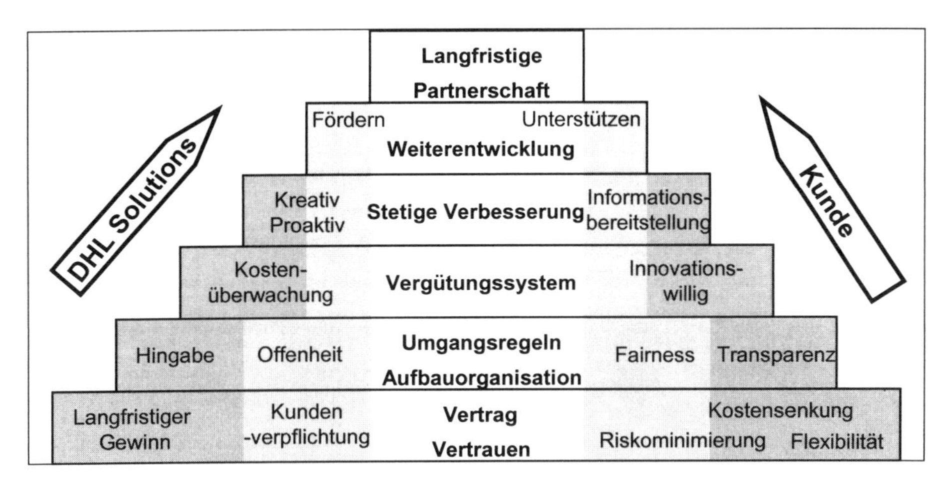

Abb. 1: Der Weg zur langfristigen Partnerschaft

Die Pyramide gibt an, was von beiden Seiten nötig ist, um die Weichen für eine langfristige Geschäftsbeziehung zu legen. Der mittlere Teil der Pyramide ist der gemeinsame Pfeiler, an dem sich beide Seiten übereinstimmend treffen: Vertrauen, Vertrag, Aufbauorganisation, Umgangsregeln, Vergütungssystem, stetige Verbesserungen und Weiterentwicklung sollen eine langfristige Partnerschaft sichern. Ausgehend von der Zielsetzung der langfristigen Gewinnerzielung und der damit einhergehenden Kundenverpflichtung muss sich DHL den Kundenbedürfnissen widmen, einen offenen Umgang wahren, die Kosten überwachen, Kreativität und eine proaktive Haltung zur Problemlösung einbringen, um letztlich die Ausweitung der Geschäftsbeziehung zu fördern. Der Kunde zielt seinerseits auf eine kurz- bis mittelfristige Kostensenkung sowie eine größere Flexibilität und Risikominimierung ab. Zur Sicherung einer langfristigen Partnerschaft muss der Kunde seinerseits transparent und fair handeln, offen für Innovationen sein und den Dienstleister durch Bereitstellung der benötigten Information bei der Entwicklung und Implementierung von Optimierungsmaßnahmen unterstützen. Es handelt sich um ein Geben und Nehmen, das zur Zielerreichung beider Partner führen soll.

4 Die wahrgenommene Leistung

An dieser Stelle sei noch mal an die Binsenweisheit des Marketings erinnert: Nicht (nur) die tatsächliche Leistung ist relevant, sondern wie diese vom Kunden gesehen, wahrgenommen, beurteilt wird. In diesem Sinne sollte Beziehungsmanagement nicht nur darauf ausgerichtet sein, die Kommunikation zu fördern und die persönliche Beziehung zum Kunden zu stärken.

Beziehungsmanagement muss immer darauf ausgerichtet sein, die erbrachte Leistung „ins rechte Licht“ zu rücken, PR in eigener Sache zu machen. Zwar stimmt es, dass die erbrachte Leistung langfristig auch gut sein muss, um den Kunden zu binden. Beziehungsmanagement allein kann einen dauerhaft schlechten Service nicht kompensieren. Das Ziel ist aber nicht nur gute Qualität zu erbringen, sondern darüber hinaus beim Kunden das Vertrauen aufzubauen, dass wir langfristig die optimale Lösung zu seinen Problemen haben.

In einer guten, starken Beziehung werden die Unternehmen eher bereit sein, kleine Fehler zu tolerieren. Selbst schwierige Phasen der Neuimplementierung, Systemänderung, Umstrukturierung usw., in denen es manchmal zu Qualitätseinbußen kommen kann, werden von unserem Kunden kurzfristig partnerschaftlich mitgetragen, wenn die Beziehung stark genug ist. Denn eine gute Beziehung kann auch große Probleme meistern, während eine schwache Beziehung bereits an Kleinigkeiten zerbrechen kann. Das zeigen auch die in Kapitel 6 dargestellten Beispiele.

5 Beziehungsmanagement aus Sicht des Logistikdienstleisters

Bei DHL Solutions sehen wir die aktive Kommunikation auf allen Ebenen als die Basis für eine langfristig partnerschaftliche Zusammenarbeit. Es gilt sowohl die horizontale (Kunde/DHL) als auch die vertikale (DHL- bzw. kundeninterne) Kommunikation zu fördern und zu sichern. In der Phase der Geschäftsanbahnung bis zum Vertragsabschluß wird ein besonders hoher Einsatz gefordert und die Frequenz der Kundengespräche ist deutlich höher als in der Phase nach der Implementierung der festgelegten Maßnahmen. Ist die Logistiklösung einmal implementiert, kann die „problemfreie“ Betriebsphase zur Stärkung der Beziehung genutzt werden, indem proaktiv weitere Optimierungsmöglichkeiten ohne Zeitdruck diskutiert werden. Besonders in der Betriebsphase ist es ratsam, sich an das unten aufgeführte Schema zu halten (vgl. Abb. 2). Es ist sinnvoll, eine Standardagenda für die regelmäßigen Treffen mit den Kunden gemeinsam festzulegen. Die Standardagenda dient als Checkliste zur proaktiven Zusammenarbeit. Regelmäßige Kundengespräche auf allen Ebenen, Standardagenda und eine gute interne Kommunikation bilden somit ein Frühwarnsystem für die Beziehung.

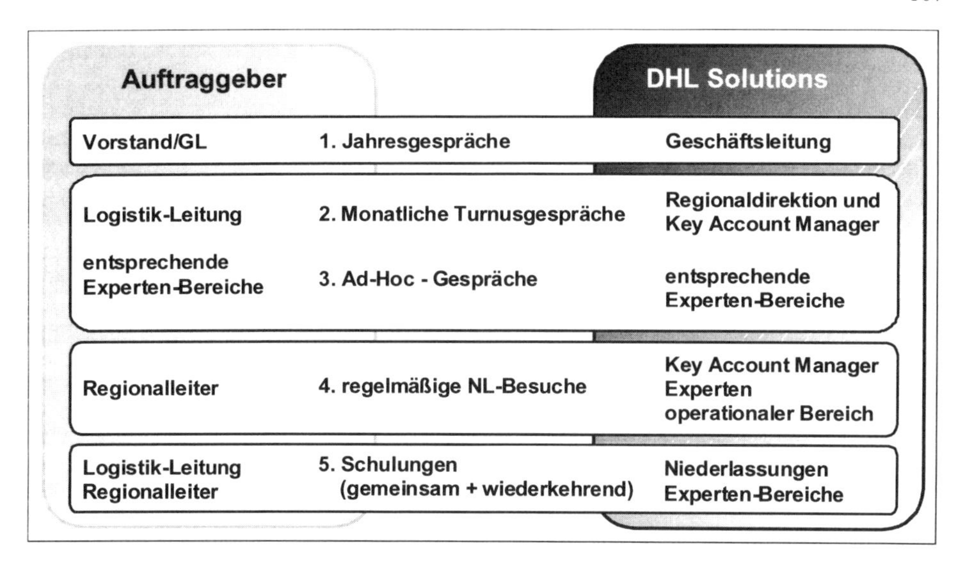

Abb. 2: Beziehungsmanagement aus der Sicht des Logistikdienstleisters

6 Ausgewählte Beispiele des Beziehungsmanagements

6.1 Beispiel 1: "Shared Win – Shared Risk"

Mit dem weltweit führenden Hersteller von „ready to eat cereal“ und „convenience food“ mit einem jährlichen Umsatz von ca. 7 Milliarden US $ verbindet uns eine langjährige Geschäftsbeziehung. Gutes Management hat die Beziehung gestärkt und das Vertrauen des Kunden in DHL ist gewachsen, so dass das Geschäft sowohl geographisch als auch in der Leistungstiefe gewachsen ist.

Im Jahre 2002 kam zum ersten Mal der Gedanke, die Vorteile eines globalen Logistikdienstleisters stärker in Anspruch zu nehmen. Wenn auch DHL die Lagerhaltung und Distribution in Italien, Frankreich, Spanien und den Benelux-Staaten bereits steuerte, handelte es sich jeweils um nationale Lösungen, die sehr unterschiedlich voneinander waren. Wie die meisten multinationalen Unternehmen, entschied sich unser Kunde, die Geschäftsstrukturen den globalen Anforderungen anzupassen. Die europäische Logistik sollte optimiert werden.

Die ersten Gespräche dienten dazu, die Anforderungen gemeinsam zu definieren. Diese Gespräche fanden zuerst nur mit dem jeweiligen europäischen Management statt. Der Kunde wollte sein Konglomerat nationaler Unternehmen global ausrichten. Das europäische Geschäft sollte vereinheitlicht werden. Der Vergleich über die Länder hat die Komplexität und Vielschichtigkeit der Aufgabe verdeutlicht. Ein kleiner Auszug aus dem vorgenommenen Vergleich wird in Tabelle 1 dargestellt:

	BeNeLux	Frankreich	Spanien	Italien
Standort	Brüssel	Paris	Barcelona	Mailand
Leistungstyp	Shared-use	Dedicated	Dedicated	Shared-use
Technik	Konventional	Automatisiert	Konventional	Konventional
Vertragslänge in Seiten	18	27	80	80
Palletenplätze	6000	20000	16000	8000
Leaseholder	DHL	DHL	Kunde	DHL

Tab. 1: Vergleich der Servicestruktur über die Länder

Zusätzlich hierzu bestanden auch noch Unterschiede in der Abrechnungsart, den Kündigungsfristen, den Vertragslängen und dem Leistungsangebot (z.B. Anteil Lagerhaltung zu Distribution), vom kulturellen Aspekt ganz abgesehen.

Eines unserer gemeinsamen Hauptziele war also die Komplexität unserer Geschäftsbeziehungen in Europa zu reduzieren und damit mehr Transparenz zu schaffen. Für den Kunden haben sich als Ziele einer europäischen Betrachtung der Logistik folgende Punkte herauskristallisiert:

- Kostenersparnis
- Hohe operationale Leistung
- Flexibilität
- Wettbewerbsvorteil
- Optimales Netz zur Sicherung der Kostensenkungsmöglichkeiten
- Stetige Optimierung der Leistungserstellung
- Synergieeffekte durch die grenzübergreifende Betrachtung
- Harmonisierung der vertraglichen, geschäftlichen und operationalen Grundsätze

DHL seinerseits strebte die Sicherung des bestehenden Geschäftes an. Darüber hinaus sollte die Tiefe des Dienstleistungsangebots ausgebaut sowie die Geschäftsbeziehung auf weitere Länder ausgeweitet werden.

Die europäische Betrachtung sollte es ermöglichen, die Logistikprozesse miteinander vergleichbar zu machen, um eine kontinuierliche Leistungssteigerung durch „benchmarking" und best „practice transfer" zu sichern. Hierfür wurden „KPIs" gemeinsam abgestimmt.

Im Mittelpunkt der Betrachtung stand der Gedanke des geteilten Gewinns und des geteilten Risikos. Für den Kunden war es wichtig, dass die Leistungsoptimierung zu keiner Kostensteigerung, sondern im Gegenteil, zu einer Kostensenkung führt. DHL hat ein Anreizmodell vorgeschlagen, bei dem die erzielten Einsparungen zwischen beiden Partnern aufgeteilt werden. So kommt die Kostensenkung beiden Seiten zugute, was die kontinuierliche Suche nach Kostensenkungspotentiale sicherstellt.

Die nachstehende Abbildung 3 skizziert die wesentlichen Änderungen, die der „umbrella contract" hervorgebracht hat.

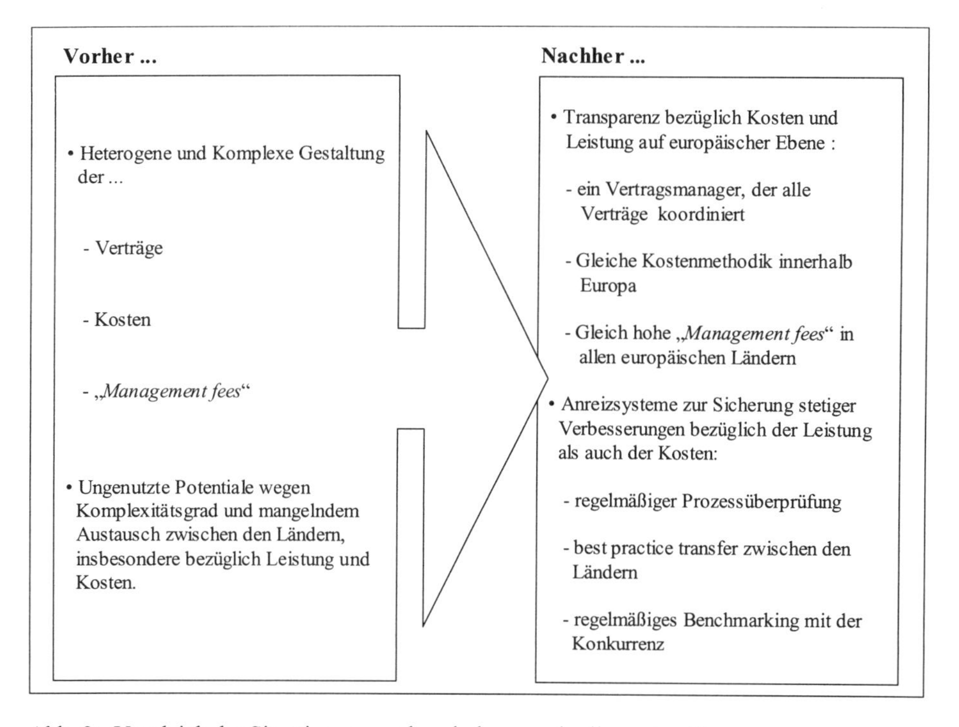

Abb. 3: Vergleich der Situation vor und nach dem „umbrella contract"

Im Bereich des Beziehungsmanagements waren folgende Punkte von zentraler Bedeutung:

Zielharmonisierung

Die zeitaufwändigste Phase war die der Zielerkennung, -vereinbarung und internen -abstimmung. Besonders schwierig war die Analyse des Ist-Zustandes und der länderübergreifende Vergleich der Geschäftsstrukturen. Das Beziehungsmanagement zielte darauf ab, das Vertrauen des Kunden permanent zu stärken, um diese Phase optimal zu nutzen.

Kundennähe

Der Kunde sollte stets das Vertrauen haben, dass seine Bedürfnisse oberste Priorität für DHL haben. Der permanente Austausch, die Einhaltung von Fristen für die Erreichung von Zwischenzielen und die ständige Unterstützung bei Problemlösungen haben signifikant zur Kundenbindung beigetragen.

Proaktive Zusammenarbeit

Die Zielvereinbarung erfolgte auf europäischer Ebene. Die Abstimmung der Ziele mit den Ländern erfolgte jeweils intern. Dadurch wurden Reibungen auf nationaler oder operativer Ebene minimiert. Das europäische Management übernahm proaktiv die Mittlerfunktion. Die Erhaltung der guten Beziehung stand im Vordergrund.

Das Abschließen einer europäischen Vereinbarung mit DHL, die die gesamte Bandbreite logistischer Dienstleistungen in den gemeinsam identifizierten Ländern abdeckt, führt zu folgenden Vorteilen beim Kunden:

- Garantie der kontinuierlichen Verbesserung und gezielten Suche nach Kostensenkungspotentialen sowie der Einleitung notwendiger Maßnahmen
- Regelmäßige Überprüfung der europäischen Logistikstruktur
- Zentrale Koordination, Steuerung und Messung der logistischen Flüsse
- Erhaltung bzw. Verbesserung der Qualitätsstandards
- Kooperation mit einem professionellen internationalen Logistikdienstleister

Als Vorteile für DHL ergeben sich:

- Sicherung des bestehenden Geschäftes
- Ausweitung der Geschäftsbeziehung auf ein weiteres europäisches Land, womit bereits sieben Länder bedient werden (Spanien, Frankreich, Italien, Belgien, Niederlande, Luxemburg, Deutschland)

- Möglichkeit zur Steigerung des erzielten Gewinns durch die Aufteilung der Kostenersparnisse
- Unterstützung des internen, länderübergreifenden Lernens
- Weichenstellung für die Umsetzung weiterer multinationaler Projekte
- Unterstützung eines Fehlerfrühwarnsystems durch ständige Prozessüberprüfung

Abschließend können wir sagen, dass die gute Handhabung der Kundenbeziehung dieses Projekt zum Erfolg geführt hat. Das europäische Management sowohl vom Kunden als auch von DHL hat die Weichen für eine gute Geschäftsbeziehung auf nationaler Ebene gestellt. Da die Zielabstimmung mit den Ländern überwiegend intern geführt wurde, konnten Reibungen reduziert werden.

6.2 Beispiel 2: Der Relaunch

Seit 1986 arbeitet DHL in Deutschland mit diesem Kunden aus der Tabakindustrie zusammen. Der Kunde gehört zu den TOP 5 Anbietern in Europa, wobei der deutsche Markt ca. 30% seines jährlichen Umsatzes ausmacht. Das stetig gewachsene Vertrauen ist eine wichtige Grundlage und Gemeinsamkeit unserer Zusammenarbeit.

Es war DHL gelungen, den realisierten Servicegrad über die Jahre auf sehr hohem Niveau zu halten. Die erbrachte Leistung war gekennzeichnet durch:

- Erfüllung der höchsten Sicherheitsstandards in Lagerhaltung und Transport
- Tägliche Inventur
- Auftragskonsolidierung
- Garantierte Einhaltung der Lieferzeiten
- Rechnungserstellung unmittelbar nach der Kommissionierung
- Enge EDV-Vernetzung zwischen dem Kunden und DHL

Gemeinsam wurde das Programm SAFE entwickelt und umgesetzt, das den hohen Sicherheitsanforderungen im Umgang mit Zigaretten gerecht wird (vgl. Abb. 4).

Fertigwaren-Vorlauf	Lager-technik	Lager-organisation	Distribution
• Überwachung	• Videoanlagen	• Owner-Prinzip	• Zählprocedere
• 10 Regeln für den Fahrer	• Zugangs-beschränkung	• Maßnahmen-katalog	• Stamm-Unternehmer
• Meldeprozedere	• Absicherung „weak points“	• unabhängige Kontrollen	• Stichproben-kontrollen
• ausgewählte Unternehmer	• Aufschaltung Wachdienst	• Ablaufbe-schreibungen	• Sicherheits-regeln

Abb. 4: Programm SAFE für den sicheren Umgang mit Zigaretten

Die erbrachte Leistung wies eine sehr geringe Fehlerquote auf, wie Abbildung 5 deutlich macht.

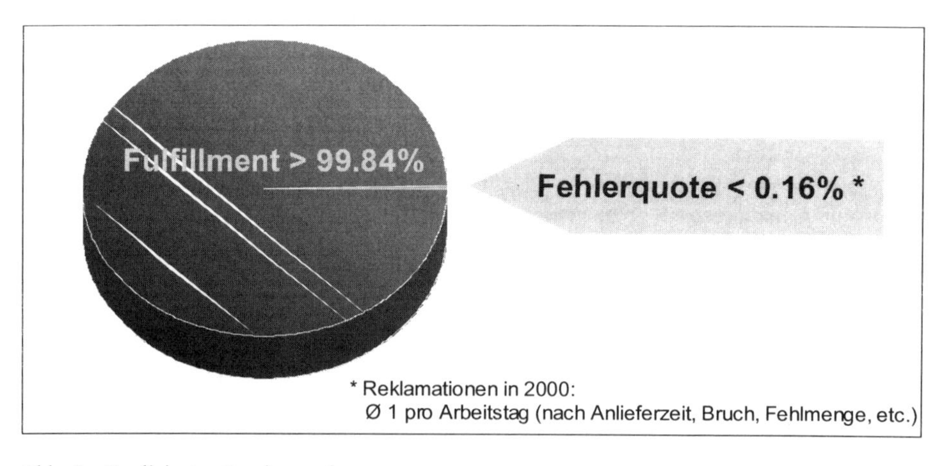

Abb. 5: Realisierter Servicegrad

Im Laufe der Jahre war eben diese Leistung in den Vordergrund gerückt und wurde als Spiegel der Beziehung zum Kunden betrachtet, was sich als Irrtum herausstellte. Tatsächlich fühlte sich der Kunde vernachlässigt. Auf Beziehungsebene sind „no news“ eben keine „good news“.

1998 wurden Probleme in der Beziehung deutlich. Es galt, diese Probleme zu identifizieren, Missverständnisse zu klären, die Harmonie wieder herzustellen und vor allem die Beziehung langfristig zu sichern. Wir vereinbarten sogenannte „Umgangsregeln“, an die sich beide Seiten gebunden fühlten. Diese werden im Folgenden aufgeführt:

Vereinbarte „Umgangsregeln“

Präambel

Wir arbeiten seit 1986 erfolgreich zusammen. Das stetig gewachsene Vertrauen ist eine wichtige Grundlage und Gemeinsamkeit unserer Zusammenarbeit. Wir pflegen und stärken dieses Vertrauen durch die Einhaltung der nachfolgenden Regeln.

Wir haben die Einstellung einander zu helfen und uns bei allen auftretenden Problemen gegenseitig zu unterstützen:

Aktivitäten/Projekte

Wir werden die uns wichtigen Aktivitäten und Projekte regelmäßig in den Monatsgesprächen besprechen.

Prioritäten

Wir werden die Termine und die Wichtigkeit überprüfen und nach der Höhe des Einflusses auf Qualität, Service und Kosten bewerten.

Pünktlichkeit

Wir vereinbaren Termine gemeinsam und verpflichten uns, diese einzuhalten. Bei einer notwendigen Terminänderung werden wir die Betroffenen rechtzeitig informieren und gemeinsam mit ihnen eine für alle Beteiligten akzeptable Lösung finden.

Gegenseitiges Interesse

Wir akzeptieren unsere gegenseitigen und gegensätzlichen Interessen; wenn Protokollpunkte nicht abgearbeitet werden konnten, kann auf Verlangen eine Streichung erfolgen.

Ausweitung

Der Kunde informiert DHL als ersten potentiellen Dienstleister über mögliche Ausweitungen gemeinsamer Geschäftsfelder; DHL bietet dem Kunden Neuentwicklungen aus der Zusammenarbeit mit anderen Auftraggebern frühzeitig an.

Entscheidungen

Wir wollen kommerzielle Entscheidungen zentral im Kreise der Kunden-Logistik-Zentrale und Key Account Manager/Regional Direktor besprechen und treffen.

Kontinuierlicher Verbesserungsprozess

Wir werden auf allen Ebenen ständig den gesamten Prozess betrachten und aktiv gemeinsam verbessern. Wir erkennen Störungen selbständig und frühzeitig und beseitigen sie.

Strukturen

Wir bilden alle Strukturveränderungen vollständig und detailliert ab. Wir prüfen in regelmäßigen Abständen, ob alle Änderungen abgebildet sind und wie sie sich auswirken.

Information

Wir informieren uns gegenseitig frühzeitig, offen und umfassend.

Preisveränderungen

Wir führen unsere Gespräche über Preisveränderungen immer fair, d.h. unter Einhaltung der Spielregeln.

Die gemeinsame Entwicklung dieser „Umgangsregeln" stärkte wieder die Beziehung. In dieser Zeit bot sich die Möglichkeit, die Kundenbedürfnisse zu erkennen und auf diese einzugehen. Da die Win-Win-Partnerschaft bewahrt werden sollte, haben wir als Dienstleister auch unsere Wünsche eingebracht und schriftlich niedergelegt. Das Gleichgewicht hatte sich erneut eingestellt.

6.3 Beipiel 3: Der gemeinsame Weg der Innovation

Die Beziehung zu diesem Kunden – einer der bedeutendsten Händler weltweit – ist durch die gemeinsame Vision der zukünftigen Marktentwicklung gekennzeichnet. Die Beziehung ist durch die Zusammenarbeit innerhalb der CCG (Centrale für Coorganisation GmbH) zustande gekommen, wo DHL Solutions aktives Mitglied ist. Die CCG ist der deutsche Lenkungskreis für die EAN-, ECR und EPC-Initiativen (vgl. Abb. 6).

Den ECR-Gedanken (Efficient Consumer Response) folgend, hat unser Partner im Jahr 2002 eine Initiative ins Leben gerufen, mit der in enger Kooperation mit Lieferanten und IT-Dienstleistern neue Technologien entwickelt und getestet werden, um die Verbraucher schneller und effizienter mit Qualitätsprodukten zu versorgen. DHL Solutions ist seit Anfang 2003 Gold-Partner in dieser Initiative und ist somit der erste und bisher einzige Logistikdienstleister. Im Vordergrund steht der Umgang mit der RFID-Technologie.

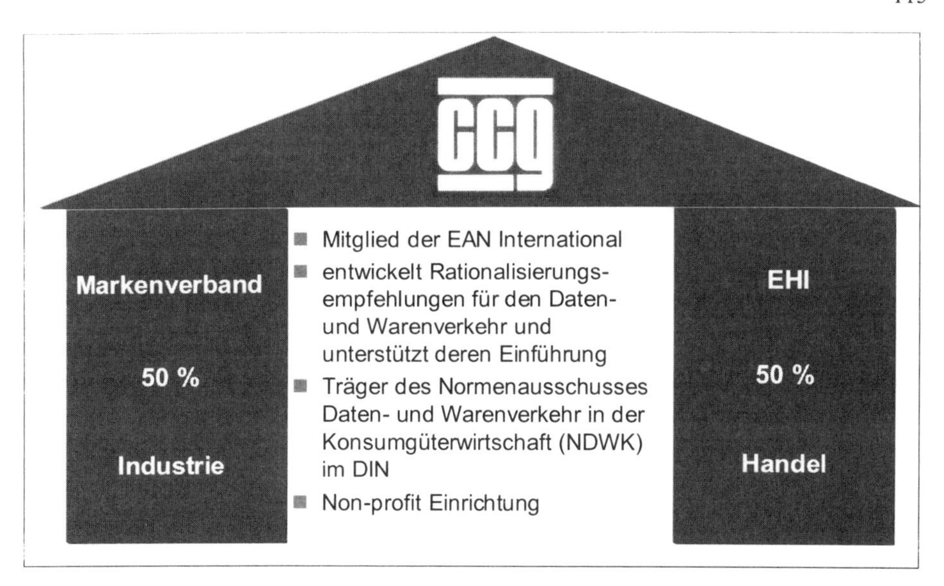

Abb. 6: Wer ist CCG?

Mit dieser Partnerschaft verfolgt DHL Solutions folgende Ziele:

- Nutzung der Testlandschaft und Erfahrungssammlung im Umgang mit der RFID-Technologie
- Wettbewerbsvorteile
- Proaktive Zusammenarbeit in der Entwicklung von Standards
- Effizienzsteigerung
- Geschäftserweiterungspotentiale durch die Entwicklung innovativer Lösungen für bestehende und potentielle Kunden
- Bildung einer engen Partnerschaft mit einem der weltweit größten Händler
- Enge Zusammenarbeit mit anderen Projektpartnern
- Aktive Gestaltung der zukünftigen Supply Chain (DHL als einziger Logistikdienstleister)

Der Projektinitiator sieht u.a. folgende Punkte als Vorteile für sich selbst:

- Bildung einer Plattform für die Entwicklung neuer Technologien und Innovationen im Handel
- Sammlung von Erfahrungen zu Schlüsseltechnologien in der realen Entwicklungsumgebung

- Know-how-Aufbau und Mitgestaltung zukunftweisender Technologien
- Schlüsseltechnologien werden über GCI/EAN•UCC zu Weltstandards erklärt, so dass alle Investitionen, die daraufhin getätigt werden, zukunftssicher sind
- Effizientere Versorgung der Verbraucher sowie Förderung der Kundenbindung
- Signifikante Kostensenkungspotentiale

Aus dieser Initiative heraus ergab sich die Möglichkeit, in Zusammenarbeit mit einem unserer bestehenden Kunden aus der Markenartikelindustrie, der auch aktives Mitglied dieser Initiative ist, ein Pilotprojekt zu starten. Abbildung 7 skizziert die Zusammenarbeit mit diesem Kunden in Lagerhaltung und Transport über Umschlagsläger von DHL Solutions bis hin zum Outlet des Händlers, der die Initiative leitet.

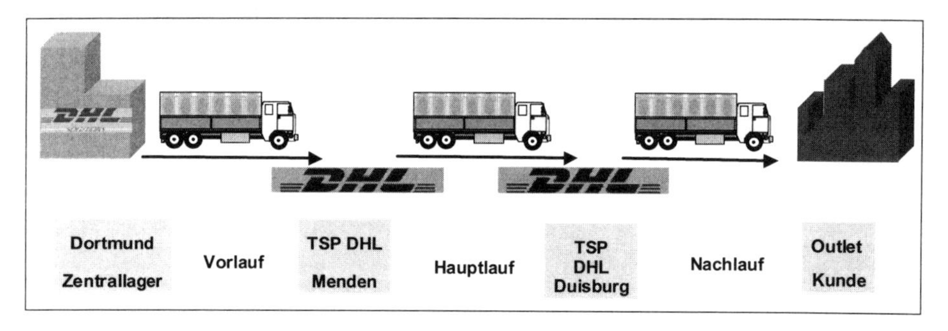

Abb. 7: Service von der Quelle bis zur Senke

Das Entwickeln und Testen neuer Technologien erfordert eine so erhebliche Investition, dass eine gemeinsame Forschung und Entwicklung geradezu unumgänglich ist. Darüber hinaus bietet eine Kooperation zwischen ca. 30 Unternehmen optimale Bedingungen, um repräsentative Ergebnisse zu erreichen. Diese Win-Win-Partnerschaft wird von einer gemeinsamen Vision getragen, die durch Innovation möglich wurde und nicht bilateral, sondern nur multilateral verwirklicht werden kann. Das Beziehungsmanagement ist darauf ausgerichtet, den Nutzen aus den Erkenntnissen allen Partnern zugänglich zu machen:

- RFID wird sich verändernd auf die komplette Value Chain auswirken – von Upstream bis Downstream
- Der Warenstrom wird fließender, schneller, transparenter und effizienter
- Einzigartige Kennzeichnung und Ortung der mit RFID versehenen Produkte innerhalb der Wertschöpfungskette
- Integriertes Management von Paletten, Kartons und Artikelidentifikation

- Erhebliche Kosteneinsparungspotentiale im Inbound, Lagerhaltung, Kommissionierung und Outbound
- Fehlerquote, Diebstahl und Inventurfehler werden bedeutend reduziert
- Ebnung des Weges für ECR, Collaborative Planning usw.
- Integriertere, komplexere aber auch partnerschaftlichere Zusammenarbeit zwischen den am Projekt beteiligten Unternehmen

Die heute getätigten Investitionen dienen allen beteiligten Unternehmen zur langfristigen Sicherung ihrer unternehmerischen Tätigkeit. Auch hier wird der Nutzen von allen Teilnehmern maximiert und das Risiko hingegen auf alle verteilt und somit minimiert. Hieraus können sich viele langfristige Win-Win-Partnerschaften ergeben.

7 Zusammenfassung und Schlussfolgerung

Anhand von drei Kundenbeispielen wurden verschiedene Möglichkeiten erläutert, eine Geschäftsbeziehung zu entwickeln, von der langfristig beide Seiten gleichermaßen profitieren.

DHL Solutions ist von der langfristigen Kundenbindung und dem partnerschaftlichen Ansatz zur Sicherung der unternehmerischen Tätigkeit überzeugt. Unser Dienstleistungsangebot – maßgeschneiderte Logistiklösungen für Industrie und Handel – erfordert Zeit, um entwickelt, umgesetzt und optimiert zu werden. Aus unserer Sicht ist eine Geschäftsbeziehung gut bzw. stark, wenn sich beide Teilnehmer positiv weiterentwickeln können. Deswegen richten wir bei DHL Solutions Beziehungsmanagement auf Win-Win-Partnerschaften aus.

Erik Schmidtmann

Andreas Wendlberger

Public Private Partnerships als Kooperationsform in der Logistik

---

Erik Schmidtmann, Andreas Wendlberger

TIM CONSULT GmbH, Mannheim

Inhaltsverzeichnis

1 Einführung

Kooperationen sind ein kaum zu überschätzender Erfolgsfaktor in der Logistik. Voraussetzung für den Erfolg einer jeden Kooperation ist die Form bzw. die Art der Partnerschaft, für die sich die Kooperationspartner entscheiden. Sie steckt bereits im Vorfeld der eigentlichen Zusammenarbeit deren Rahmen und damit deren Entwicklungsgrenzen und -möglichkeiten ab. Die Realität zeigt, dass Unternehmen, Verwaltungen und andere Organisationen ganz verschiedene Kooperationsformen und -modelle finden, um mit ihren Partnern ihre spezifischen Ziele optimal zu verfolgen; das trifft in besonderem Maße auf den komplex strukturierten Logistikmarkt zu.

Kooperationen lassen sich nach vielen Gesichtspunkten kategorisieren, z.B. nach Rechtsform, beteiligten Partnern, Kooperationsbreite und -tiefe, verfolgtem Zweck, Intensität, Dauer oder inhaltlicher Ausrichtung. Dieser Beitrag beschäftigt sich mit einer speziellen der zahlreichen Kooperationsformen im Bereich der Logistik: der Public Private Partnership (PPP), d.h. der Partnerschaft zwischen der öffentlichen Hand und privaten Unternehmen. Sie ist damit nicht inhaltlich oder etwa über ihren rechtlichen Rahmen definiert, sondern über die Art bzw. Herkunft der Partner. Insbesondere in der öffentlichen Hand nehmen Kooperationen mit privaten Partnern vor dem Hintergrund leerer Kassen und der anhaltenden Diskussion über die Ausgestaltung der Pflichten zur Daseinvorsorge und der damit einhergehenden Entstaatlichungsdebatten einen immer größeren Stellenwert ein. Unter anderem werden hierdurch einerseits gezielt Kostenrisiken mit der privaten Wirtschaft geteilt, andererseits öffentliche Betriebe langfristig durch eine steigende Wettbewerbsfähigkeit erhalten.

Beispielhaft wird diese Kooperationsform anhand der kommunalen Entsorgungswirtschaft und damit der Entsorgungslogistik vorgestellt. In diesem Bereich der öffentlichen Daseinsvorsorge wird angesichts leerer öffentlicher Kassen derzeit besonders intensiv über Möglichkeiten der Schaffung von PPP nachgedacht. Solche Partnerschaften werden bereits in ersten Projekten realisiert. Deren Konzeption, beratende Begleitung und Durchführung gehören zum Tätigkeitsbereich von TIM CONSULT[1].

Anders als in der privaten Wirtschaft bedarf es bei der Bildung von Partnerschaften, an denen öffentliche Betriebe beteiligt sind, einer Vielzahl von gesetzlichen Rahmenbedingungen. Grundlage dafür ist das Kreisabfallwirtschaftgesetz. Dort wird in § 16, Abs. 1, S. 1 geregelt: „Die zur Verwertung und Beseitigung Verpflichteten können Dritte mit der Erfüllung ihrer

---

[1] TIM CONSULT GmbH ist eine Unternehmensberatung für Unternehmensführung und Public Management mit den Schwerpunkten Logistik und Entsorgung.

Pflichten beauftragen. Ihre Verantwortlichkeit für die Erfüllung der Pflichten bleibt hiervon unberührt." Daraus folgt, dass die Bildung von PPP in diesem Bereich gesetzlich prinzipiell erlaubt ist.

Wirtschaftlicher Hintergrund dieser Überlegungen: Die Haushalte der Kommunen und Kreise, die für die Sammlung und Beförderung/Transport von Abfällen zuständig sind, leiden besonders unter der allgemeinen Finanznot öffentlicher Haushalte und stehen oftmals in besonderer Wirtschaftlichkeitsdiskussion. Sie erhoffen sich durch die Bildung von PPP, die Effizienz ihrer Abfallwirtschaftsbetriebe zu erhöhen bzw. Kosten in diesem Bereich zu senken und auf diesem Wege eine finanzielle Entlastung der durch Haushaltsdefizite beeinträchtigen kommunalen Finanzsituation herbeizuführen. Die bereits realisierten Projekte bieten Anschauungsmaterial und Lehren für die Konzeption und Durchführung von künftigen PPP-Projekten im Bereich der Entsorgungslogistik. Gleichzeitig bieten sie aber auch Denkanstöße und Lehren für andere Aufgabenbereiche, die derzeit (noch) überwiegend oder teilweise von der öffentlichen Hand erledigt werden.

2 Abgrenzung: Public Private Partnership – Kooperation

2.1 Definitionen

Der Begriff Public Private Partnership ist weder ein juristisch noch anderweitig eindeutig definierter Begriff. Aus der Vielzahl der Definitionen und Ausprägungen in der Praxis lassen sich dennoch folgende gemeinsame Hauptmerkmale extrahieren:

PPP sind Partnerschaften zwischen der öffentlichen Hand und der Privatwirtschaft innerhalb eines gemeinsamen organisatorischen Rahmens und mit dem Ziel, einen bestimmten Zweck gemeinsam zu verfolgen. Sie sind mittel- bis langfristig angelegt. Der Grad der Formalisierung und die Art der gewählten Rechtsformen können sich jedoch stark unterscheiden. Die Ausprägungen reichen von informellen Kooperationen über Arbeitsgemeinschaften bis hin zur Gründung von gemischt-wirtschaftlichen (Kapital-)Gesellschaften. Dabei werden in der Regel Aufgaben (-schwerpunkte) und Verantwortlichkeiten vom öffentlichen auf den privaten Sektor verlagert. PPP-Modelle lassen sich nach unterschiedlichen Merkmalen differenzieren, z.B. in „Entwicklungspartnerschaften" zur Konzeption und Vorbereitung von Projekten einerseits und „Risikopartnerschaften" zur Realisierung von Projekten unter Inkaufnahme und Teilung wirtschaftlicher Risiken anderseits; eine Einteilung in Organisations-, Finanzierungs- und Kooperationsmodelle ist ebenfalls möglich. Abgegrenzt werden PPP in der Regel zur Auftragsvergabe, Privatisierung, Outsourcing, Private Finance Initiatives, Public Public Partnerships o. ä. Konzeptionell bewegen sich PPP-Modelle somit zwischen zwei Polen: Eigenerledigung der Aufgaben durch die öffentliche Hand einerseits und vollkommener Privatisierung andererseits (vgl. Abb.1).

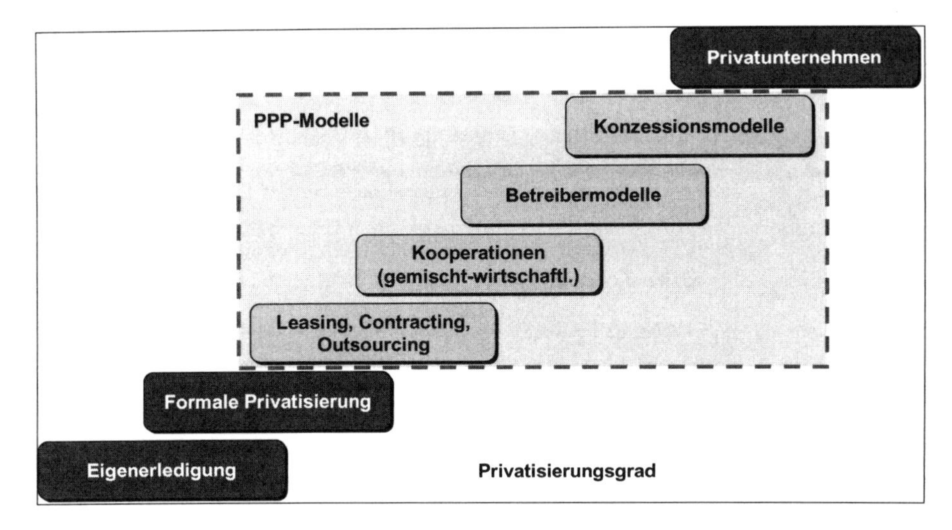

Abb. 1: Das Spektrum an PPP-Modellen – zwischen Eigenerledigung und vollständiger materieller Privatisierung

PPP-Modelle finden sich schwerpunktmäßig in kapitalintensiven Bereichen, für die der öffentlichen Hand zunehmend Geld für erforderliche Investitionen fehlt oder erhebliche Kosteneinsparungen im Betrieb möglich sind. Als Beispiele sind hier insbesondere zu nennen: der öffentliche Infrastrukturbereich, die kommunale Versorgungs- und Entsorgungswirtschaft, der öffentliche Personennahverkehr, die Stadtentwicklung oder die Forschungs- und Technologieförderung.

Mit PPP in diesen und anderen Bereichen werden von allen beteiligten Partnern eine Reihe von allgemeinen Zielsetzungen verfolgt und Vorteile gesucht, wie z.B.:

- Erschließung und Ausbau neuer Geschäftsfelder
- Teilung wirtschaftlicher Risiken
- Erhöhung von Effizienz und Effektivität, insbesondere durch:
  - gemeinsame Nutzung von Ressourcen
  - Fokussierung auf Kernaufgaben und Konzentration auf eigene Stärken

Speziell die öffentliche Hand erhofft sich durch die Kooperation mit privaten Kooperationspartnern in der Regel:

- Modernisierung der öffentlichen Hand
- Erhöhung der Flexibilität und Schnelligkeit
- Erschließung von Kapital der Privatwirtschaft
- Erschließung von Know-how der Privatwirtschaft
- Verringerung der Belastung des Haushalts bzw. niedrigere/stabile Gebühren

Für die Partner aus der Privatwirtschaft ist die Kooperationsform der PPP ein interessantes, weil langfristiges, Vertriebsinstrument. Insbesondere gelingt hierdurch die:

- Erschließung bisher regional oder generell nicht offener Märkte und Geschäftsfelder
- Etablierung als langfristiger und zuverlässiger Partner der öffentlichen Hand

Einige Unternehmen sehen in PPP bereits so große Chancen und Potentiale, dass sie sich in Broschüren und Unternehmensinformationen aktiv als strategische Partner für die öffentliche Hand anbieten.

Kooperationen zwischen Privatunternehmen können ebenfalls die vielfältigsten Formen annehmen und sind daher unterschiedlich zu kategorisieren. Sie reichen ähnlich wie PPP von einer informellen Zusammenarbeit auf ad hoc-Basis bis hin zu einer langfristigen und vertraglich detailliert geregelten Kooperation in den unterschiedlichsten Branchen und Gliedern der Wertschöpfungskette.

2.2 Unterschiede und Gemeinsamkeiten

Der Unterschied zwischen Kooperationen von privaten Unternehmen zu PPP besteht im Wesentlichen darin, dass kein öffentlicher Partner involviert ist und damit alle sich daraus ergebenden Besonderheiten entfallen. Kooperationen zwischen Privatunternehmen sind im Aufbau nicht dem Formalisierungsgrad unterworfen wie die öffentliche Hand. Es fehlt das besondere Interesse der öffentlichen Hand an privaten Ressourcen, die sich in ihrer Beschaffenheit oder in ihrer Kostenstruktur ganz wesentlich von denen der öffentlichen Hand unterscheiden können. Umgekehrt können bei einer Zusammenarbeit von nur privaten Unternehmen die Partner nicht hoffen, sich bisher durch die öffentliche Hand verschlossene oder stark regulierte Märkte zu erschließen. Des Weiteren unterscheiden sich die Rahmenbedingungen einer Kooperation zwischen Privatunternehmen wesentlich von einer PPP. So unterliegt bei der PPP insbesondere der Partner der öffentlichen Hand ganz anderen rechtlichen Zwängen und politischen Vorgaben als der private Partner.

Umgekehrt bestehen jedoch viele Gemeinsamkeiten zwischen Kooperationen von nur privatwirtschaftlichen Unternehmen und PPP. So verfolgen privatwirtschaftliche Partner durch Kooperation mit anderen Unternehmen im Wesentlichen dieselben Ziele wie die Beteiligten einer PPP. Kooperationen dieser verschiedenen Arten von Akteuren sind daher in ihrer Zielausrichtung auch miteinander vergleichbar. Im Zentrum des Interesses steht das Ausschöpfen von Synergieeffekten durch gemeinsame Nutzung von Ressourcen. Das Grundmotiv hinter diesen verschiedenen Arten von Kooperation ist grundsätzlich das Bestreben, gemeinsam mit einem Partner seine eigenen Ziele besser erreichen zu können als alleine. Daher sehen sich Kooperationen und PPP auch mit sehr ähnlichen Herausforderungen konfrontiert. In beiden Fällen gilt es, die gemeinsamen Ziele und mögliche Potentiale nicht nur zu definieren, sondern in der Praxis auch tatsächlich zu realisieren. Die Diskussion der Erfolgsfaktoren wird zeigen, dass sie sich leicht auf Kooperationen zwischen Privatunternehmen übertragen lassen.

3 Vorgehensmodell: Auf dem Weg zu einer Public Private Partnership

Abb. 2 zeigt ein Vorgehensmodell zur Bildung einer Public Private Partnership.

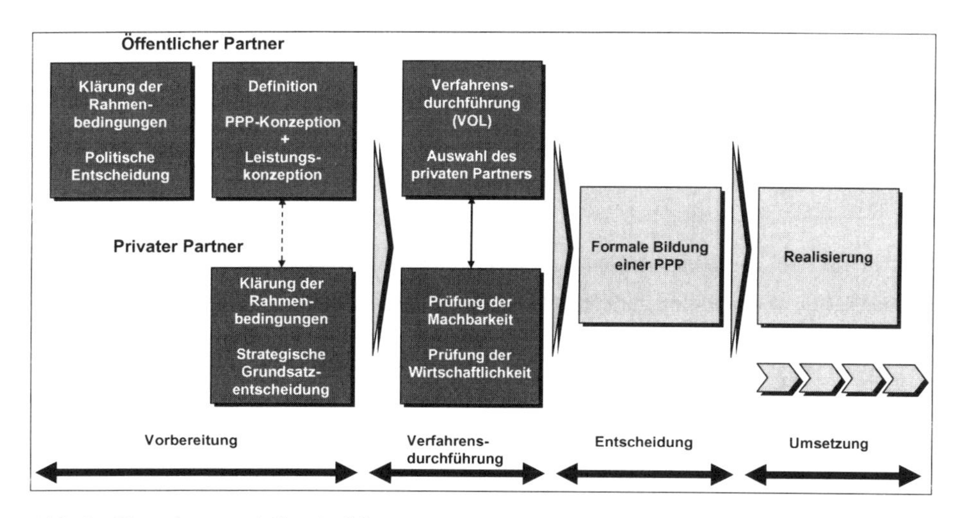

Abb. 2: Vorgehensmodell – Auf dem Weg zu einer PPP

3.1 Vorgehen des öffentlichen Partners

Klärung der Rahmenbedingungen und PPP-Konzeption

Typischerweise geht die Initiative für eine PPP von der öffentlichen Hand aus, d.h. von der für den entsprechenden Bereich verantwortlichen kommunalen oder staatlichen Stelle bzw. deren politischen Führung. Wenn ein PPP-Modell ganz grundsätzlich als Option erwogen wird, sind zunächst dessen Voraussetzungen und Rahmenbedingungen zu klären. In dieser noch explorativen Phase empfiehlt es sich, folgende strategische und konzeptionelle Fragen offen zu diskutieren und zu klären:

- Welche Arten von Aufgaben und welche konkreten Tätigkeiten können und sollen künftig im Rahmen von PPP-Modellen erledigt werden?
- Wie kann in einem für ein PPP-Modell anvisierten Bereich der öffentlichen Daseinsvorsorge die Aufgabenerfüllung langfristig sichergestellt werden?
- Welche Organisationsbereiche eigenen sich für eine PPP?
- Welches PPP-Modell eignet sich am besten, die definierten Ziele in den entsprechenden Aufgaben- und Organisationsbereichen zu erreichen?
- Welche Ziele werden mit der geplanten PPP verbunden?
- Welcher wirtschaftliche und andere Nutzen wird für die öffentliche Hand, das Gemeinwohl und die Bürger bzw. Kunden erreicht? Welche Chancen werden eröffnet?
- Welche wirtschaftlichen und sonstigen Nachteile und Kosten können entstehen? Welche Risiken sind zu beachten?
- Ist die Wirtschaftlichkeit des Vorhabens auch mittel- bis langfristig sichergestellt? Welche Alternativen zur PPP sind für diese Aufgaben bzw. Organisationsbereiche zu prüfen (Wirtschaftlichkeitsvergleich/Kostenvergleichsanalyse)?
- Sind konventionelle Modelle, wie z.B. Ausschreibungen, im konkreten Fall vorteilhafter? Ist die Einschaltung eines privaten Partners überhaupt erforderlich oder lassen sich die Ziele auch durch interne Optimierungsmaßnahmen oder Kooperationen mit anderen Einheiten der eigenen Organisation oder anderen öffentlichen Organisationen erreichen (Public Public Partnerships)?
- Bis zu welchem Grad sollen Aufgaben und Kompetenzen abgegeben oder geteilt werden? Wie kann eine sinnvolle Aufgaben- und Verantwortungsabgrenzung aussehen?
- Welches Finanzierungsmodell soll der PPP zugrunde liegen? Wie ist das PPP-Projekt selbst zu finanzieren?

Ebenso hat die öffentliche Hand bereits in dieser Phase eine Reihe von hauptsächlich rechtlichen und politischen Rahmenbedingungen zu berücksichtigen. Sie hat insbesondere zu klären, ob die ausgewählte Aufgabe im Rahmen einer PPP überhaupt erfüllt werden darf, ob die PPP-Lösung die wirtschaftlichste Alternative ist und welche Entscheidungsträger in Politik und Verwaltung einem solchen Modell zustimmen müssen.

Aus der Beantwortung dieser konzeptionellen und strategischen Fragen kann ein Grobkonzept abgeleitet werden. Dieses muss in einem nächsten Schritt weiter detailliert werden. Diese Phase der Konkretisierung mündet in ein ausgearbeitetes Konzept über Projektziele, -inhalt und -umfang, in dem auch die zugrunde liegenden strategischen Überlegungen ausformuliert sind. Grundsätzlich ist dabei abzuwägen, bis zu welchem Detaillierungsgrad das Konzept ausformuliert werden soll. Je genauer die Vorgaben, desto stärker wird sich die PPP an den Vorgaben der öffentlichen Hand orientieren. Sind die Vorgaben jedoch zu detailliert, könnten sich potentiell interessierte private Unternehmen eingeengt fühlen und von einer möglichen Beteiligung absehen. Zudem könnten die erhofften unternehmerischen Energien und privatwirtschaftlichen Potentiale durch eine Überregulierung so bereits im Keim erstickt werden.

Vielen PPP-Modellen haftet bisher der Nachteil an, dass zwar einerseits die öffentliche Hand den wirtschaftlichen Nutzen aus der Zusammenarbeit mit den privaten Unternehmen ziehen will, andererseits aber den für öffentliche Unternehmen typischen Reglementierungsbedarf in der Partnerschaft fortschreiben will. Insbesondere Aufgabenumfang und Ausführungsqualität liegen hierbei oftmals über dem für die effiziente wirtschaftliche Leistungserbringung notwendigen Niveau und verhindern bereits in dieser frühen Phase eine marktgerechte Ausgestaltung der Rahmenbedingungen. Oftmals führt dies dazu, dass im anschließenden Verfahren kein wirtschaftlich sinnvolles Ergebnis gefunden oder kein Partner unter diesen Rahmenbedingungen zu einer Kooperation bereit ist. Etliche Verfahren mussten daher in der Vergangenheit aufgehoben werden.

Letztlich jedoch gelten auch bei PPP die gleichen Grundsätze wie bei jedem anderen Beschaffungsvorhaben. Einerseits ist die nachgefragte Leistung marktkonform zu definieren, so dass möglichst viele potentielle Partner unter den festgeschriebenen Rahmenbedingungen fähig sind, mit ihrem etablierten Leistungsportfolio die Leistung zu erbringen. Je marktfähiger die Leistung, desto höher der Wettbewerb und umso besser das wirtschaftliche Ergebnis. Anderseits sind die Verfahren als Verhandlungsverfahren auszugestalten. Nur so gelingt es, die unterschiedlichen Stärken der privaten Unternehmen optimal in die eigene Leistungserbringung zu integrieren. Insbesondere im Bereich der Entsorgungslogistik werden bereits heute ca. 70% der Marktleistungen durch private Unternehmen erbracht. Der Markt ist grundsätzlich mittelständisch gegliedert und wird in manchen Regionen durch mittelständische Konzernunternehmen mit einer dislozierten Struktur von Tochterunternehmen beherrscht. Grundsätzlich lässt sich beobachten, dass die Konzernunternehmen unterschiedliche strategische Ausrichtungen aufweisen, die sich insbesondere in der Ausrichtung des Leistungsportfolios (Fokussierung auf Anlagenbetrieb vs. Entsorgungslogistik), als auch in der regionalen Präsenz ausdrücken. Beides hat für die öffentliche Hand auf der Suche nach einem geeigneten Partner besondere Anreize. Die Vergangenheit zeigt zudem, dass neben den beschriebenen Konzernunternehmen kapitalstarke mittelständische Unternehmen interessante Partner in PPP sein können, da sie flexibler und strategiefreier die sich bietenden Chancen nutzen können.

Die politischen Entscheidungsträger und Personalvertretungen sind parallel über den Stand der Überlegungen zu informieren, um so die erforderliche Endabstimmung des Konzepts vorzubereiten. Wichtig ist es hierbei, nicht gänzlich an der althergebrachten Aufgabenerfüllung festzuhalten, sondern die Chancen der privaten Leistungserbringung flexibel auszunutzen. Nach Zustimmung der Entscheidungsgremien kann sich die öffentliche Hand anschließend auf die Suche nach einem privaten Partner machen.

Verfahrens- und Leistungskonzeption – Auswahl des privaten Partners

Die Suche nach einem privaten Partner ist in der Regel keineswegs einfach und stellt die öffentliche Hand regelmäßig vor große formale und inhaltliche Herausforderungen. Dies begründet allein die Tatsache, dass der private Partner im Zuge eines Verfahrens nach der Verdingungsordnung für Leistungen (VOL) zu identifizieren ist. Dieses formale Verfahren ist ab einer Auftragsgrenze von 200.000€ europaweit durchzuführen. Grundsätzlich haben damit alle europäischen Unternehmen die Möglichkeit, an diesem Verfahren teilzunehmen. Der Gesetzgeber sieht hierbei vor, dass solche Verfahren diskriminierungsfrei und für alle Bewerber mit der gleichen Leistungstransparenz durchzuführen sind. Je nach Leistungsinhalt werden diese Verfahren zumeist in sog. „Offenen Verfahren“ durchgeführt.

Auf formaler Ebene ist daher zunächst zu klären, wie der private Partner überhaupt zu suchen und zu finden ist.

- Ist ein Interessensbekundungsverfahren durchzuführen?
- In welchem Verfahren muss der private Partner aufgrund von rechtlichen und politischen Vorgaben gefunden werden? Welche Grundsätze sind dabei zu beachten?
- Welche vergaberechtlichen und sonstigen formalen Rahmenbedingungen sind dabei zu beachten (Haushaltsrecht, Kommunalrecht etc.)? Ist beispielsweise eine Ausschreibung erforderlich?
- Wie ist eine ggf. erforderliche Vergabekonzeption zu gestalten? Nach welchen Kriterien soll beispielsweise der Partner ausgewählt werden?

Zur Suche nach einem privaten Partner gehört als Voraussetzung auch, den Inhalt des PPP-Modells und die damit verbundenen vertraglichen Rechte und Pflichten detailliert zu regeln.

- Wie ist die Leistungskonzeption zu gestalten? Wie sollen z.B. bei einer Ausschreibung das PPP-Modell und damit die zu erbringende Leistung eindeutig und erschöpfend beschrieben sowie alle preisbeeinflussenden Umstände genannt werden?
- Wie soll das Modell vertraglich ausgestaltet werden?

Die letzte Frage verdeutlicht, dass es in dieser Phase nicht nur darum gehen darf, allen formalen Anforderungen zu genügen. Gleichzeitig darf nämlich nie der relevante Markt, d.h. die tatsächliche Auswahl an potentiellen Partnern und deren Interessenslagen, aus dem Auge verloren werden. Im Gegensatz zum Beachten von formalen Vorgaben muss dieses markt- und wettbewerbsorientierte Denken in der öffentlichen Hand meist noch eingeübt werden. Immerhin wird mit einer dauerhaften Partnerschaft mit privatwirtschaftlichen Akteuren in aller Regel Neuland beschritten. Oftmals fehlen den Akteuren auf Seiten der öffentlichen Hand daher ein aktueller Überblick über den relevanten Markt sowie ein genauer Einblick in dessen Strukturen, Spielregeln und Dynamiken. Will die öffentliche Hand einen attraktiven Partner finden, müssen eine Reihe von Fragen beantwortet werden:

- Welches rechtlich mögliche Verfahren verspricht bei der Suche nach einem leistungsfähigen Partner den größten wirtschaftlichen Erfolg?
- Wie kann ein für die öffentliche Hand wünschenswerter maximaler Wettbewerb um Preise und Ideen unter den potentiellen privaten Interessenten hergestellt werden?
- Wie kann ein auch für den privaten Partner attraktives Kooperationsmodell gestaltet werden?
- Kann auf Seiten von privaten Partnern überhaupt Interesse an einer solchen PPP bestehen oder geweckt werden? Welche Anreize können und müssen dabei gesetzt werden?
- Wie können potentielle Interessenten effektiv angesprochen werden?
- Wie detailliert müssen die für den privaten Partner erforderlichen Informationen dargestellt werden, um eine belastbare Entscheidungs- und Kalkulationsgrundlage zu liefern?
- Wie sind die Risiken zwischen den künftigen Partnern fair zu verteilen?
- Wie kann sichergestellt werden, dass der private Partner seine Interessen gewahrt sieht?

Am Ende dieses Prozesses steht die Entscheidung für einen (oder mehrere) private Partner im Rahmen des Verfahrens, wie es als Resultat dieser Überlegungen definiert wurde.

Die VOL lässt bei der Vorbereitung und Durchführung des Verfahrens formal nur wenige Spielräume, so sind insbesondere Zuschlagskriterien, Leistungskonzeption und alle vertraglichen Regelungen schon vor Verfahrensbeginn für alle Bieter hinreichend transparent zu formulieren. Abweichungen hiervon können sich lediglich hinsichtlich Leistungskonzeption und Vertragsgestaltung im Rahmen eines Verhandlungsverfahrens ergeben.

Zusammenfassend lässt sich festhalten, dass die öffentliche Hand auf dem Weg zu einer PPP zweifellos sehr hohe formale Hürden zu überwinden hat, sowohl bei der Suche nach der besten Strategie und dem intelligentesten Konzept als auch bei der Suche nach dem privaten Partner selbst. Es besteht daher die Gefahr, dass den konzeptionellen und strategischen Aspekten nicht die Aufmerksamkeit geschenkt wird, die erforderlich ist, um nicht nur ein formal unangreifbares, sondern wirtschaftlich erfolgreiches und nachhaltiges Kooperationsmodell zu gestalten.

3.2 Vorgehen des privaten Partners

Klärung der Rahmenbedingungen

Für die potentiellen privaten Partner ist es einerseits leichter und andererseits schwerer, für sich die Rahmenbedingungen eines PPP-Projekts zu klären.

Einerseits hat ihnen der potentielle Partner der öffentlichen Hand die Klärung der wichtigsten rechtlichen und formalen Aspekte einer PPP bereits abgenommen. Die privaten Partner werden sich in der Regel mit einem bereits ausgestalteten Kooperationsmodell konfrontiert sehen. Sie stehen also weniger vor der Hausforderung, Rahmenbedingungen aktiv zu definieren. Vielmehr müssen sie bei Interesse an einem Projekt für sich eine wirtschaftliche Lösung innerhalb der von der öffentlichen Hand vorgegebenen Rahmenbedingungen suchen. Diese kann sich z.B. in einer Konkretisierung und Ausgestaltung der Vorgaben des öffentlichen Partners in spe in Form eines Angebots ausdrücken oder in einem Angebotspreis für den Erwerb von Anteilen an einem öffentlichen Betrieb.

Andererseits liegt genau in der weitgehenden Festlegung der Rahmenbedingungen die Herausforderung für die privaten Partner bei PPP-Projekten. Während die öffentliche Hand in einem meist langwierigen internen Entscheidungsfindungsprozess die Rahmenbedingungen klären konnte, müssen interessierte private Partner diese Rahmenbedingungen ggf. unter Zeitdruck (z.B. in Rahmen einer Bietfrist) zunächst erfassen, verstehen und für ihre eigene spezifische Situation interpretieren. Hier tun die privaten Interessenten an einer PPP gut daran, sich mit den organisatorischen, rechtlichen und politischen Rahmenbedingungen und den Entscheidungsträgern auf öffentlicher Seite vertraut zu machen und sich folgende Fragen zu stellen:

- Warum sucht die öffentliche Hand in diesem konkreten Fall eine PPP?
- Warum ist die Entscheidung auf ein bestimmtes Kooperationsmodell gefallen?
- Wie genau ist das Kooperationsmodell ausgestaltet?

- Welche verfahrenstechnischen Vorgaben sind zu beachten, z.B. vergaberechtlicher Art?
- Was sind die Auswahlkriterien für den öffentlichen Partner in spe?
- Wie genau sind die Inhalte der PPP ausgestaltet? Passen die Vorgaben grundsätzlich zum eigenen Tätigkeitsprofil?
- Welche unternehmerischen Freiräume und Gestaltungsspielräume sind gegeben, um die unterstellten wirtschaftlichen Zielsetzungen tatsächlich zu erreichen?

Nachdem diese Überlegungen angestellt sind, fällen potentielle Partner die Grundsatzentscheidung, ob das Interesse an einem bestimmten PPP-Projekt weiter verfolgt werden soll.

Prüfung der Machbarkeit und Wirtschaftlichkeit

Bei einer positiven Grundsatzentscheidung steht für die privaten Interessenten an einer Kooperation mit der öffentlichen Hand die eigentliche Prüfung des PPP-Projekts an. Dabei steht die wirtschaftliche Prüfung naturgemäß im Mittelpunkt der Betrachtung. Diese wird sich nicht wesentlich von den Prüfungsprozessen für andere unternehmerische Entscheidungen von strategischer Bedeutung unterscheiden. Folgende Fragen sind u. a. zu beantworten:

- Welche Chancen und Risiken sind mit einem Engagement bei dieser PPP verbunden? Wie können Chancen und Potentiale realisiert werden? Sind die Risiken fair verteilt und tragbar? Wie kann man sich gegen Risiken absichern?
- Wie ist der relevante Markt strukturiert? Wie kann man sich gegenüber Wettbewerbern abgrenzen und herausheben?
- Welche besonderen Stärken kann das eigene Unternehmen einbringen?
- Ist die PPP attraktiv vor dem Hintergrund der eigenen Unternehmensstrategie?
- Wie kann die PPP finanziert werden? Welche steuerlichen Auswirkungen hat die PPP?

Insbesondere die detaillierte Überprüfung der einzelnen Leistungskomponenten und deren möglichst wirtschaftliche Ausgestaltung in der Umsetzung ist unerlässlich. Viele öffentliche Betriebe unterliegen nach Beteiligung eines privaten Partners der Vorsteuerpflicht. Allein hierdurch ist ein Kostenfaktor von derzeit 16% nach Umsetzung durch andere Potentiale und Synergieeffekte abzufangen. Unterstellt man eine minimale Gewinnabsicht sind regelmäßig Kostenreduktionen von mindestens 20% zu realisieren. Die hierzu notwendigen Rahmenbedingungen, Vorgehensweisen, Handlungsspielräume und Leistungsveränderungen sind durch den privaten Partner bei der Verfahrensführung einzubringen und nach Möglichkeit festzuschreiben. Im Rahmen des Verhandlungsverfahrens hat damit der private Partner viele Möglichkeiten, das Verfahren nach seinen Stärken auszugestalten und diese entsprechend wirtschaftlich zu bewerten.

Als Ergebnis dieser detaillierten Prüfung hat das private Unternehmen die abschließende Entscheidung zu treffen, ob es in den Wettbewerb um das PPP-Projekt mit anderen privaten Interessenten eintreten will.

Fällt diese Entscheidung positiv aus, steht das Unternehmen vor der Aufgabe, sich gegenüber dem öffentlichen Partner in spe als optimalen Partner zu präsentieren. Kernstück dieser Präsentation ist das Angebot, welches das private Unternehmen für das PPP-Modell unterbreitet. Die Wirtschaftlichkeit dieses Angebots wird ein entscheidendes Kriterium bei der Auswahl des privaten Partners sein. Grundsätzlich ist bei der Ermittlung der Anteilspreise von der Ertragswertmethode auszugehen, die insbesondere, wie bereist oben beschreiben, von den gesetzten Rahmenbedingungen und erzielbaren Gewinnaussichten abhängig ist.

Allerdings haben private Unternehmen in dieser Phase u. U. zusätzliche Möglichkeiten, ihre Zuschlagschancen zu erhöhen. Ein besonders wirksames Instrument kann die Ausarbeitung eines Umsetzungskonzeptes sein, das weit über die ggf. im Angebot geforderten Anforderungen hinausgeht. In der Praxis lässt sich allerdings erkennen, dass nur wenige private Unternehmen die Klaviatur einer professionellen Angebotsvorbereitung beherrschen. Dabei haben insbesondere formaler Aufbau und Detailumfang bei Vergabeverfahren der öffentlichen Hand einen besonderen Stellenwert.

3.3 Formale Bildung einer Public Private Partnership

Am Ende der Entscheidungsfindungsprozesse auf öffentlicher und privater Seiten steht die Entscheidung des öffentlichen Partners für einen (oder mehrere) private Partner – in der Regel durch den Zuschlag auf das Angebot eines privaten Bieters oder einer Gruppe von Bietern im Rahmen eines Ausschreibungsverfahrens. Es folgt die formale Bildung einer PPP, z.B. durch Unterschrift des entsprechenden Kooperationsvertrages. Auch dabei sind formale Vorgaben, wie die des Vergaberechts, zu beachten. Anschließend steht der Realisierung des PPP-Projekts in der Praxis nichts mehr im Wege.

Vor dieser eigentlichen Bildung einer konkreten PPP, stellen die Partner in spe ihre Überlegungen, wenn nicht losgelöst, so doch getrennt voneinander, für sich selbst an. Hat sich eine PPP erst einmal offiziell gebildet, gilt es, die zunächst getrennt voneinander definierten Ziele in gemeinsame Zielvorstellungen zu verwandeln. Erst auf der Basis eines solchen gemeinsamen Ziel- und Aufgabenverständnisses lässt sich dann ein Katalog von Maßnahmen entwickeln, mit deren Hilfe die gemeinsamen Ziele auch tatsächlich erreicht werden können.

Die zu ergreifenden Maßnahmen werden sich von Fall zu Fall stark voneinander unterscheiden. Allerdings lassen sich Erfolgsfaktoren nennen, die sich in der Praxis als wesentliche Bestandteile für eine erfolgreiche Umsetzung des gemeinsam abgestimmten Maßnahmenplans erwiesen haben.

4 Erfolgsfaktoren bei der Umsetzung von Public Private Partnership-Projekten

4.1 Wille zur Umsetzung

Die Umsetzung eines PPP-Modells in der Praxis ist eine kaum zu überschätzende Herausforderung für alle Beteiligten. Für den Erfolg entscheidend ist es daher, dass die Führungspersonen aus Politik und Verwaltung dem PPP-Projekt höchste Priorität einräumen und es vorbehaltlos unterstützen. Aufgrund der Schwierigkeiten, ein PPP-Projekt überhaupt zu initiieren, besteht die Gefahr, dass die Bildung der PPP als eigentliche Herausforderung gesehen wird und die möglichen Schwierigkeiten bei der Umsetzung und Entwicklung der Kooperation vernachlässigt werden. Die anvisierten Potentiale realisieren sich aber keineswegs automatisch, auch wenn die zugrunde liegende Konzeption noch so ausgereift ist. Sie sind nur dann zu realisieren, wenn nicht nur in der Projektvorbereitung, sondern auch in der Realisierung genügend personelle und materielle Ressourcen für diesen Zweck zur Verfügung gestellt werden. Der Wille zur Umsetzung der Konzeption darf sich nicht nur in Absichterklärungen äußern. Er ist vielmehr in eine strukturiertes Vorgehen zur Erreichung der definierten Projektziele umzusetzen.

4.2 Offenheit und Transparenz

Jede erfolgreiche und langfristig angelegte Partnerschaft erfordert ein hohes Maß an gegenseitigem Vertrauen. Grundlage jeder PPP sollte daher die Transparenz von Erwartungen, Zielsetzungen und Interessen der beteiligten Partner sein. Diese Offenheit schafft Vertrauen, hilft Konflikte rechtzeitig zu erkennen und gütlich beizulegen sowie Missverständnisse im Vornhinein zu vermeiden. Das zunächst abstrakte Prinzip Transparenz wirkt jedoch erst, wenn es in konkreten Strukturen, Prozessen und Maßnahmen gelebt wird, wie z.B. in institutionalisierten Abstimmungsgesprächen oder der genauen Dokumentation von Diskussionen, Arbeitsergebnissen und Beschlüssen. Da die Mitarbeiter der beteiligten Partnerunternehmen und Institutionen oft sehr unmittelbar von den Auswirkungen einer PPP betroffen sind, sind auch diese unmittelbar durch Gespräche und Informationsveranstaltungen und mittelbar durch Vertretungsgremien soweit wie möglich an Entscheidungen zu beteiligen und zu informieren. Erfahrungsgemäß sichert ein solcher partizipativer Ansatz die Identifikation der Mitarbeiter mit dem PPP-Modell und trägt somit entscheidend zu dessen Erfolg bei.

Erfolgreiche PPP praktizieren jedoch nicht nur Transparenz nach innen, sondern auch nach außen. Aufgrund der Beteiligung eines Partners der öffentlichen Hand und des innovativen Charakters dieser Modelle werden auch externe Gruppen ein höheres Interesse an der Tätigkeit der PPP als an anderen rein privatwirtschaftlichen Unternehmungen haben. Diesem Interesse gilt es, durch eine möglichst offene Informationspolitik gegenüber Promotoren und Entscheidungsgremien der Politik, den Bürgern und der Öffentlichkeit sowie bisherigen und künftigen Lieferanten und anderer Geschäftspartnern, nachzukommen.

In jedem Fall ist es empfehlenswert, sich von Beginn an der Schützenhilfe seitens der Politik zu versichern, wenn die Initiative für diese Überlegungen nicht von vornhinein von der Politik ausging. Denn erst wenn auch die politischen Spitzen und Entscheidungsgremien von der PPP-Idee überzeugt sind und ihre Zustimmung geben, können die nächsten Schritt überhaupt erfolgen. Parallel sollte ebenfalls bereits zu Beginn der Planungen geprüft werden, ob und welche mitbestimmungspflichtigen Tatbestände mit der Bildung einer PPP einhergehen könnten. In jedem Fall empfiehlt es sich, eine frühe und intensive Einbindung von Personalvertretungen in allen Projektphasen einzubeziehen. So können potentiell konfliktträchtige Fragen rechtzeitig abgestimmt und die Akzeptanz der PPP auch von Mitarbeiterseite langfristig erhalten werden.

4.3 Umsetzungskonzeption

Dreh- und Angelpunkt jeder erfolgreichen Realisierung ist eine gemeinsam entwickelte und von allen Partnern getragene Umsetzungskonzeption. Erst sie ermöglicht ein strukturiertes und planvolles Vorgehen auf dem Weg von einer Partnerschaft auf dem Papier zu einer Partnerschaft in der Praxis. Bestandteile einer solchen Konzeption sollten u. a. sein:

- Darlegung der Grundphilosophie und der Grundgedanken der PPP
- Darstellung der Ausgangssituation/IST-Situation
- Definition der Ziele und der SOLL-Situation
- Vorstellung der Methode(n) und Vorgehensweise zur Zielerreichung
- Strukturierung der einzelnen Aufgabenfelder in Projektmodule
- Konkretisierung der definierten Module in Maßnahmen(pläne)
- Überblick über Projektorganisation und Entscheidungsprozesse
- Verteilung von (Umsetzungs-)Verantwortlichkeiten und Entscheidungsbefugnissen

- Definition von Controllinginstrumenten
- Zeitpläne mit definierten Deadlines und Meilensteinen

Aufgrund der Komplexität von PPP-Projekten wird es selbst bei gründlicher Vorbereitung der beteiligten Partner und klarer Zielvorstellungen nicht gelingen, bei Umsetzungsbeginn eine abschließende Realisierungskonzeption zu entwickeln. Erfahrungsgemäß ist es gerade bei PPP-Projekten nicht zielführend, eine einmal zu Projektbeginn beschlossene Konzeption starr zu verfolgen. Da sich die beteiligten Partner erst gegenseitig kennen lernen müssen, ist einem dynamischen Ansatz der Vorzug zu geben. So verstandenen ist die Umsetzungskonzeption als Arbeitsinstrument zu verstehen, das den jeweiligen Gegebenheiten flexibel angepasst wird und den jeweils aktuellen Projektstand widerspiegelt. Bei aller Flexibilität dürfen dabei jedoch die Projektziele nicht aus den Augen verloren werden.

4.4 Aufbau gemeinsamer Strukturen und Prozesse

Eine PPP kann nur zum Leben erweckt werden, wenn die beteiligten Partner gemeinschaftliche Strukturen entwickeln. Wie differenziert diese Strukturen im Einzelfall ausgestaltete werden, hängt im hohen Maße vom Kooperationsmodell ab. Das trifft insbesondere auf die organisatorischen Zusammenhänge zu, die für die Gesamtdauer der PPP zu schaffen sind. In jedem Fall empfiehlt es sich, zusätzlich eine Projektorganisation aufzubauen, die lediglich die unmittelbare Aufbauphase begleitet. Sie ist ein wichtiger Bestandteil der Umsetzungskonzeption und legt Entscheidungsstrukturen und Verantwortlichkeiten fest. Typischerweise wird diese Organisation aus einem Entscheidungsgremium bestehen (z.B. in Form eines Lenkungskreises), in dem die wichtigsten Entscheidungsträger der Partner vertreten sind.

Eine Projektgruppe, ebenfalls gemischt besetzt, wird die Projektarbeit an sich steuern und weitere Untereinheiten zur operativen Durchführung einzelner Aufgabenmodule aufbauen. Zur weiteren Struktur der Projektorganisation sind externe Gremien zu zählen, wie z.B. politische Aufsichtsgremien oder der Personalrat.

Diese organisatorischen Strukturen können ihren Zweck nur dann erfüllen, wenn ihr Zusammenspiel durch definierte Prozesse geregelt wird. Entscheidungskompetenzen sowie Rechte und Pflichten der einzelnen Einheiten sind klar zu definierten und voneinander abzugrenzen. Abstimmungsprozesse sollen institutionalisiert werden. So ist z.B. zu definieren, welche Entscheidungen vom Lenkungskreis, vom Projektteam oder einzelnen Arbeitsgruppen gefällt werden dürfen, wie Ergebnisse und Entscheidungen zu dokumentieren sind und wer über welche Entscheidungen wann zu informieren ist. Ein Kernstück dieser Prozesse sollten leistungsfähige Berichts- und Controllingmechanismen bilden. Nur wenn eine permanente Erfolgskontrolle erfolgt, kann flexibel auf Probleme, wie z.B. zeitliche Verzögerungen, reagiert und die Umsetzungsplanung entsprechend angepasst werden.

5 Fazit: Public Private Partnership als Chance erfolgreich gestalten

PPP sind aufgrund der Beteiligung eines Partners der öffentlichen Hand eine besondere Kooperationsform. Insbesondere die formellen Anforderungen bei der Schaffung dieser Kooperationen stellen die beteiligten Partner vor große Herausforderungen. Trotz dieser potentiellen Hemmnisse ist zu erwarten, dass sich PPP auch in Deutschland verstärkt durchsetzen werden. Sowohl die öffentliche Hand als auch die private Wirtschaft können von diesen Modellen profitieren. Es bleibt daher zu hoffen, dass die erst kürzlich durch das Grünbuch der EU-Kommission zu öffentlich-privaten Partnerschaften angeregte Debatte dazu beiträgt, PPP-Modelle weiter zu fördern.

Wie bei Kooperationen in der privaten Wirtschaft auch, leben PPP insbesondere vom Umsetzungswillen der Beteiligten. Wirtschaftliche Vorteile sind grundsätzlich nur durch eine Veränderung der Leistungskonzeption und der dahinter liegenden Arbeitsabläufe zu realisieren. Insbesondere für die öffentliche Hand und deren spezifische Strukturen und Rahmenbedingungen liegt hierin die größte Herausforderung für die erfolgreiche Umsetzung.

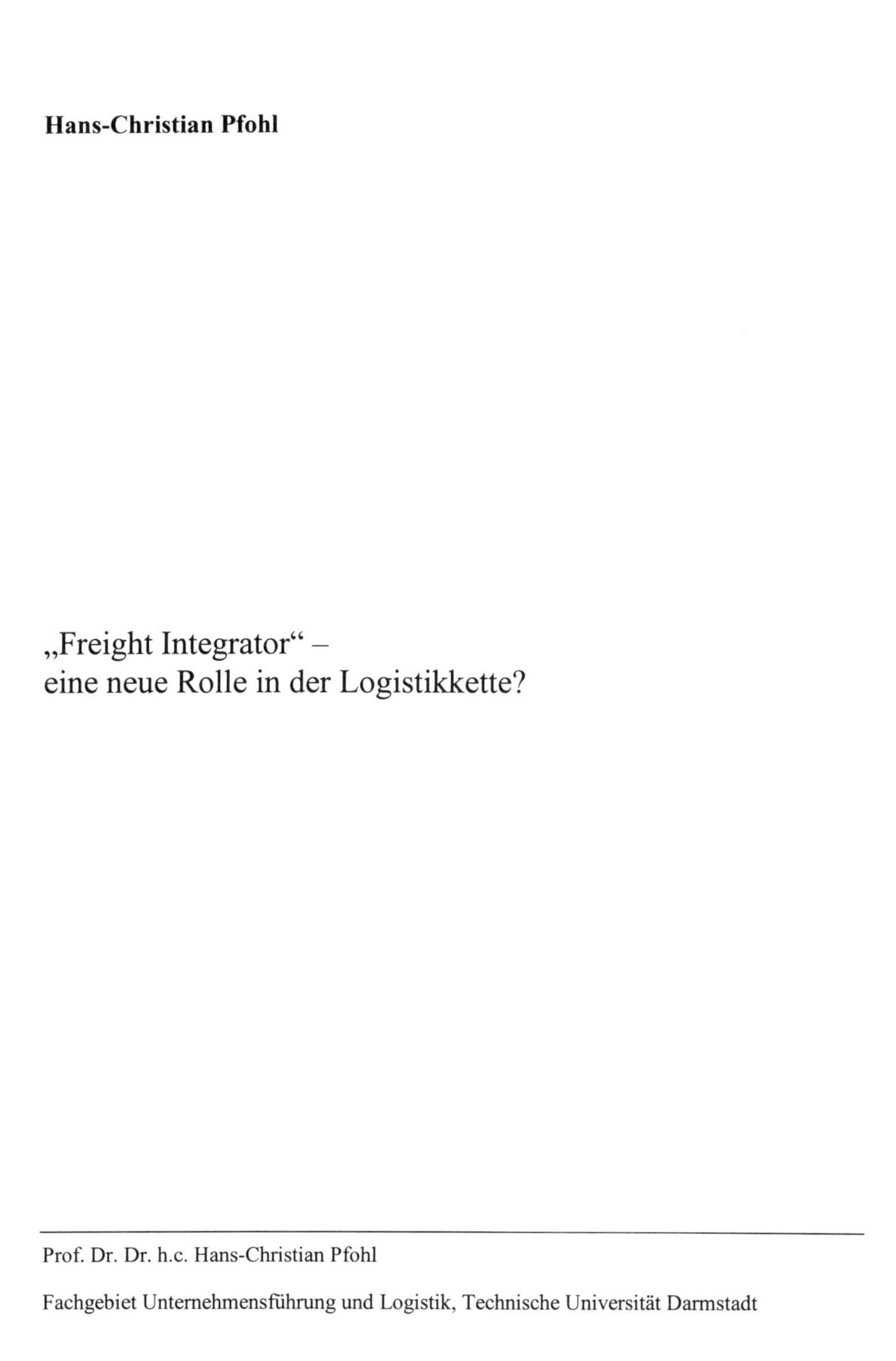

Hans-Christian Pfohl

„Freight Integrator" – eine neue Rolle in der Logistikkette?

Prof. Dr. Dr. h.c. Hans-Christian Pfohl

Fachgebiet Unternehmensführung und Logistik, Technische Universität Darmstadt

Inhaltsverzeichnis

1 Einleitung

Die in den letzten Jahren anwachsende globale Arbeitsteiligkeit der Wirtschaft, die zunehmende Konzentration vieler Unternehmen auf ihre Kernkompetenzen und die damit verbundene Bildung komplexer Unternehmens- bzw. Zuliefernetzwerke sowie sich daraus ergebende internationale Güter- und Warenstromsysteme haben zu einer erhöhten Bedeutung des Güterverkehrs geführt. Dieser sieht sich mit folgenden Problembereichen konfrontiert:

- Wandel der Nachfrage- und Angebotsstrukturen auf den Verkehrsmärkten,
- steigende ökologische Anforderungen an den Güterverkehr,
- zunehmende Bedeutung verkehrsträgerübergreifender Zusammenarbeit.[1]

Entstehungsgrund dieser Problembereiche ist der ungeachtet der derzeitigen Konjunkturschwäche zunehmende Güterverkehr in Deutschland und Europa. Dem grenzüberschreitenden Verkehr mit den mittel- und osteuropäischen EU-Beitrittsländern wird bspw. ein Güterverkehrswachstum von etwa 350 Prozent vorhergesagt.[2] Die Abwendung des sich abzeichnenden Verkehrsinfarktes auf der Straße bedarf deshalb einer erheblichen Steigerung der Effizienz der anderen Verkehrsträger sowie eines massiven Anstiegs der Vernetzung (Intermodalität). Als Weg zur Erreichung einer höheren Intermodalität im Güterverkehr wurde von der Europäischen Kommission im Rahmen des Weißbuchs „Die europäische Verkehrspolitik bis 2010: Weichenstellungen für die Zukunft"[3] das potenzielle Berufsbild des Güterverkehrskonsolidators bzw. „Freight Integrators" eingeführt, dessen Aufgabe es sein soll, auf europäischer und globaler Ebene die spezifischen Qualitäten bzw. Verkehrswertigkeiten der einzelnen Verkehrsträger zu kombinieren,[4] um somit den Kunden die beste Dienstleistung hinsichtlich Effizienz von Beförderung, Preis und Umweltauswirkungen (wirtschaftlich, ökologisch und energetisch) bieten zu können. Insbesondere soll er auch den kleinen und mittleren Logistikunternehmen die Teilnahme am intermodalen Verkehr ermöglichen.

Die Europäische Kommission erhofft sich, mit dem Konzept des „Freight Integrators" den unausgeglichenen Modal Split in Europa zu glätten und den Anteil der mit dem Lkw transportierten Güter, der zur Zeit 44 Prozent beträgt, zu senken. Ziel ist es, die für Haus-zu-Haus-Verkehre wenig geeigneten, aber im Gegensatz zum Straßenverkehr noch freie Kapazitäten

---

[1] Vgl. Polzin, 1999, S. 1.

[2] Vgl. Stüer, 2004, S. 172.

[3] Vgl. EU-Kommission, 2001, S. 51 ff. und Aberle, 2002, S. 107 ff.

[4] Vgl. Pfohl, 2004, S. 173 ff; Aberle, 2000, S. 20 ff. und Ihde, 2001, S. 197 ff.

bietenden Verkehrsträger Binnenschiff, Kurzstreckenseeverkehr und Schiene als festen Bestandteil intermodaler Transportketten zu etablieren.

Der „Freight Integrator“ soll diesbezüglich als „Organisator“ des intermodalen Verkehrs agieren und ohne Vorbehalte die unter umweltschonenden, wirtschaftlichen und gesellschaftlichen Aspekten beste Kombination an Verkehrsträgern für diese intermodalen Transportketten zusammenstellen.

Basierend auf den Anforderungen des Weißbuches und auf vergleichbaren Konzepten wurde durch das von der EU-Kommission beauftragte Projektkonsortium eine Definition für den Begriff „Freight Integrator“ entwickelt, die eine Beschreibung der relevanten Aufgabenfelder beinhaltet. Darauf aufbauend wurden 46 international agierende Logistikdienstleister nach den unterschiedlichen Charakteristika und Indikatoren eines „Freight Integrators“ befragt. Die Untersuchung gibt sowohl einen Einblick in den Status Quo als auch in die zukünftige Entwicklung des intermodalen Verkehrs und leitet Handlungsempfehlungen für weitere Aktivitäten seitens der Europäischen Kommission ab.

2 Die Studie

2.1 Zielsetzung der Studie[5]

Die Studie hatte die Zielsetzung, die Rahmenbedingungen und Möglichkeiten des „Freight Integrator“-Konzeptes, welches von der Europäischen Union im „White Paper“ vorgeschlagen wurde, zu evaluieren. Das Konzept befasst sich mit der nachhaltigen und umweltfreundlichen Organisation des intermodalen Komplettladungsverkehrs sowie der Entkopplung von Verkehr und Wirtschaftswachstum.

Teil dieser Studie war, basierend auf bereits existierenden, vergleichbaren Konzepten, die Entwicklung einer Definition des Begriffes „Freight Integrator“, um Unternehmen zu identifizieren, welche heute schon in diesem Gebiet tätig sind.

Mittels Fragebögen und zusätzlichen Interviews konnten gegenwärtige Problemfelder des intermodalen Transportes aus Sicht der Unternehmen identifiziert werden. Diese können gemeinsam mit politischen Handlungsempfehlungen Grundlagen für weitere Aktivitäten der Europäischen Kommission, insbesondere für einen „Freight Integrator“-Action-Plan sein.

---

[5] Die folgenden Ausführungen basieren auf dem Forschungsbericht für die Europäische Kommission, der vom Konsortium für das Directorate-General for Energy and Transport erstellt wurde.

2.2 Konsortium

Die Studie wurde von einem Konsortium, bestehend aus fünf Institutionen, durchgeführt:

ZLU –Zentrum für Logistik und Unternehmensplanung GmbH, Logistics Consultancy

- Koordinator der Studie
- Verantwortlich für alle Untersuchungen, die den Landverkehr betreffen

International Scheldt Faculty (ISF)

- Länderübergreifendes Netzwerk von Bildungsinstitutionen, regionalen Unternehmen und Ministerien
- Verantwortlich für alle Transportangelegenheiten

European Intermodal Association (EIA)

- Nichtstaatliche Organisation zur Förderung des intermodalen Güterverkehrs
- Verantwortlich für die Bereitstellung praktischer Erfahrungen ihrer Mitglieder

KRAVAG-LOGISTIC Versicherungs AG

- Versicherungsunternehmen für Haftpflichtversicherungen von Lkw-Transportunternehmen und Speditionen
- Verantwortlich für alle Haftungsfragen

European Logistics Association (ELA)

- Vereinigung von etwa 30 nationalen Logistikverbänden
- Verantwortlich für die Kontakte zu den Logistikdienstleistern

2.3 Zusammensetzung der befragten Unternehmen

46 Unternehmen aus den 15 EU-Ländern und 11 Beitrittsländern der EU sendeten im Jahr 2003 die ausgefüllten Fragebögen zurück. Mit 33 Unternehmen wurden zusätzliche Interviews geführt. Über 60% der befragten Unternehmen waren klein- und mittelständische Unternehmen und ungefähr 80% organisieren intermodale Transporte. Unternehmen bieten ihre Dienstleistung sowohl den Mutter- oder Tochtergesellschaften an, als auch dritten Unternehmen mit oder ohne eigene „assets“ (Investitionen in KV-Anlagevermögen). Die Abbildungen 1 und 2 geben einen Überblick über die ausgewählte Stichprobe an Unternehmen.

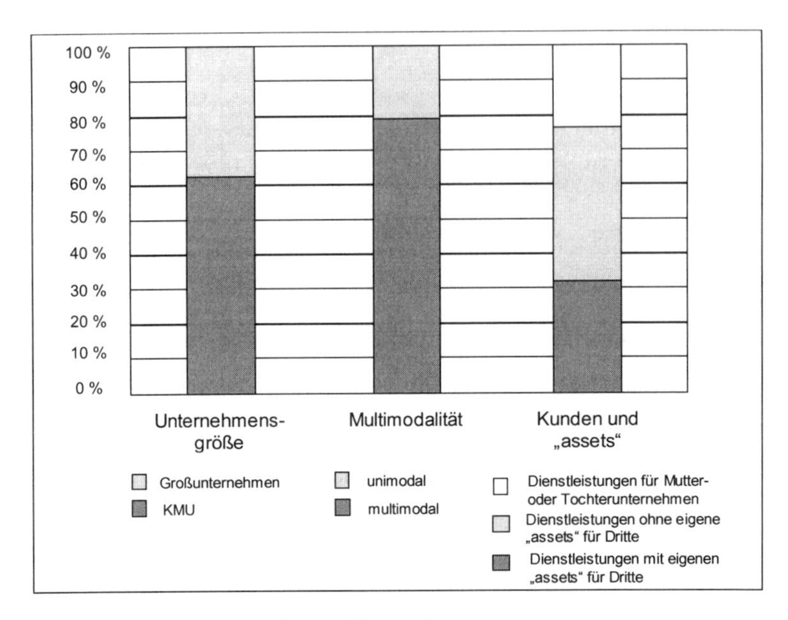

Abb. 1: Zusammensetzung der befragten Unternehmen

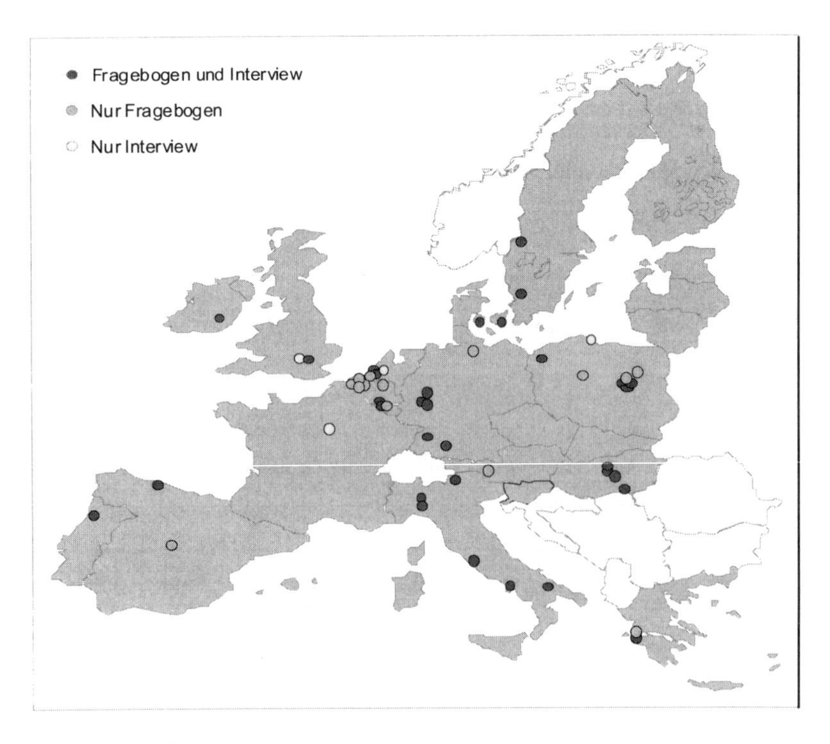

Abb. 2: Länderverteilung

3 Definition des "Freight Integrators" und vergleichbare Konzepte

„Freight Integrators" werden definiert als Transportdienstleister, welche Komplettladungsverkehre und Haus-zu-Haus-Verkehre organisieren, indem sie dazu ohne Vorbehalte die nachhaltigsten und effizientesten Beförderungsarten auswählen und miteinander kombinieren.

Diese Definition soll die für einen „Freight Integrator" notwendigen Grundanforderungen beinhalten, diese jedoch gleichzeitig so offen wie möglich halten. Obwohl der Schwerpunkt auf Komplettladungsverkehren liegt, bedeutet das, dass nicht jede, aber ein Großteil der Sendungen zu diesem Segment gehören sollten. Das gleiche gilt für intermodale Transporte und Haus-zu-Haus-Verkehre. Außerdem ist die Berücksichtigung unterschiedlicher Beförderungsarten und die Wahl der dabei effizientesten und nachhaltigsten Arten für die Organisation dieser Verkehre unerlässlich.

Der Transportanteil bei den Komplettladungsverkehren, welche schwerpunktmäßig den Markt der „Freight Integrator" bilden, wurde in Europa auf 477 Mr. tkm geschätzt. Dies entspricht in etwa einem Fünftel der gesamten europäischen Transportleistung. Hiervon erfolgen mehr als die Hälfte über die Straße, ein Drittel über Kurzstreckenseeverkehre („Short Sea Shipping") und der Rest überwiegend über die Schiene. Die Abbildungen 3 und 4 schlüsseln den Markt für Komplettladungsverkehre auf.

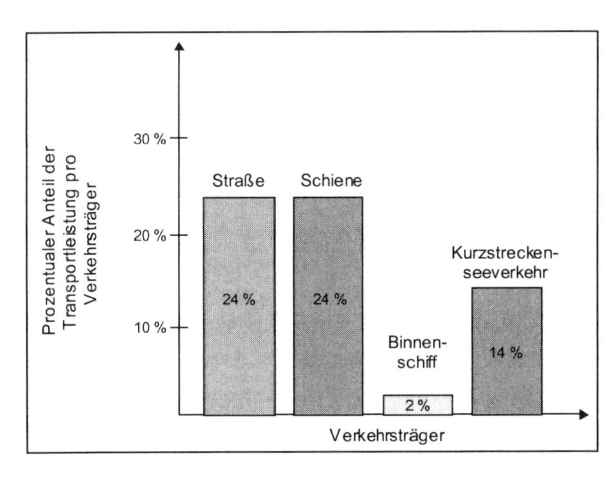

Abb. 3: Marktanteil von Komplettladungsverkehren

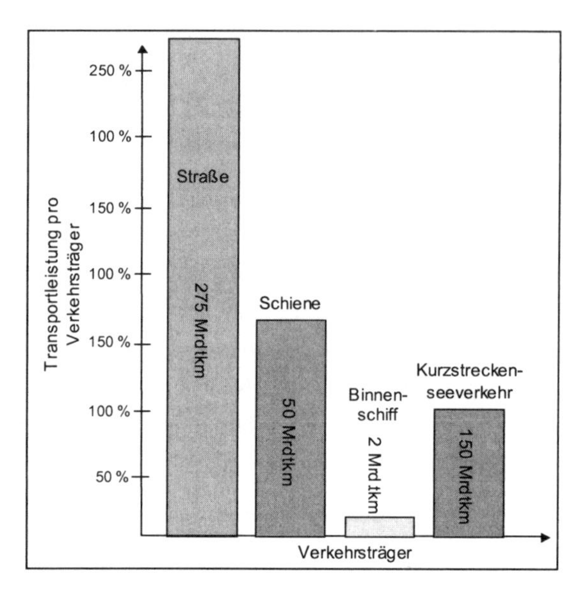

Abb. 4: Markt für Komplettladungsverkehre

Vergleichbare Konzepte zu den „Freight Integrators" sind die konventionellen Spediteure, bei denen allerdings der intermodale Verkehr als unvoreingenommene Wahl nicht nur der effizientesten, sondern auch der nachhaltigsten Beförderungsart als ein Schwerpunkt fehlt. Intermodale Vermittler/Agenten sind indessen nicht so stark bei der Organisation von Verkehren involviert. Und schließlich sind die heutigen Integratoren vor allem im KEP-Markt tätig und konzentrieren sich deshalb mehr auf die Konsolidierung von Transporten.

4 Identifikation von "Freight Integrators"

4.1 Indikatoren

Um mögliche "Freight Integrators" im heutigen Markt zu identifizieren, wurden zehn grundlegende Kriterien festgelegt, welche für die Ausübung einer Frachtintegration als relevant erachtet werden. Für jeden Indikator konnten die Unternehmen zwischen 0 und 3 Punkte angeben. Die Punkte wurden entsprechend dem Schema, das in den nächsten Kapiteln erläutert wird, vergeben.

Spezialisierung auf Komplettladungen

Im Gegensatz zu KEP-Lieferungen oder Teilladungen und deren Konsolidierung organisieren „Freight Integrators" entsprechend ihrer Definition Komplettladungs-Transportketten. Komplettladungen sind das schwerpunktmäßige Geschäftsfeld der „Freight Integrators" und sollten ein zentraler Bestandteil ihrer Geschäftstätigkeit sein. Dies bedeutet, dass sich diese Unternehmen auf Komplettladungen spezialisiert haben. Die Spezialisierung auf Komplettladungen als Indikator wird durch den prozentualen Anteil der Komplettladungen am Gesamttransportaufkommen ausgedrückt (vgl. Tab 1).

Umsatz in Prozent		Umsatz absolut	Klassifikation	Punkte
60 – 100 %	oder	> 150 Mio €	*Spezialist für Komplettladungen*	■■■
40 – 60 %	oder	25-150 Mio €	*Komplettladungen als relevantes Geschäftsfeld*	■■□
20 – 40 %	oder	5-25 Mio €	*Komplettladungen als geringes Geschäftsfeld*	■□□
0 – 20 %	oder	< 5 Mio €	*Keine Spezialisierung auf Komplettladungen*	□□□

Tab. 1: Spezialisierung auf Komplettladungen

Relevante Marktbeteiligung im Bereich intermodaler Transporte

Die Bedeutung der Rolle, die ein Unternehmen im Markt für Komplettladungsverkehre spielt, kann von seinem Umsatz als absolutem Wert abgeleitet werden (vgl. Tab. 2).

Intermodaler Umsatz	Klassifikation	Punkte
Umsatz > 50 Mio €	*Wichtiger Akteur im intermodalen Markt*	■■■
Umsatz 15 - 50 Mio €	*Relevanter Akteur im intermodalen Markt*	■■□
Umsatz 1 - 15 Mio €	*Kleiner Akteur im intermodalen Markt*	■□□
Umsatz < 1 Mio €	*Kein relevanter Akteur im intermodalen Markt*	□□□

Tab. 2: Bedeutung eines Unternehmens im Markt für Komplettladungsverkehre

Intermodaler Transport als relevantes Geschäftsfeld des Unternehmens

Die Intermodalität spielt eine wichtige Rolle bzgl. der Frachtintegration, da sie ein Hauptkriterium für die Definition eines „Freight Integrators" ist. Die Hauptidee hinter diesem Ansatz liegt in der Stärkung des intermodalen Transports bei gleichzeitiger Förderung der bislang vernachlässigten Beförderungsarten, wie zum Beispiel Schienen- und Wassertransporte (vgl.

Tab. 3). Diese Verkehrsträger verursachen geringere negative externe Effekte und haben somit einen positiven Effekt auf die Nachhaltigkeit des Umweltschutzes.

Anteil des Umsatzes	Klassifikation	Punkte
55 – 100 % intermodal und LKW-Alternativen	„Intermodal" als ein Geschäftsfeld von hohem Interesse	■■■
35 – 55 % intermodal und LKW-Alternativen	„Intermodal" als interessantes Geschäftsfeld	■■□
15 – 35 % intermodal und LKW-Alternativen	Geringes Interesse am intermodalen Geschäft	■□□
0 – 15 % intermodal und LKW-Alternativen	„Intermodal" als kein relevantes Geschäftsfeld	□□□

Tab. 3: Anteil der Intermodalität

Bekenntnis zur Intermodalität im Allgemeinen

Die Evaluierung des Ausmaßes, mit welchem ein Unternehmen bereit und fähig ist, intermodale Transporte in seinem „Service-Portfolio" aufzunehmen, geschieht in Abhängigkeit davon, ob auch andere Verkehre außer Komplettladungsverkehre intermodal durchgeführt werden. Wenn dem so ist, wird eine hohe Neigung zur Intermodalität angenommen. Insbesondere sollte die Bekenntnis zum intermodalen Transport auch durch Strategiepapiere, Leitbilder oder in der Organisationsstruktur der Unternehmen sichtbar gemacht werden (vgl. Tab. 4).

Klassifikation	Beispiele	Punkte
Hohes Bekenntnis zur Intermodalität	*z.B. Teil der Strategie, soll ausgeweitet werden, für Teilladungen*	■■■
Bekenntnis zur Intermodalität	*z.B. eigene Abteilung, Teil der Strategie*	■■□
Geringes Bekenntnis zur Intermodalität	*z.B. eigene Abteilung, keine Strategie*	■□□
Kein Bekenntnis zur Intermodalität	-	□□□

Tab. 4: Bekenntnis zur Intermodalität

Wissen und Erfahrung

Die Schlüsselfaktoren für einen guten Service und die Erreichung von exzellenten „Best-Practice"-Lösungen sind hauptsächlich Erfahrung und Wissen (vgl. Tab. 5). Diese sind der relevanteste Faktor zur Bewertung der besten Lösung für ein Transportproblem. Die Erfahrungen sollten jedoch weit gestreut sein und sich nicht nur auf eine der anwendbaren Beförderungsarten konzentrieren. Insbesondere im sich schnell ändernden und vorranschreitenden Transportwesen können Erfahrung und Wissen fundamental für den Erfolg sein. Dies liegt an der ständig zunehmenden Komplexität und der schnelleren Veränderung des Geschäftsumfeldes der Transportunternehmen.

Klassifikation	Beispiele	Punkte
Hohes Wissen mit regelmäßig weitergebildeten Spezialisten	*z.B. langjährige Erfahrung, spezielle Weiterbildung*	■■■
Gutes Wissen und Erfahrungen	*z.B. Erfahrung und Weiterbildung*	■■□
Wissen und Erfahrungen existieren	*z.B. Erfahrung oder Weiterbildung*	■□□
Wenig Wissen und Erfahrungen	-	□□□

Tab. 5: Erfahrung und Wissen

Idee eines nachhaltigen Umweltschutzes

Das Bewusstsein für ökologische Aspekte – sowohl innerhalb der Unternehmen als auch auf der Kundenseite – ist ein wichtiger Gesichtspunkt bei der Behandlung von Themen, wie z.B. der Wahl von Verkehrsträgern. Wenn das Bewusstsein für solche Fragestellungen fehlt, wird ein diesbezüglich nachhaltiger Ansatz sehr schwer umsetzbar sein. Die Unternehmen wurden unter anderem gebeten, sechs Fragen zu beantworten, welche ihre Unterstützung hinsichtlich Umweltthemen beschreiben soll:

- Ist nachhaltiger Umweltschutz ein Thema in ihrem Tagesgeschäft?
- Sind Fragen zur Ökologie und Nachhaltigkeit Gegenstände in ihren Angeboten?
- Berücksichtigen Sie Aspekte hinsichtlich Nachhaltigkeit/ökologischer Effekte im Rahmen Ihrer (strategischen) Transportplanung?
- Kalkulieren/schätzen Sie die Preisunterschiede zwischen dem Straßenverkehr und weniger umweltbelastenden Verkehrsträgern und vergleichen Sie diese mit möglichen positiven ökologischen Effekten?
- Zeigen Sie Ihren Kunden den Preisunterschied für umweltfreundlichere Verkehrsträger als den LKW, indem Sie die ökologischen Effekte erwähnen?
- Verwenden Sie Nachhaltigkeit und umweltfreundliche Verkehrsträger als Marketinginstrument?

Eine Klassifikation anhand der Anzahl positiver Antworten ist in Tabelle 6 dargestellt.

Anzahl der Antworten mit "ja"	Klassifikation	Punkte
5x / 6x "ja"	*Sehr hohe Unterstützung der Idee eines nachhaltigen Umweltschutzes*	■■■
3x / 4x "ja"	*Überwiegende Unterstützung der Idee eines nachhaltigen Umweltschutzes*	■■□
1x / 2x "ja"	*Geringe Unterstützung der Idee eines nachhaltigen Umweltschutzes*	■□□
0x "ja"	*Keine Unterstützung der Idee eines nachhaltigen Umweltschutzes*	□□□

Tab. 6: Unterstützung von Umweltthemen

Ökonomische Begründung der Intermodalität

„Freight Integrators“ wählen die Verkehrsträger unter Berücksichtigung der Effektivität hinsichtlich der Nachhaltigkeit. „Freight Integrators“ arbeiten jedoch in einer unternehmerischen Umwelt des Transportmarktes. In diesem Markt ist nicht nur die beste Lösung für die Umwelt von Bedeutung, sondern Unternehmen müssen sich auch wirtschaftlich ihren Konkurrenten gegenüber bewähren, um zu überleben. Nachhaltigkeit bedeutet, dass nicht nur die nachhaltige Umweltfreundlichkeit berücksichtigt werden muss, sondern auch die ökonomische Nachhaltigkeit. Eine funktionierende Marktwirtschaft basierend auf den Regeln von Angebot und Nachfrage ist die Basis für einen beständigen Erfolg am Markt. Vier Indikatoren liefern Informationen über die ökonomische Untermauerung von intermodalen Entscheidungen:

- Die Entscheidung für intermodale Transporte basiert auf ökonomischen Gründen (z.B. Preis, Zeit, Zuverlässigkeit),
- Berechnung oder Schätzung von Kosten für Verspätungen,
- Berechnung oder Schätzung von Staukosten,
- Kosten für Verspätungen und Stau der überlasteten Infrastruktur führen zu einem Wechsel der Verkehrsträger hin zur Intermodalität.

Tabelle 7 zeigt eine Klassifikation der Bedeutung ökonomischer Gründe für die Wahl von Intermodalität.

Klassifikation	Punkte
Für die Wahl von Intermodalität sind ökonomische Gründe von großer Bedeutung	■■■
Für die Wahl von Intermodalität sind ökonomische Gründe von Bedeutung	■■□
Für die Wahl von Intermodalität sind ökonomische Gründe von geringer Bedeutung	■□□
Für die Wahl von Intermodalität spielen ökonomische Gründe keine Rolle	□□□

Tab. 7: Bedeutung ökonomischer Gründe für die Wahl von Intermodalität

Kundenbeziehungen

Durch den Kontakt mit ihren Kunden besitzen die „Freight Integrators“ einen großen Einfluss auf die Kundenentscheidungen und -anforderungen hinsichtlich des Transports. Somit haben die „Freight Integrators“ eine hohe Bedeutung für eine größere Aufgeschlossenheit des Kunden gegenüber der Intermodalität. Hierbei müssen sie dem Kunden die notwendigen Informationen über Intermodalität liefern und gleichzeitig ihre Vorteile durch spezielle intermodale Lösungen aufzeigen.

Die Qualität der Kundenbeziehung kann anhand der folgenden Fragen gemessen werden:

- Bieten „Freight Integrators" einen Vertrag für die gesamte Transportkette an?
- Wirbt das Unternehmen bei seinen Kunden aktiv für Intermodalität?
- Überzeugt das Unternehmen die Kunden von der Intermodalität?
- Bietet das Unternehmen spezielle intermodale Lösungen für seine Kunden an?

Eine Klassifikation ist in Tabelle 8 dargestellt.

Anzahl der Antworten mit "ja"	Klassifikation	Punkte
3x / 4x "ja"	*Aktive Kundenbeeinflussung „pro" Intermodalität*	
2x "ja"	*Förderung der Kundenbeeinflussung „pro" Intermodalität*	
1x "ja"	*Wenig Kundenbeeinflussung bezüglich Intermodalität*	
0x "ja"	*Keine Kundenbeeinflussung bezüglich Intermodalität*	

Tab. 8: Kundenbeeinflussung

Kooperationen und Partner

Durch das Angebot einer Vielzahl an Dienstleistungen bei gleichzeitig abnehmenden Frachtsätzen wird es für die Erfüllung der Kundenerwartungen immer wichtiger, in Partnerschaften und Kooperationen organisiert zu sein. Ein breit gespanntes Netz von Kontakten und Partnern schafft gute Voraussetzungen, um auf dem gegenwärtigen Wettbewerbsmarkt und auch im Hinblick auf die zukünftigen Erwartungen hinsichtlich der Anforderungen an einen nachhaltigen Transport bestehen zu können. Derartige Kooperationen erleichtern innovative Lösungen zur Verbesserung des Transport- oder Informationsaustausches innerhalb eines Netzwerkes.

Um die Qualität des Partnernetzwerkes eines Unternehmens zu evaluieren, werden die folgenden Informationen verwendet:

- Anzahl der Partner für diejenigen benutzten Beförderungsarten, welche nicht direkt vom Unternehmen angeboten werden,
- Informationen über Partner und aktives Networking,
- Organisation der Netzwerke,
- Rahmenbedingung für Kooperationen,
- Nachfrage nach und Angebot an Kapazitäten im Internet.

In Tabelle 9 ist eine Klassifikation hinsichtlich der Qualität des Partnernetzwerks dargestellt.

Klassifikation	Punkte
Weites Partnernetzwerk aktiv betreut	■■■
Partnernetzwerk existiert und wird betreut	■■□
Kleines Partnernetzwerk nicht aktiv betreut	■□□
Schwaches Partnernetzwerk	□□□

Tab. 9: Qualität des Partnernetzwerks

Europaweite Ausrichtung der Geschäfte

Intermodale Transporte zu organisieren, bedeutet oftmals, internationale Transporte zu organisieren. In welchem Ausmaß dieses geschieht, ist abhängig von der Akquirierung neuer Kunden. Der Umfang der abgedeckten Regionen ist aber auch ein bedeutender Indikator dafür, wie viel Erfahrung ein Unternehmen tatsächlich besitzt. Weniger erfahrene Unternehmen werden eher in einem Gebiet agieren, das sie überschauen können. Das gleiche gilt grundsätzlich für die Herkunft der Kunden. Unternehmen mit einer hohen Reputation werden im Ausland einen höheren Bekanntheitsgrad besitzen und gleichzeitig auch ihre Erfahrungen und das Wissen auf dem Gebiet des Transports in den Vordergrund stellen. Das Klassifikationsschema zur europäischen Ausrichtung der Geschäfte ist in Tabelle 10 dargestellt.

Durchschnittliche Punkteanzahl	Klassifikation	Punkte
3 Punkte	*Starke Ausrichtung auf europäische und weltweite Geschäfte*	■■■
2 Punkte	*Ausrichtung auf europäische und weltweite Geschäfte*	■■□
1 Punkte	*Geringe Ausrichtung auf europäische und weltweite Geschäfte*	■□□
0 Punkte	*Keine Ausrichtung auf europäische und weltweite Geschäfte*	□□□

Tab. 10: Klassifikationsschema zur europäischen Ausrichtung

4.2 Evaluierung der befragten Unternehmen

Die Unternehmen wurden in vier abschließende Kategorien eingeteilt. Um die wichtigeren Indikatoren im Vergleich zu den weniger relevanten Indikatoren zu betonen, wurden die Indikatoren nach dem in Tabelle 11 dargestellten Schema gewichtet:

Spezialisierung auf Komplettladungen	8%
Relevante Marktbeteiligung im Bereich der intermodalen Transporte	12%
Intermodaler Transport als wichtiges Geschäftsfeld des Unternehmens	14%
Bekenntnis zur Intermodalität im Allgemeinen	14%
Wissen und Erfahrung	10%
Idee eines nachhaltigen Umweltschutzes	12%
Ökonomische Begründung der Intermodalität	8%
Kundenbeziehungen	8%
Kooperationen und Partner	8%
Europaweite Ausrichtung der Geschäfte	6%

Tab. 11: Gewichtungsschema

Der sich ergebende Durchschnitt wurde nochmals zwischen 3 und 0 Punkten klassifiziert (vgl. Tab. 12). Dies bedeutet, dass mit 3 Punkten (gleichzusetzen mit 3 Punkten in jeder Kategorie) die höchst mögliche Entwicklung zum „Freight Integrator" und mit 0 Punkten (gleichzusetzen mit 0 Punkten in jeder Kategorie) keine Entwicklung zum „Freight Integrator" bezeichnet wurde. Tatsächlich wurde keines der Extrema erreicht, aber innerhalb des Intervalls ergab sich eine enorme Vielfalt an Werten. Die Spanne zwischen 0 und 3 Punkten wurde in vier gleich große Klassen eingeteilt, welche gleichzeitig die vier Kategorien für den Entwicklungsstand hin zur Frachtintegration darstellten:

Durchschnittliche Punkteanzahl	Klassifikation
2,25 – 3,00 Punkte	*Hochentwickelter „Freight Integrator"*
1,50 – 2,25 Punkte	*Unternehmen hat sich zu einem „Freight Integrator" entwickelt*
0,75 – 1,50 Punkte	*Geringe Entwicklung zum „Freight Integrator",aber erste Maßnahmen ergriffen*
0,00 – 0,75 Punkte	*Keine Entwicklung zu einem „Freight Integrator"*

Tab. 12: Entwicklung zum Freight Integrator.

Hochentwickelter „Freight Integrator": Die Anzahl der in der Stichprobe gefundenen hochentwickelten „Freight Integrator" ist gering.

Unternehmen hat sich zu einem „Freight Integrator"entwickelt: Eine Vielzahl der befragten Unternehmen gehören der zweiten Klasse an und haben sich somit bereits zu einem „Freight Integrator" entwickelt. Diese Unternehmen haben zwar nicht die volle Punktzahl für die meisten Indikatoren, haben aber in der Regel mehr Stärken als Schwächen. Dies bedeutet, sie befinden sich auf einem guten Entwicklungsstand mit einigen verbesserungswürdigen Punkten.

Geringe Entwicklung zum „Freight Integrator", aber erste Maßnahmen bereits ergriffen: Diese Unternehmen sind auf dem Gebiet der Frachtintegration nicht sehr fortgeschritten. Aber alle diese Unternehmen haben einige Maßnahmen ergriffen, die es ihnen ermöglichen, früher oder später ein „Freight Integrator" zu werden, falls sie es beabsichtigen. Sie besitzen größtenteils schon ein gutes Partnernetzwerk, konzentrieren sich auf Komplettladungen und haben bereits Erfahrungen mit einem anderen Verkehrsträger als der Strasse gemacht.

Keine Entwicklung zu einem „Freight Integrator": Es gibt einige Unternehmen, die in keiner Weise in Richtung „Freight Integrator" entwickelt sind. Dies bedeutet, dass sie in einigen Kategorien keinerlei Punkte erhielten.

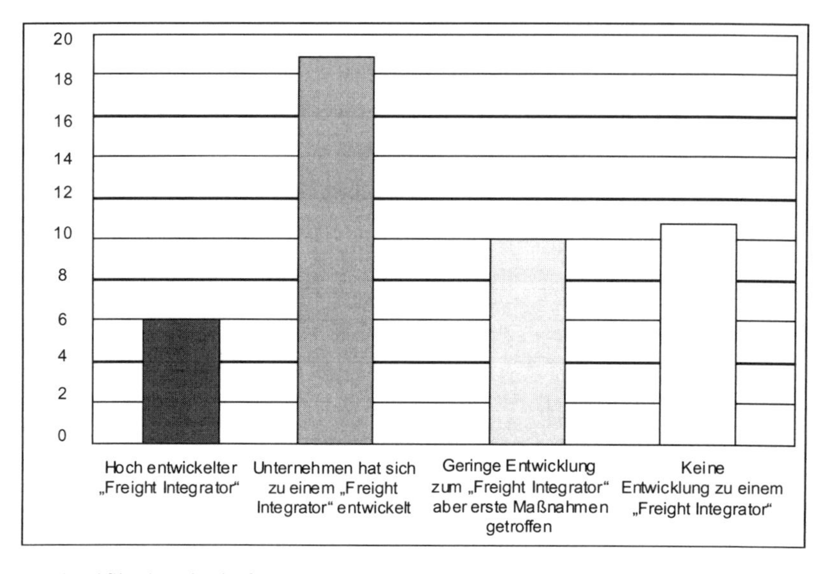

Abb. 5: Klassifikation der befragten Unternehmen

5 Rahmenbedingungen und Problemfelder

5.1 Rahmenbedingungen für "Freight Integration"

In der Studie wurden folgende Rahmenbedingungen für „Freight Integration" ermittelt:

Umweltfreundliche Verkehrsträger gewinnen an Bedeutung

- Ein breites Bewusstsein für umweltpolitische Themen ist festzustellen.
- Fast jedes Unternehmen denkt über dieses Thema nach.
- Umweltfreundlichkeit wird als Mehrwert angesehen.

Entfernungen nehmen zu

- Wachsende Konzentration der Produkte auf spezialisierte Standorte und steigende geographische Ausdehnung der Märkte
- Weitere Globalisierung
- Günstigere Frachtsätze

Wie die Güter zu ihren Kunden gelangen, spielt für die Verlader keine Rolle

- Verlader fragen vermehrt nach „Alles-aus-einer-Hand"-Lösungen für Ihre Transporte nach.
- Die wichtigsten Entscheidungskriterien sind Zeit und Preis.
- Die Zuverlässigkeit der Dienstleistung ist das zweitwichtigste Thema.
- Die Professionalität im Transport wird aufgrund der Komplexität immer wichtiger.

Container werden in bestimmten Branchen intensiv genutzt

- Container sind nahezu die perfekte Lösung für intermodale Transporte.
- Sie weisen keine technischen Probleme auf und bieten einen guten Schutz der Fracht.
- Sie bieten Flexibilität, da sie nicht sofort entladen werden müssen.
- Sie können „Tür-an-Tür" gestellt werden, um Diebstahl zu verhindern.
- In weiten Teilen der Industrie sind die Produkte containerisierbar.

Der Straßentransport wird unzuverlässiger und teurer

- Höhere Gebühren (Straßenmaut)
- Andere Beschränkungen, wie z.B. das Ökopunkte-System in Österreich
- Steigende Treibstoffkosten
- Mehr Stau auf europäischen Strassen, was zu weniger Zuverlässigkeit führt

5.2 Problemfelder

Basierend auf den Interviews konnten folgende Problemfelder identifiziert werden:

- *Transportierte Güter*: Neben den Gütern, die heutzutage nicht problemlos intermodal transportiert werden können, sind die fehlenden Rücktransporte ein spezielles Problem, das mit dem intermodalen Transport verbunden ist.
- *Container*: Den Containern, die als präferierte Transportform im intermodalen Transport angesehen werden, fehlt es neben der Verfügbarkeit auch an Standardisierung und Anpassung an spezielle intermodale Transporte.
- *Infrastruktur*: Infrastrukturelle Probleme bestehen hinsichtlich Häfen, trimodalen Terminals und des Schienennetzes.
- *Schiene*: Neben den erwähnten Service-Qualitätsproblemen in Zuverlässigkeit und Zeit, gestaltet sich der internationale Transport bei fehlenden Kooperationen kompliziert. Hohe

Preise und fehlendes Wettbewerbsdenken werden durch die Monopolstrukturen der nationalen Schienenverkehre begründet.

- *Wassertransport*: Obwohl es positive Entwicklungen gibt, werden die Binnenschifffahrt und die Kurzstreckenseeverkehre noch nicht in vollem Umfang als alternative Verkehrsträger angesehen.
- *Aus- und Weiterbildung*: Neben dem Fehlen einer europaweit existierenden profunden Ausbildung, führt speziell die fehlende Ausrichtung zum intermodalen Transport dazu, dass das Wissen häufig auf den Straßentransport fokussiert ist.
- *Mentalität/Einstellung*: Das fehlende Bewusstsein für die Möglichkeiten der Intermodalität und die Schwierigkeiten bei der Informationssuche hierüber, erschweren die Entscheidungsfindung zugunsten der Frachtintegration. Allgemein besitzt der intermodale Transport ein schlechtes Image, da er als kompliziert angesehen wird und nicht zum Routinegeschäft gehört.
- *Fehlende Anreize*: Die Transportdienstleister sehen keinen Grund, warum sie sich im intermodalen Transport engagieren sollten. Sie tun dies heute nicht, weil die generelle Meinung vorherrscht, dass in diesem Bereich kein Geld verdient werden kann.

Zusammenfassend sind die Hauptbarrieren die fehlenden Anreize, fehlende Information und Qualifikation, Infrastrukturdefizite, das schlechte Image des intermodalen Verkehrs und vermutete Schwierigkeiten hinsichtlich der Haftung und der Dokumentation.

6 Politische Handlungsempfehlungen

Aus den im vorherigen Abschnitt dargestellten ermittelten Rahmenbedingungen und Problemfeldern lassen sich Ansätze für politische Handlungsempfehlungen ableiten, die eine erfolgreiche Entwicklung der Frachtintegration und des intermodalen Verkehrs unterstützen können. Folgende neun Handlungsempfehlungen lassen sich nennen:

Einrichtung von Zentren zur Förderung des intermodalen Transports

- Solche Zentren könnten auf den bereits bestehenden Förderzentren des Kurzstreckenseeverkehrs aufgebaut werden.
- Sie könnten kostenfreie Informationen über intermodale Transporte im Allgemeinen bereitstellen.
- Mit Hilfe von Datenbanken könnten Daten über angebotene intermodale Dienstleitungen angeboten werden.
- Sie könnten Unterstützung in allen intermodalen Angelegenheiten gewähren.

Erstellung einer Homepage über intermodale Transporte

- Über Internet könnten allgemeine Informationen zum intermodalen Transport zur Verfügung gestellt werden.
- Es könnte eine Suchdatenbank von existierenden intermodalen Dienstleistungen mit Links zu den Anbietern für weitere Informationen angeboten werden.
- Eine Karte über die Standorte von intermodalen Terminals und den dort angebotenen Dienstleistungen könnte erstellt werden, später insbesondere auch über Kooperationen zur Auslastung der Kapazitäten.

Preise für intermodale Exzellenz

- Der Preis sollte durch die EU-Kommission vergeben werden.
- Um den Unternehmen Werbung zu ermöglichen, sollte eine extensive Medienabdeckung mit publizierten Erfolgsgeschichten erfolgen.

Benchmarking und Zertifizierung

- Die Einführung eines Benchmarking-Systems könnte auf den bereits ausgearbeiteten 10 Indikatoren basieren.
- Die Zertifizierung von „Freight Integrators“ könnte als Grundlage der Qualitätsbeurteilung angesehen werden.

Harmonisierung des Aus- und Weiterbildungssystems

- Ein europaweit hinsichtlich der Anforderungen standardisiertes Aus- und Weiterbildungssystem sollte gemäß dem dualen System gestaltet werden.
- Die Inhalte sollten mehr intermodale Themen umfassen.
- Ziel sollte sein, dass bei der Aus- und Weiterbildung im praktischen Arbeitsleben mehr als nur eine Transportart kennen gelernt wird.
- Die Zusammenarbeit zwischen Unternehmen und Universitäten/Fachhochschulen sollte auf dem Gebiet der Frachtintegration verbessert werden.
- Es sollte ein international anerkannter Lokomotivführerschein entwickelt werden.

Standardisierung der Haftpflicht und Dokumentation

- Die Interpretation der Haftungsbedingungen sollte vereinheitlicht werden.
- Die Haftungsregelung sollte auf Basis eines internationalen bürgerlichen Rechts standardisiert werden.

- Es sollten standardisierte, die gesamte Kette abdeckende Transportdokumente geschaffen werden.

Verbesserung der Infrastruktur

- Zur Vermeidung von Engpässen sollte die Schieneninfrastruktur verbessert sowie das Angebot von ausreichenden Ladekapazitäten und der Zugang zur „letzten Meile“ sichergestellt werden.
- Die Errichtung von trimodalen oder zumindest bimodalen Terminals sollte dort erfolgen, wo sie ökonomisch sinnvoll und nicht dort, wo sie politisch gefördert werden.

Harmonisierung der Mautsysteme

- Es ist erforderlich, die existierenden und zukünftigen Mautsysteme zu harmonisieren.
- Es sollten Anreize für die Nutzung von intermodalen Lösungen geschaffen werden, was z.B. durch wenig oder keine Maut im Vor- und Nachlauf geschehen kann.
- Regelungen wie das Ökopunkte-System haben sich bisher als weniger vielversprechend erwiesen.

Entwicklung von intermodalen Ladeeinheiten

- Unter Berücksichtigung europäischer Ansprüche könnten ausgehend von Containern weitere Ladeeinheiten entwickelt werden.
- Poolkonzepte für Ladeeinheiten sollten für einen leichten Zugang zu Ladeeinheiten und weniger Leerfahrten mit Ladeeinheiten sorgen.

7 „Freight Integrator“-Action Plan

Auf der Grundlage der hier vorgestellten Studie wurde von der Europäischen Kommission zur Umsetzung der Forschungsergebnisse ein Aktionsprogramm formuliert, das die Herausbildung des „Freight Integrator“-Konzeptes als eine neue Rolle in der Logistikkette unterstützen soll. Im Rahmen dieses Aktionsprogramms wurden vier unterschiedliche Aktionsfelder vorgeschlagen, in denen die Entwicklung von „Freight Integrators“ gefördert werden.

7.1 Verbesserung von Know-how, Bewusstsein und Verständnis für den intermo dalen Verkehr

Grundlegend für den erfolgreichen Aufbau von „Freight Integrators“ ist es, zunächst das Bewusstsein der Akteure für den intermodalen Verkehr zu schärfen, verkehrsträgerübergreifendes Know-how zu vermitteln und damit das Verständnis für den Aufbau intermodaler Transportketten zu stärken. Diesbezüglich lassen sich die folgenden Aktionen nennen:

Aus- und Weiterbildung

Die unterschiedlichen historischen Entwicklungen der einzelnen Verkehrsträger und die damit entstandenen unterschiedlichen Begriffsdefinitionen, Standards, Traditionen und Kulturen haben gemeinsam mit unterschiedlichen nationalen Interessen lange Zeit die Bildung intermodaler Transportketten erschwert. Aus diesem Grund sollte die europäische Wirtschaft den internationalen und verkehrsträgerübergreifenden Austausch sowie die Aus- und Weiterbildung aller mit der Planung und Steuerung intermodaler Transporte beauftragten Akteure unterstützen. Ziel der Europäischen Union in Kooperation mit Wirtschaft und Bildungsministerien der einzelnen EU-Mitgliedsstaaten ist es, das Verständnis, die Interessen und Kooperationen zwischen einzelnen Verkehrsunternehmen, Frachtführern, Spediteuren und Logistikdienstleistern in den einzelnen Staaten zu organisieren, zu strukturieren und mitzufinanzieren.

Promotion für den intermodalen Verkehr

Die verladende Wirtschaft ist sich oftmals der Vorteile des intermodalen Transports und der positiven Erfahrungen, die einzelne Branchen mit der hohen Qualität, Zuverlässigkeit und Kostengünstigkeit dieser Transportform gemacht haben, nicht bewusst. Deshalb möchte die Europäische Union – basierend auf den bereits erfolgreich existierenden Promotion-Büros im Kurzstreckenseeverkehr – ein Netzwerk an intermodalen Promotion-Büros aufbauen, die sowohl Informationen über den intermodalen Transport als auch Aus- und Weiterbildungsmaßnahmen und Best-Practise-Beispiele (z.B. auch in Form von Fallstudien) bereitstellen.

Methoden zur Verringerung intermodaler Engpässe

Ein systematischer, methodischer Ansatz zur Identifikation, Analyse und Bewertung intermodaler Engpässe prozessualer, technischer, rechtlicher oder administrativer Art soll gefördert werden, um allen Akteuren ihre spezifische Bedeutung im Rahmen der Verbesserung des intermodalen Transports zu verdeutlichen.

7.2 Vereinfachung des intermodalen Transports durch Standardisierung

Der intermodale Transport muss wo immer möglich standardisiert werden, um den Austausch von Transportgütern, Informationen und Transportmitteln zu vereinfachen. Der intermodale Transport sollte in Zukunft industrialisiert und ähnlich professionell durchgeführt werden, wie dies in den Produktionsstätten vieler industrieller Kunden bereits der Fall ist. In folgenden Bereichen sollten Standardisierungsbemühungen verstärkt werden:

Standardisierung von Dokumenten

Die Organisation intermodalen Transports kann durch unternehmensübergreifenden elektronischen Datenaustausch verbessert und dadurch Schnittstellen zwischen den Verkehrsträgern in Nahtstellen umgewandelt werden.

Standardisierung von Informationssystemen

Die neuesten Entwicklungen in der Informations- und Kommunikationstechnologie sollten genutzt werden, um mit standardisierten, intermodalen Systemen Planung, Organisation und Steuerung des Gütertransports zu unterstützen. Diese Systeme müssen eine breite Anwendbarkeit aufweisen (Planungen, Buchungen, Tracking&Tracing, echtzeitliche Antworten auf Statusanfragen) und in andere Systeme wie bspw. Tourenplanungs-, Bestandsmanagement- und Kundeninformationssysteme integrierbar sein. Falls nach der intensiven Betrachtung der momentanen Probleme und Lösungsmöglichkeiten sowie momentaner Standardisierungsbemühungen Mängel offensichtlich würden, könnte die Europäische Kommission rechtliche Schritte zur Einführung höherer Standardisierungsgrade einleiten.

Standardisierung von Transportmitteln und Ladeeinheiten

Die Standardisierung der Abmessungen von Paletten, Ladeeinheiten und Transportmitteln (z.B. Trailer) bieten eine weitere Möglichkeit zur erleichterten Bildung intermodaler Transportnetzwerke.

Qualitätsstandardisierungen

Ein europaweites freiwilliges Zertifizierungsschema könnte die Qualität, Zuverlässigkeit und im Falle auftretender Probleme die finanzielle Leistungsfähigkeit von Transportdienstleistern sichern. Mit Hilfe dieses Zertifizierungssystems können die Akteure in der Verkehrswirtschaft in schneller Art und Weise Partner mit hoher Qualität identifizieren und zertifizierte Dienstleister wählen.

7.3 Kooperationen zwischen verladender Wirtschaft und intermodalen Transport anbietenden Unternehmen

Ziele der verladenden Wirtschaft

Die Anbieter intermodaler Verkehre sind im Hinblick auf mögliche Investitionen in diesem Bereich auf die Bindung ihrer Kunden angewiesen. Um diese Bindung dauerhaft zu erhöhen, möchte die Europäische Kommission jährlich mit interessierten Verladern und entsprechenden Organisationen europäische Logistik-Workshops organisieren. Auf diese Weise können Best-Practice-Beispiele publiziert und Unterstützung aus der Wirtschaft im Hinblick auf die Erreichung des Ziels der Veränderung des Modal Split eingeholt werden.

Förderung von Kooperationen

Insbesondere auf den europäischen Engpassrouten sollten Kooperationen zwischen der verladenden Wirtschaft und Transportunternehmen ermöglicht werden. Aus der Bündelung von Sendungen und der Darstellung möglichst paariger Verkehre ergeben sich erhebliche Optimierungspotenziale für alle Beteiligten.

7.4 Verdeutlichung und Klärung von Verantwortlichkeiten und Haftungsfragen

Die Akteure in intermodalen Transportsystemen benötigen Klarheit hinsichtlich der Verantwortlichkeiten und den Haftungsfragen im Falle von Fehlern oder Verspätungen. Branchenweite Qualitätssysteme können hierbei Lösungen bieten, indem sie klar die Verantwortlichkeiten der einzelnen Akteure der intermodalen Transportkette definieren. Haftungsfragen sind hingegen schwieriger zu klären. Der Aufbau einer harmonisierten europaweiten Rechtsprechung innerhalb der intermodalen Transportketten könnte die mit den bislang noch vorzufindenden unterschiedlichen nationalen Rechtsprechungen verbundenen Probleme lösen.

Literaturverzeichnis

Aberle, G. (2000)
Transportwirtschaft: einzelwirtschaftliche und gesamtwirtschaftliche Grundlagen. 3., überarb. und erw. Aufl. München, Wien 2000.

Aberle, G. (2002)
Das „White Paper“ der Europäischen Kommission zur Verkehrspolitik bis 2010: Risiken und Chancen für das Supply Chain Management. In: Pfohl, H.-Chr. (Hrsg.): Risiko- und Chancenmanagement in der Supply Chain. Berlin 2002. S. 107-125.

Europäische Kommission (2001)
Das „White Paper“ der Europäischen Kommission zur Verkehrspolitik bis 2010: Weichenstellungen für die Zukunft. Brüssel 2001.

Europäische Kommission (2003)
Consultation Paper Freight Integrator Action Plan. Brüssel 2003.

Ihde, G. B. (2001)
Transport, Verkehr, Logistik. 3., völlig überarb. und erw. Aufl. München 2001.

Pfohl, H.-Chr. (2004)
Logistiksysteme: betriebswirtschaftliche Grundlagen. 7., korr. u. aktual. Aufl. Berlin, Heidelberg et al. 2004.

Polzin, D.W. (1999)
Multimodale Unternehmensnetzwerke im Güterverkehr. Grundlagen, Anforderungsprofile und Entwicklung eines Gestaltungsansatzes für einen zukunftsorientierten Kombinierten Verkehr Straße-Schiene. München 1999.

Stüer, R. (2004)
Privatbahnen bieten Branchenlösungen für Kunden in ganz Europa. In: Wolf-Kluthausen, H. (Hrsg.): Jahrbuch der Logistik 2004. Duisburg 2004. S. 172-174.

Wolfgang Stölzle

Michael Karrer

Finanzielle Performance von Logistikkooperationen – Anforderungen und Messkonzepte

Prof. Dr. Wolfgang Stölzle, Mag. Michael Karrer

Lehrstuhl für Betriebswirtschaftslehre mit Schwerpunkt Logistik und Verkehrsbetriebslehre, Universität Duisburg-Essen Campus Duisburg

Inhaltsverzeichnis

1 Erfolg von Logistikkooperationen – eine Frage der finanziellen Performance?

Im Zuge der Verbreitung der Logistikkonzeption im Laufe der 80er Jahre wurden schnell Kooperationen thematisiert. Denn mit Blick auf einen durchgängigen Material-, Waren- und Informationsfluss im Logistikkanal erscheint eine intensive Abstimmung der beteiligten Akteure – auch über Unternehmensgrenzen hinweg – unabdingbar. Schwerpunkte der frühen Kooperationsforschung der Logistik finden sich beispielsweise in der sachlogischen[1] sowie institutionellen[2] Ausgestaltung ebenso wie in der sozio-emotional orientierten Analyse von Logistikkooperationen.[3] Zu den wichtigsten Motiven für die Bildung von Kooperationen zählen dabei der Ausbau der Wettbewerbsfähigkeit, die Erhöhung der Kosteneffizienz und die Realisierung von Synergiepotenzialen.[4] Die damit angesprochene, gemeinsam mit den (externen) Kooperationspartnern angestrebte Erzielung von Performanceverbesserungen umfasst Effekte der logistischen Leistungssteigerung – etwa in Gestalt einer höheren Verfügbarkeit bei den (gemeinsamen) Kunden – ebenso wie Effekte des Ressourceneinsatzes, die sich beispielsweise in Kosteneinsparungen in einer Logistikkooperation niederschlagen. Mit einem etwas weiter gefassten Verständnis der Leistungs- und Kostenwirkungen von Kooperationen steht die Frage nach deren Wertorientierung im Raum.

Mit Blick auf die Wertorientierung des Performanceverständnisses gilt es in diesem Zusammenhang, die finanzielle Performance von Logistikkooperationen zu beleuchten. Aufgrund vielfältiger organisatorischer, technischer, vor allem aber konzeptioneller Barrieren beschränkt sich die Kooperationssteuerung bislang häufig auf die Überwachung ausgewählter Ergebniskennzahlen, insbesondere einzelner „Key Performance Indicators“ aus dem Bereich des Lieferservices. Zudem nimmt ein Großteil der relevanten Literatur die Perspektive eines einzelnen Kooperationspartners ein oder beschränkt sich unter Außerachtlassung des Kooperationsaspekts von vorne herein auf die Analyse der (finanziellen) Erfolgswirkungen der Logistik aus der Sicht eines einzelnen Akteurs. Dabei können zwar die Wirkungsrichtungen logistischer Leistungs- und Kostenkategorien beschrieben werden (vgl. Abb. 1), die Erfolgswirkungen der Logistik – insbesondere auf der Leistungs- bzw. Erlösseite – entziehen sich jedoch

---

[1] Vgl. Kleer, 1991.

[2] Vgl. Rösler, 2003, S. 32-48.

[3] Vgl. Linn, 1989. Die Betrachtung der Kooperationsbereitschaft und der Kooperationsfähigkeit hat schon früh Eingang in Standard-Lehrbücher der Logistik gefunden: vgl. Pfohl, 1990, S. 223-227.

[4] Vgl. Block, 2001, S. 42-62; Drews, 2001, S. 55-59.

bislang einer differenzierten Analyse.[5] Insofern gilt es für Logistikkooperationen, sich nicht nur diesen Analyseproblemen der Erfolgswirkungen der Logistik auf der Akteursebene, sondern auch den Hürden einer ganzheitlichen Kooperationssteuerung nach Maßgabe der wertorientierten Performance zuzuwenden.

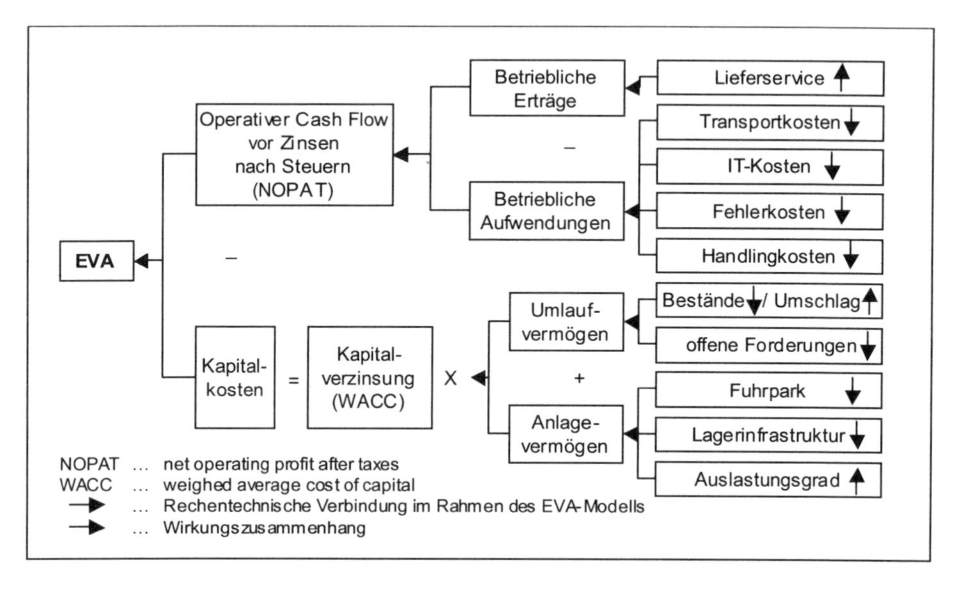

Abb. 1: Einfluss der Logistik auf den Economic Value Added (Quelle: Mit Veränderungen entnommen aus Lambert/Burduroglu, 2000, S. 13)

Logistikkooperationen zeichnen sich durch eine gezielte Zusammenarbeit von zwei rechtlich und wirtschaftlich weitgehend unabhängigen Unternehmen im Bereich der Logistik aus. Die größte Verbreitung kommt vertikalen Kooperationen, etwa zwischen Industrieunternehmen, Logistikdienstleistern und/oder Handelsunternehmen, zu. Aber auch horizontale Kooperationen, beispielsweise von Stückgut-Speditionen, finden vielfache Anwendung in der Praxis.

Bei der konzeptionell orientierten Analyse der finanziellen Performance spielt allerdings die Kooperationsrichtung eine eher nachgeordnete Rolle. Demgegenüber nimmt der dyadische Charakter in Gestalt der Konzentration auf das Erkenntnisobjekt „Geschäftsbeziehung zwischen zwei Unternehmen" eine prägende Rolle für die nachfolgenden Überlegungen ein. Denn die Besonderheiten der Dyade erlauben die Abgrenzung einer rein einzelunternehmens-, d.h.

---

[5] Vgl. Weber, 2003, der einen Zusammenhang zur Strukturierung der Erfolgswirkungen der Logistik aufzeigt und dabei die Kosteneffizienz der Logistik von logistikbedingten Erlöswirkungen unterscheidet.

akteursspezifischen Betrachtung und einer Netzwerkbetrachtung mit mehr als zwei Partnerunternehmen. Typisch für dyadische Beziehungen ist das aus Sicht der Akteure latente Spannungsfeld zwischen Markt und Hierarchie. Je nach Intensität einer Kooperation gewinnt ein Akteur Flexibilität durch Auslagerung logistischer Leistungen an den Partner und zieht zudem Nutzen aus realisierten Größeneffekten und Synergiepotenzialen seines Partners. Diesen aus der Outsourcing-Diskussion bekannten Vorzügen steht eine Abhängigkeit vom Partner und damit einhergehend ein gewisser Autonomieverlust gegenüber. Beide Effekte – Leistungssteigerung einerseits und verstärkte Abhängigkeit und damit verbundene Ausstiegsbarrieren bis hin zur erhöhten Gefahr opportunistischer Verhaltensmuster des Partners andererseits – sind in die Performance einer Logistikkooperation einzubeziehen. Für die Entscheidung über das Ausmaß der anzustrebenden Kooperationsintensität vermittelt die Kenntnis einer solchen kooperationsbezogenen Logistikperformance mit ihren Auswirkungen auf die Performance des einzelnen Akteurs folglich eine wichtige Grundlage. Da solche Entscheidungen nicht nur einmalig vor dem Eingehen einer Kooperation getroffen werden, sondern während des Lebenszyklus einer Kooperation wiederholt einer Überprüfung anhand der ursprünglich an sie geknüpften Ziele standhalten müssen, erwächst der Performance einer Logistikkooperation ein strategischer Steuerungsanspruch, der nicht mit der Performanceoptimierung jedes einzelnen Kooperationspartners gleichzusetzen ist.

In Bezug auf Logistikunternehmen weist die Auseinandersetzung mit der Performance bisher folgende Defizitkategorien auf:

- Bei der Analyse der Performance auf der operativen Ebene werden Wertsteigerungsaspekte durch eine Konzentration auf operative, isolierte Einzelkennzahlen nicht ausreichend berücksichtigt.[6]
- Der Fokus liegt auf der unternehmensbezogenen Performancemessung gegenüber der für Kooperationen notwendigen unternehmensübergreifenden, also hier dyadischen Perspektive. Damit geht auch eine Vernachlässigung von Wertsteigerungspotenzialen von Kooperationen einher.
- Die Performance wird insbesondere auf Logistikkosten bezogen. Demgegenüber tritt die Analyse des Einflusses des Lieferservices auf die Wertsteigerung der Unternehmen angesichts der damit verbundenen Messprobleme in den Hintergrund.

Der Handlungsbedarf dieses Beitrags besteht somit erstens in der konzeptionellen Eingrenzung der finanziellen Performance von Logistikkooperationen. Dazu zählt die Einbeziehung strategischer ebenso wie operativer Aspekte. Der Schwerpunkt liegt dabei auf der Kooperati-

---

[6] Vgl. D`Avanzo et al., 2003, S. 44 sowie Delfmann/Gehring, 2003.

onsebene, ohne die Akteursebene vollständig auszusparen. Das Attribut „finanziell" lenkt den Blick auf die Wertorientierung des hier vertretenen Performanceverständnisses. Zweitens sind für die praktische Anwendung Messkonzepte zu betrachten und zu beurteilen, die für eine Erfassung der finanziellen Performance von Logistikkooperationen in Frage kommen.

2 Performanceverständnis in Logistikkooperationen

Der Performancebegriff hat sich zwar mittlerweile im betriebswirtschaftlichen Sprachgebrauch etabliert. Er wird jedoch in den verschiedenen Anwendungen sehr unterschiedlich belegt. Insofern gilt es zunächst, ein logistik-spezifisches Performanceverständnis für die Logistik und hier speziell für kooperative Beziehungen herzuleiten.

2.1 Performance als Ausdruck kooperationsspezifischer Zielsetzungen

Eine Möglichkeit, den Anforderungen an ein Performance Measurement[7] und Performance Management[8] in Logistikkooperationen gerecht zu werden, besteht in der Übertragung wertorientierter Managementkonzepte von der Akteurs- auf die Kooperationsebene.[9] Im für Logistikkooperationen relevanten Forschungsfeld des Supply Chain Managements wird dies häufig als „Zwischenstufe" auf dem Weg zu einem ganzheitlichen Management des gesamten Wertschöpfungsnetzwerks bzw. der Supply Chain (Netzwerkebene) angesehen (vgl. Abb. 2). In der betrieblichen Praxis stellen dyadische Beziehungen allerdings nicht eine „Zwischenstufe", sondern nach wie vor die häufigste Ausprägungsform unternehmensübergreifender Geschäftsbeziehungen dar.[10]

Bevor eine inhaltliche Ausgestaltung einer wertorientierten Performancesteuerung erfolgen kann, gilt es das in einer Kooperation relevante Performanceverständnis zu klären. Dabei wird davon ausgegangen, dass die vielschichtigen, möglicherweise konfliktären Ziele der Akteure einer Logistikkooperation in ein gemeinsames Performanceverständnis integriert werden müssen, um eine ganzheitliche Steuerung des Kooperationserfolgs zu ermöglichen. Ein erster Zu-

---

[7] Vgl. allgemein zum Konzept des Performance Measurements Riedl, 2000; Gleich, 2001; Grüning, 2002 sowie Klingebiel, 2000.

[8] Vgl. zur Abgrenzung des Performance Management vom Performance Measurement z.B. Stölzle, 2002 sowie Stölzle/Karrer, 2002.

[9] Vgl. dazu z.B. Otto, 2002, S. 99, der eine Ausdehnung des Shareholder Value-Ansatzes auf die Kooperations- und in weiterer Folge auf die Netzwerkebene vorschlägt.

[10] Gemäß einer aktuellen Studie, an der 142 US-amerikanischen Unternehmen teilnahmen, konzentrieren sich 31% derjenigen, die Supply Chain Management zurzeit implementieren bzw. bereits praktizieren, auf „Kooperationen mit ausgewählten Partnern". Weitere 52% beschränken ihr sog. „Supply Chain Management" auf die unternehmensinterne Prozessintegration: vgl. hierzu Poirier/Quinn, 2003, S. 42.

gang zum Performancebegriff besteht über dessen Charakterisierung als Zielerreichungsgrad.[11] Dieser beinhaltet sowohl das Effizienzziel als auch das das Effektivitätsziel einer Kooperation.[12] Effizienz bezieht sich dabei auf das Verhältnis Ressourceneinsatz/Output. Kennzahlen wie Auslastungsgrad oder Mengendurchsatz zielen z.B. auf Effizienzsteigerungen in den unternehmensübergreifenden Material- und Warenflüssen ab. Im Finanzfluss der Kooperation steht die Steuerung eines effizienten Kapitaleinsatzes, z.B. durch Messgrößen zum unternehmensübergreifenden Umlaufvermögen (z.B. Kapitalbindung in Beständen, Cash-to-cash-cycle) im Vordergrund. Effektivität wird als externer Zielerreichungsgrad verstanden und stellt insbesondere auf die Erhöhung der Zufriedenheit des Endkunden und die Stärkung der Wettbewerbsposition der Kooperation als Ganzes[13] (z.B. über eine Erhöhung des Lieferservice) ab.[14]

Zu weiteren Merkmalen der Performance in Kooperationen zählen – mit Blick auf das Grundverständnis der Performance als Zielerreichungsgrad – die Mehrdimensionalität, die Zukunftsorientierung[15] und die Wertorientierung der Performance.

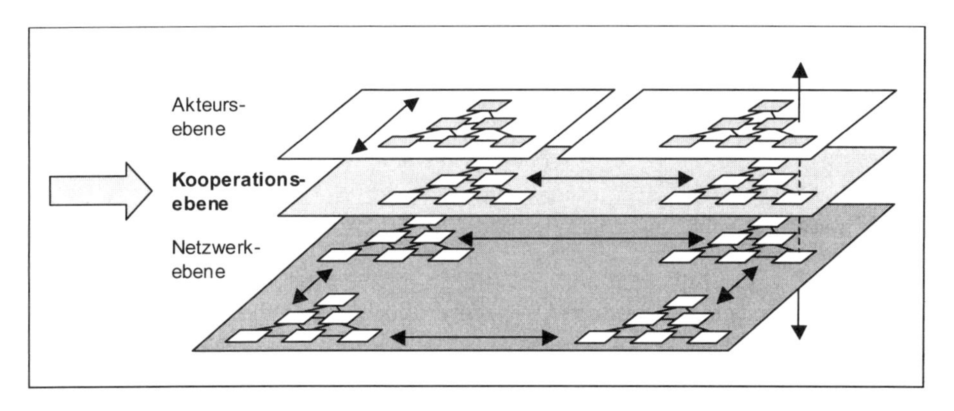

Abb. 2: Mehrebenenbetrachtung der Supply Chain Performance (Quelle: In Anlehnung an Stölzle/Karrer, 2004, S. 25)

---

[11] Vgl. Grüning, 2002, S. 5 sowie Schrank, 2002, S. 12.

[12] Vgl. dazu im Logistikkontext Mentzer/Konrad, 1991, S. 34. Vgl. zur Abgrenzung des Performancebegriffs vom (meist effizienzorientierten) Leistungsbegriff Stölzle/Karrer, 2004, S. 237-241.

[13] Vgl. Christopher, 1998, S. 18.

[14] Vgl. zu Effektivität und Effizienz als Ziele des Supply Chain Performance Measurement Zäpfel/Piekarz, 2003, S. 383-384.

[15] Vgl. Riedl, 2000, S. 17 sowie Lebas, 1995, S. 23.

2.2 Mehrdimensionale Betrachtung der Performance

Mit der Zusammenführung von Effizienz- und Effektivitätsaspekten bzw. mit der Charakterisierung von Performance als Zielerreichungsgrad wird bereits implizit die Notwendigkeit einer mehrdimensionalen Betrachtung der Performance angesprochen. Als Hauptursache für die zunehmende Bedeutung eines mehrdimensionalen Performanceverständnisses gilt die mangelnde „Managementtauglichkeit" klassischer rechnungswesenorientierter Steuerungsinstrumente, wie z.B. Kennzahlensysteme.[16] Diese stehen in der Kritik, monetäre (Ergebnis-)Kennzahlen gegenüber nicht-finanziellen, qualitativen Messgrößen überzubetonen.[17] Zudem wird die einseitige Schwerpunktsetzung auf die betriebliche Kostenrechnung zu Lasten der Leistungsrechnung moniert.[18] Mehrdimensionale Steuerungsansätze stellen demgegenüber auf ein ausgewogenes Performanceverständnis ab.[19] Neben der Ausdehnung der Begriffs*breite* der Performance (durch Erweiterung der betrachteten Bewertungskategorien) wird insbesondere eine *Vertiefung* des Performancebegriffs (durch Betrachtung mehrerer, u.U. hierarchisch angeordneter Performanceebenen) vorgeschlagen.[20] Eine unternehmensinterne Ausdifferenzierung von Performanceebenen (wie z.B. Unternehmens-, Geschäftsbereichs-, Kostenstellen-, Prozess- oder Mitarbeiterebene) ist im Kooperationskontext um eine unternehmensübergreifende Ebene zu ergänzen. Des Weiteren ist im Zusammenhang mit der Mehrdimensionalität der Performance auch die Möglichkeit der Differenzierung einer strategischen, taktischen und operativen Performanceebene zu erwägen.[21]

2.3 Zukunftsorientierung und dynamische Aspekte der Performance

Ein wesentlicher inhaltlicher Bestandteil der Performance besteht im Zukunftsbezug.[22] Damit wird das Problem angesprochen, das zeitliche Auseinanderklaffen von Ursache (vergangene und/oder aktuelle Tätigkeiten) und Wirkung (potenzielle Ergebnisse) in einem dynamischen Kooperationsumfeld gezielt in die Performancemessung zu integrieren.[23] Der Betrachtungsfokus verschiebt sich somit von periodenbezogenen, rückblickenden Ergebnisgrößen auf die

---

[16] Vgl. dazu Weber/Schäffer, 1999, S. 333; Hoffmann, 2000, S. 16; Eccles, 1991, S. 132; Kaplan/Norton, 1992, S. 71 sowie die Aufzählung in Klingebiel, 2000, S. 30.

[17] Vgl. Neely/Gregory/Platts, 1995, S. 80.

[18] Vgl. Weber, 2002, S. 110.

[19] Vgl. Chakravarthy, 1986, S. 445; Sheffi/Caplice, 1995, S. 62; Hoffmann, 2000, S. 25 sowie Gleich, 2001, S. 39.

[20] Vgl. Schrank, 2002, S. 70.

[21] Vgl. Gunasekaran et al., 2001, S. 82.

[22] Vgl. Riedl, 2000, S. 17; Lebas, 1995, S. 23.

[23] Vgl. Hauber, 2002, S. 96.

Messung von Frühindikatoren und langfristigen Erfolgspotenzialen.[24] Im Anwendungsbereich der Unternehmenslogistik führt dies zu einer Aufwertung des Faktors Zeit, wie aktuelle Ansätze zum prozessorientierten Zeitmanagement oder zum Time Based Performance Management zeigen.[25] Auch in Logistikkooperationen kommen bereits eine Reihe anwendungsorientierter Konzepte zum Einsatz, die auf eine größere Zeitnähe abstellen, wie z.B. Just-in-Time-Ansätze, Quick-Response-Systeme oder die Efficient-Replenishment-Strategie der ECR-Initiative.[26] Neben einer schnellen Reaktionsfähigkeit der beteiligten Partnerunternehmen (reaktive Flexibilität) erlangt dabei insbesondere die selbständige Suche der Kooperationsteilnehmer nach Verbesserungspotenzial (proaktive Flexibilität) eine hohe Bedeutung.[27]

Als Beispiel für die stärkere Betonung dynamischer Faktoren in der Performancemessung kann das so genannte Supply Chain Event Management (SCEM) herangezogen werden. Hierunter sind Anwendungen zu verstehen, welche Planabweichungen zeitnah registrieren, mit vorgegebenen Toleranzen vergleichen und – sofern als relevant befunden – in Form von „Events", d.h. als positive oder negative Ereignisse, proaktiv an ausgewählte Entscheidungsträger weiterleiten. Aufgrund eines automatisierten Plan/Ist-Vergleichs und der aktiven Benachrichtigungsfunktion stellen SCEM-Systeme eine Weiterentwicklung der in Logistikkooperationen häufig zum Einsatz kommenden Tracking&Tracing-Systeme dar.[28]

2.4 Wertorientierung der Performance

Definiert man Performance – wie oben postuliert – als Zielerreichungsgrad, manifestiert sie sich aus wertorientierter Sicht im Ziel der Steigerung des Unternehmenswerts. Messgrößen der wertorientierten bzw. finanziellen Performance unterscheiden sich von klassischen Maßstäben unternehmerischen Erfolgs, wie z.B. Jahresüberschuss oder Betriebsergebnis. Letztere finden in der Praxis zwar nach wie vor breite Verwendung, ihre Schwächen sind jedoch in der

---

[24] Vgl. ähnlich Lebas/Euske, 2002, S. 72.

[25] Vgl. zur Planung und Kontrolle von Zeitzielen innerhalb eines prozessorientierten Zeitmanagements Schäfer, 2001, S. 276-311. Vgl. zum Konzept des Time Based Performance Management in der Logistik Haage, 2003.

[26] Vgl. zu Just-in-Time-Ansätzen z.B. Vokurka/Lummus, 2000, S. 89-98; zu Quick-Response-Systemen vgl. z.B. Lowson et al., 1999; zum Efficient Replenishment vgl. z.B. Centrale für Coorganisation, 2002.

[27] Vgl. zur Bedeutung der Flexibilität als Funktion der Planung Pfohl/Stölzle, 1997, S. 67; zur Unterscheidung der reaktiven und proaktiven Flexibiliät vgl. Specht et al., 1999, S. 177.

[28] Vgl. zum SCEM als Managementkonzept Otto, 2003, S. 1-4 sowie Karrer, 2003, S. 187-197. Vgl. zum SCEM im Logistikdienstleistungsbereich Bretzke/Klett, 2004.

einschlägigen Literatur seit längerem bekannt.[29] Die Kernpunkte der Kritik beziehen sich unter anderem auf ihre mangelnde Mehrdimensionalität und Zukunftsorientierung. Gewinnbasierte Erfolgsmaßstäbe vernachlässigen z.B. nicht-finanzielle Einflussfaktoren, wie etwa Risikoaspekte. Aufgrund ihrer periodenbezogenen Sichtweise mangelt es ihnen zudem an langfristiger Aussagekraft.

Ein weiterer zentraler Kritikpunkt traditioneller Erfolgsgrößen wird in ihrer unzureichenden Fähigkeit gesehen, die Wertschaffung für die Anteilseigner eines Unternehmens korrekt zu beurteilen.[30] Neuere Ansätze zur Messung der finanziellen Performance finden seit Ende der 80er Jahre unter dem Begriff Shareholder Value Management zunehmende Verbreitung und erklären demgegenüber die Maximierung der Wertschöpfung der Anteilseigner zum obersten Performanceziel. Aus Sicht der Anleger konstituiert sich Performance aus der Steigerung des auf sie entfallenden Unternehmenswertes sowie aus der Höhe einer evtl. auszuschüttenden Dividende.[31] Alle Entscheidungen im Unternehmen sind demnach an einer Steigerung des Shareholder Values auszurichten. Den unterschiedlichen Berechnungsmethoden des Shareholder Values ist gemeinsam, dass Unternehmen nur dann Wert generieren, wenn der Ertrag ihrer Investitionen die Kapitalkosten übersteigt.[32]

Der Etablierung eines wertorientierten Performanceverständnisses kommt in Kooperationen eine besondere Bedeutung zu. Stärker als rein marktliche Austauschbeziehungen[33] sind Kooperationen auf umfassende Bewertungsinformationen angewiesen. Mit steigender Beziehungsintensität hängt das wirtschaftliche Überleben der einzelnen Partner zunehmend vom ökonomischen Erfolg der Zusammenarbeit ab. Es besteht demnach ein durchaus begründetes Partialinteresse eines einzelnen Kooperationspartners, die Auswirkungen der Zusammenarbeit auf seinen Shareholder Value zu ermitteln.[34] Darüber hinaus erscheint auch eine Ermittlung des Gesamtwerts einer Kooperation notwendig: zum einen, um die Ansprüche der einzelnen

---

[29] Vgl. Günther et al., 2000, S. 69-75. Beispielsweise kommt bereits Chakravarthy, 1986, S. 442 im Rahmen einer empirischen Untersuchung von 14 Unternehmen der Computerindustrie zu dem Ergebnis, dass konventionelle Erfolgsgrößen wie ROE, ROTC sowie ROS nicht geeignet sind, Unterschiede in der strategischen Performance zu diagnostizieren.

[30] Vgl. Deimel, 2002, S. 506 und die dort zitierte Literatur.

[31] Vgl. Lücke, 2001, S. 58. Als bedeutendster Vertreter des Shareholder Value Managements gilt Rappaport: vgl. Rappaport, 1986.

[32] Vgl. zur Unterscheidung barwertbasierter und residualgrößenbasierter Performancemaße Günther et al., 2000, S. 71.

[33] In reinen Marktbeziehungen stellt z.B. der Preisbildungsmechanismus bereits ein aussagekräftiges Bewertungsinstrument dar.

[34] Vgl. Christopher/Ryals, 1999, S. 3; Michel, 1996, S. 65.

Partnerunternehmen abzuleiten,[35] und zum anderen, um Kooperationsaktivitäten (wie z.B. gemeinsame Investitionen) ganzheitlich zu steuern. Aus dieser Perspektive werden die einzelnen Akteure zuweilen als „Shareholder" der Kooperation bezeichnet.[36]

Eine erste Begründung für die Notwendigkeit einer Erweiterung der Shareholder Value-Perspektive in Kooperationen setzt auf der Akteursebene an. Der Shareholder Value-Ansatz sieht sich dort häufig der Kritik ausgesetzt, die kurzfristige Maximierung der Anteilseignerrendite zu Lasten der langfristigen Interessen anderer Stakeholder in den Vordergrund zu stellen.[37] Es wird somit ein differierendes Performanceverständnis von Shareholdern und *anderen* Stakeholdern unterstellt.[38] Letztere, wie z.B. Kunden, Lieferanten oder Mitarbeiter, knüpfen die Performance an bestimmte Sachziele, die mittels Verträgen (z.B. Kauf-, Liefer- oder Arbeitsverträge) mit dem Unternehmen vereinbart werden.

Da eine langfristige Steigerung des Shareholder Values nur dann möglich ist, wenn die genannten Verträge eingehalten werden und die Stakeholder sich weiterhin für das Unternehmen engagieren, ließe sich der Interessenskonflikt zwischen beiden Anspruchsgruppen prinzipiell auflösen. Ein grundsätzlicher Unterschied zwischen Shareholdern und Stakeholdern erweist sich jedoch weiterhin als problematisch. Shareholder sind häufig besser als andere Stakeholder in der Lage, ihnen zufallende Wertsteigerungen kurzfristig nutzbar zu machen, z.B. bei einer börsennotierten Aktiengesellschaft durch die Liquidierung ihrer Anteile am Kapitalmarkt. Andere Stakeholder hingegen sind größtenteils über langfristige Zielvereinbarungen an das Unternehmen gebunden.

Ein ähnliches Dilemma findet sich in Kooperationen. In engen und langfristig angelegten Kooperationsbeziehungen steigt die gegenseitige Interdependenz der Partner (z.B. über spezifische Investitionen, wie ein gemeinsam betriebenes Logistikzentrum) stark an. Ein kurzfristi-

---

[35] Vgl. Wohlgemuth, 2002, S. 167.

[36] Vgl. Pfohl et al., 2003a, S. 16, die diese Überlegung auf Supply Chain-Beziehungen anwenden. Mit Blick auf die Logistik stellen Pfohl et al., 2003b, S. 78 die Verbindungen zwischen Waren-, Güter- und Informationsströmen einerseits und den Wertgeneratoren des Shareholder Value andererseits als zeitlich zu optimierende Verbindungen heraus. Gleichwohl erkennen Pfohl et al., 2003b, S. 86 eine große Herausforderung in der „Quantifizierung der Wertsteigerung logistischer Prozesse".

[37] Vgl. Hungenberg, 2001, S. 26.

[38] Die Shareholder stellen eine Teilmenge der Stakeholder dar. Die an dieser Stelle als „andere Stakeholder" bezeichneten Interessensgruppen umfassen z.B. Mitarbeiter, Kunden, Lieferanten oder öffentliche Institutionen. Für eine vergleichende Darstellung der Ansätze von Shareholder und Stakeholder Management vgl. Hungenberg, 2001. Zu einer empirisch gestützten Analyse des Stakeholder Managements und dessen Auswirkungen auf die Unternehmensperformance vgl. Hillman/Keim, 2001.

ger Austritt aus der Kooperation (die so genannte Exit-Option[39]) stellt somit keine geeignete Handlungsalternative mehr dar, selbst wenn dies aus der Partialsicht der Shareholder eines Partnerunternehmens kurzfristig nutzenmaximierend wäre. Unter diesem Blickwinkel sind die teilnehmenden Unternehmen als langfristig gebundene Stakeholder einer Kooperation anzusehen. Es erscheint somit sinnvoll, Shareholder Value-Ansätze auf der Kooperationsebene um ein umfassenderes, Stakeholder-orientiertes Performance Management zu ergänzen.

3 Messkonzepte der finanziellen Performance in Logistikkooperationen

Seit einigen Jahren wird die Frage der Ermittlung und Steuerung der Performance von Logistikkooperationen im Zusammenhang mit dem Ansatz des Supply Chain Performance Measurement diskutiert.[40] Dieser zielt auf die kennzahlengestützte Analyse der Performance unternehmensübergreifender Logistikprozesse anhand geeigneter Messkonzepte ab. Dabei werden eine Reihe von Anforderungen an diese Messkonzepte sowie an die darin enthaltenen Kennzahlen(systeme) formuliert. Erdmann (2003) nennt in diesem Zusammenhang beispielsweise eine hohe Anwendungsflexibilität, eine geringe Anwendungskomplexität und eine konsequente Prozessorientierung von Performance Measurement-Konzepten.[41] Bereits erläutert wurden die Anforderungen der Zielorientierung, der Mehrdimensionalität, der Zukunftsorientierung und der Wertorientierung der Performancemessung. Im Folgenden werden einige ausgewählte Messkonzepte vorgestellt, welche die genannten Anforderungen unterschiedlich gewichten.

3.1 Performancemessung über Cash Flow-Management und die Steuerung des Nettoumlaufvermögens

Konzepte zur Messung des Nettoumlaufvermögens in Logistikkooperationen[42] stellen auf eine Verbesserung der Kapitaleffizienz bzw. auf eine Erhöhung des freien Cash Flows bei den Kooperationspartnern ab. Zentrale Kennzahl ist der Cash-to-cash-cycle, der sich aus dem Alter der vorgehaltenen Bestände zuzüglich des Alters ausstehender Forderungen abzüglich des Alters der Verbindlichkeiten eines Unternehmens zusammensetzt. Eine Erhöhung des freien

---

[39] Vgl. Mack, 2003, S. 206-207 und die dort zitierte Literatur.

[40] Vgl. z.B. Keebler, 2001, S. 411-135; Erdmann, 2003; Zimmermann, 2002; Glohr, 2003, S. 615-621; Beamon, 1999, S. 275-292; Hieber, 2002; Gunasekaran et al., 2001, S. 71-87; Lapide, 2000, S. 287-297.

[41] Vgl. z.B. Erdmann, 2003, S. 158-167, der zahlreiche allgemeine Bewertungskriterien für Performance Measures nennt und dabei deren Anwendungsflexibilität, Anwendungskomplexität und Prozessorientierung als spezielle Anforderungen an das Supply Chain Performance Measurement kennzeichnet.

[42] Die Messung des Nettoumlaufvermögens wird von Pfohl et al, 2003a, S. 15 in den Aufgabenbereich des „Financial Supply Chain Management“ eingeordnet, zu dem auch das Management der Wertsteigerung sowie das Management der Kapitalverwendung und des Kapitalbedarfs gezählt werden.

Cash Flows ist über eine Verringerung des Nettoumlaufvermögens bzw. über eine Beschleunigung des Cash-to-cash-cycles möglich.[43] Pfohl et al. (2003a) nennen im Rahmen des von ihnen präsentierten Konzepts des „Financial Supply Chain Managements" drei primäre Stellhebel eines Managements des Nettoumlaufvermögens (vgl. auch Abb. 3):[44]

- **Bestandsmanagement:** Die Reduktion von Beständen ist im unternehmensinternen Bereich als „klassische" Methode zur Erhöhung der Liquidität bekannt. Im Kooperationskontext gilt es, durch den Aufbau dauerhafter, intensiv angelegter Zulieferer-Abnehmer-Beziehungen – z.B. infolge einer gemeinsamen Vereinbarung selektiver Lieferservicegrade, einer unternehmensübergreifenden Prozessstandardisierung oder einer gegenseitigen Transparenz über Bedarfsverläufe und Bestandsniveaus – in den Partnerunternehmen Sicherheitsbestände abzubauen und damit die Finanzierungskosten der Bestände zu senken. Ein partnerschaftliches Verständnis der Geschäftsbeziehung gewährleistet auch bei einem nicht (ganz) ausgeglichenen Machtverhältnis eine einseitige Verlagerung von Pufferbeständen auf vor- oder nachgelagerte Supply Chain-Stufen.[45]

- **Prozessmanagement:** Relevante Aufgaben des Prozessmanagements sind insbesondere die Analyse bestehender Prozesse und deren ablauforientierte Optimierung. In der Logistikkooperation bezieht sich Optimierung insbesondere auf außerbetriebliche Durchlaufzeiten, wie z.B. Lieferzeiten. Dies betrifft den Material- und Warenfluss, dessen Beschleunigung zu einem geringeren Zwischenfinanzierungsbedarf führt. Daneben sind insbesondere durch die Beschleunigung des Informationsflusses, wie z.B. bei der Auftrags- und Reklamationsabwicklung, der Fakturierung oder der elektronischen Datenübertragung, mit dem Kooperationspartner Einsparungspotenziale zu heben.

- **Cash Management:** Durch das Cash Management soll eine kooperative Optimierung von Kreditoren- und Debitorenlaufzeiten erzielt werden. Die unternehmensbezogene Empfehlung, ausstehende Forderungen möglichst früh einzuziehen und Verbindlichkeiten möglichst spät zu begleichen, führt unter Annahme von Kapitalkosten zu einem negativen Wertbeitrag aus Sicht der kooperativen Geschäftsbeziehung. Insofern sollte die Kreditoren-/Debitorenlaufzeit innerhalb der Kooperation im Idealfall gleich null sein.[46]

---

[43] Vgl. Farris II/Hutchison, 2003, S. 64 sowie Bowersox et al., 2002, S. 563.

[44] Vgl. zur folgenden Aufzählung, falls nicht anders angegeben, Pfohl et al., 2003a, S. 18-20.

[45] Vgl. Hofmann, 2003, S. 87-88 und S. 90. Vgl. zu dieser Problematik in der Automobilindustrie auch Boschet et al., 2003, S. 11-34.

[46] Vgl. Hofmann, 2003, S. 86.

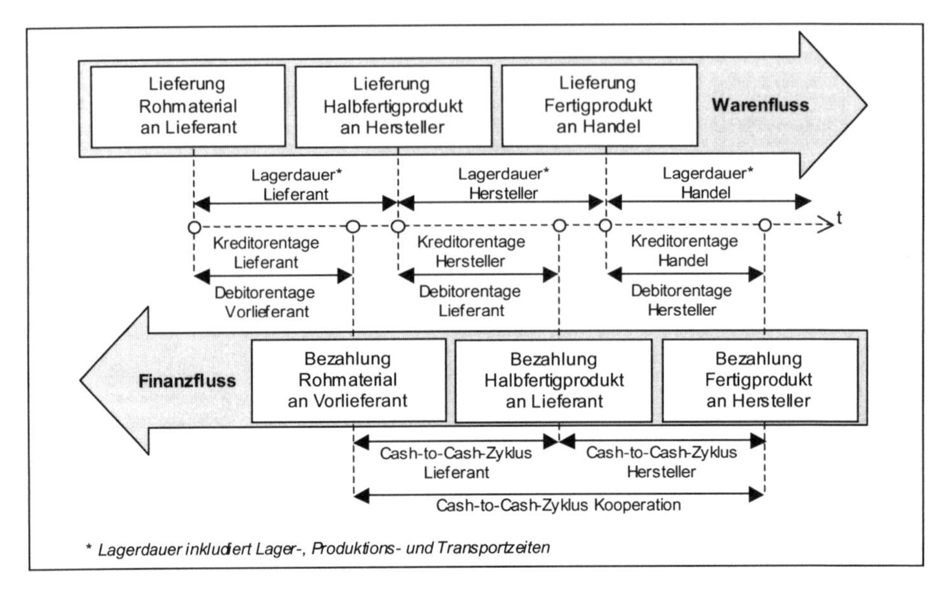

Abb. 3: Cash-to-cash-cycle einer Kooperation zwischen Lieferant und Hersteller (Quelle: In Anlehnung an Zimmermann, 2003, S. 149)

Die Herausforderung für das Messkonzept „Management des Nettoumlaufvermögens" liegt darin begründet, dass es sich nicht auf die Kooperationsebene Logistik bzw. Supply Chain Management beschränkt, sondern in typischerweise unternehmensinterne Funktionsbereiche der Finanzierung und des Rechnungswesens vordringt. Hier besteht zum einen die Gefahr einer Verwässerung des Financial Supply Chain Management-Ansatzes. Zum anderen sind auch bemerkenswerte unternehmensinterne Widerstände gegen eine konsolidierte Cash Flow-Steuerung zu erwarten. Ein denkbarer Lösungsansatz bestünde darin, den Aufgabenbereich des Financial Supply Chain Managements auf eine kooperative Kontextsteuerung zu fokussieren.[47] Deren Ausgangspunkt ist eine kollektive „Mission" der Kooperation, die gemeinsam in aufgabenorientierte Zielvorgaben für die einzelnen Kooperationspartner übersetzt wird. Die direkte Steuerung der Ergebnisgrößen wird jedoch den einzelnen Kooperationspartnern im Rahmen einer Selbststeuerung überlassen.

Zusammenfassend erweist sich das Management des Nettoumlaufvermögens als tragfähiger Ansatz zur Reduzierung der Kapitalbindung in Kooperationen und damit zur Steigerung der finanziellen Performance einer Kooperation. Die starke Fokussierung auf einen effizienten

[47] Vgl. zum Ansatz der (direkten und indirekten) Kontextsteuerung im Netzwerkmanagement z.B. Struthoff, 1999, S. 168-173. Zur Kontextsteuerung aus systemtheoretischer Sicht vgl. Willke, 2001, S. 130 sowie S. 194-195.

kooperationsinternen Kapitaleinsatz kann jedoch zu einer Vernachlässigung der Außenperspektive, wie z.B. der Reaktionsfähigkeit und Flexibilität der Kooperation gegenüber veränderten Kundenanforderungen, und damit zu Wettbewerbsnachteilen führen. Diese meist „weichen" Kooperationsfaktoren gilt es, im Rahmen mehrdimensionaler Messkonzepte verstärkt zu berücksichtigen.

3.2 Kennzahlengestützte Performancemessung mit dem SCOR-Modell

Das vom amerikanischen Supply Chain Council konzipierte Supply Chain Operations Reference (SCOR)-Modell stellt ein relativ weit verbreitetes Messkonzept des Supply Chain Performance Measurements dar. Neben der Möglichkeit des „Mappings" einer Supply Chain mittels der generischen Prozesse „Plan", „Source", „Make", „Deliver" und „Return" beinhaltet es insbesondere auch einen standardisierten Kennzahlenpool zur Steuerung dieser Prozesse.[48] Die darin enthaltenen Kennzahlen werden bestimmten Performance-Dimensionen („Performance Attributes") zugeordnet. Einen direkten Bezug zur finanziellen Performance weisen dabei vor allem die Dimensionen „Cost" und „Assets" auf.[49] Die anderen Dimensionen wie Verlässlichkeit, Reaktionsfähigkeit und Flexibilität beeinflussen demgegenüber mittelbar die finanzielle Performance über die potenzielle Erhöhung der Kundenzufriedenheit und sind dem gemäß als Treiberkennzahlen bzw. Frühindikatoren einer wertorientierten Performance einzustufen (vgl. Abb. 4).

Trotz der unbestrittenen Vorteile eines standardisierten Kennzahlenpools (z.B. im Hinblick auf die Durchführung von Benchmarks) wird in der Literatur auf die Notwendigkeit der Anpassung generell ausgelegter Kennzahlensysteme an die Steuerungsanforderungen unterschiedlicher logistischer Prozesse bzw. spezifischer Supply Chain-Designs hingewiesen.[50] Eine weitere, mit dem SCOR-Modell verbundene Schwierigkeit besteht darin, dass die darin enthaltenen Kennzahlen zwar teilweise für eine Performancemessung in der unternehmensübergreifenden Supply Chain konzipiert sind (vgl. z.B. die Kostenkennzahl „total supply

---

[48] Vgl. Supply Chain Council, 2003. Das SCOR-Modell hat sich aufgrund seiner großen Praxisnähe und seines relativ einfachen Aufbaus zu einem Quasi-Standard für die Modellierung von Supply Chains entwickelt: vgl. Kuhn/Hellingrath, 2002, S. 109.

[49] Die in Abbildung 4 angeführten „Level 1"-Kennzahlen stellen stark aggregierte Spitzenkennzahlen dar, die im Rahmen des SCOR-Modells ausdifferenziert werden. Im Kern gehen die Kennzahlen der Dimension „Cost" von einem Totalkostenansatz aus („Total Supply Chain Cost"), der Material-, Produktions- und Logistikkosten sowie Kennzahlen zur Mitarbeiterproduktivität und zu Retourenkosten beinhaltet. Die Kennzahlen der Dimension „Assets" stellen insbesondere auf die Zeiteffizienz des Kapitaleinsatzes ab, z.B. über die Messung des in Beständen gebundenen Kapitals oder der Debitoren-/Kreditorenlaufzeiten.

[50] Vgl. Werners et al., 2003, S. 9.

chain cost“[51]), jedoch in der Praxis auf der Akteursebene implementiert und gemessen werden.[52] Das volle Potenzial des SCOR-Modells im Hinblick auf eine ganzheitliche Steuerung unternehmensübergreifender Supply Chains wird somit derzeit nicht ausgeschöpft.

Performance-Attribute	Beschreibung	Performance Indikator (Level 1)	
Supply Chain Delivery Reliability	The performance of the supply chain in delivering the correct product, to the correct place, at the correct time, in the correct condition and packaging, in the correct quantity, with the correct documentation, to the correct customer.	Delivery Performance	**mittelbarer Bezug zur finanziellen Performance**
		Fill Rates	
		Perfect Order Fulfillment	
Supply Chain Responsiveness	The velocity at which a supply chain provides products to the customer.	Order Fulfillment Lead Times	
Supply Chain Flexibility	The agility of a supply chain in responding to marketplace changes to gain or maintain competitive advantage.	Supply Chain Response Time	
		Production Flexibility	
Supply Chain Cost	The costs associated with operating the supply chain.	Cost of Goods Sold	**unmittelbarer Bezug zur finanziellen Performance**
		Total Supply Chain Management Cost	
		Value-Added Productivity	
		Warranty/Returns Processing Cost	
Supply Chain Asset Management Efficiency	The effectiveness of an organization in managing assets to support demand satisfaction. This includes the management of fixed and working capital.	Cash-to-cash-cycle-time	
		Inventory Days of Supply	
		Asset Turns	

Abb. 4: Unmittelbarer und mittelbarer Bezug zentraler Kennzahlen des SCOR-Modells zur finanziellen Performance (Quelle: in Anlehnung an SCOR, 2003, S. 8)

3.3 Performancemessung auf Basis der Nutzwertanalyse

Als weiteres Suchfeld für Konzepte zur Performancemessung, die sich für Logistikkooperationen eignen, bietet sich das Netzwerkmanagement, speziell das Netzwerkcontrolling an.[53] Ein Vorschlag, der auf die Bewertung des Netzwerkerfolgs abzielt, greift das Instrument der Nutzwertanalyse auf. Übertragen auf den Kooperationskontext lässt sich der „Nutzwert“ einer Kooperation, der sich aus der Summe gewichteter Zielerreichungsgrade zusammensetzt, als

---

[51] Vgl. dazu auch Bowersox et al., 2002, S. 564-565.

[52] Vgl. hierzu auch die empirische Erhebung bei Boschet et al., 2003, S. 11-34, die SCOR-Kennzahlen in fünf verschiedenen Branchen erhebt und unternehmensspezifisch ausweist.

[53] Vgl. z.B. die Monographien von Hess, 2002; Wohlgemuth, 2002; Evanschitzky, 2003; Rösler, 2003 und Zundel, 1999. Eine Verwendung der Erkenntnisse der aktuellen Netzwerkforschung im Kooperationskontext erscheint plausibel, da die betriebswirtschaftliche Netzwerk- und Kooperationsforschung gemeinsame Wurzeln aufweisen, vgl. z.B. Essig, 1999, S. 44-50 sowie Sydow, 1992, S. 78-79. Konsequenterweise werden Unternehmensnetzwerke deshalb auch als Sonderform der zwischenbetrieblichen Kooperation mit mehr als zwei teilnehmenden Unternehmen aufgefasst: vgl. Wohlgemuth, 2002, S. 15-18.

primäre Performancegröße interpretieren.[54] Die Nutzwertanalyse strebt somit eine mehrdimensionale Erfolgsbewertung anhand einer Reihe von Zielvariablen an, die partnerspezifisch zu ermitteln und zu gewichten sind (vgl. Abb. 5).[55]

Kennzahlen	Rel. Bedeutung (G_i)	Zielwert	Erreichungsgrad (E_i) gering – hoch	Erfolgsbeitrag ($G_i \cdot E_i$)
Cash-to-Cash Zykluszeit	15%	14 Tage	83%	12,45
Perfect Order Quote	35%	99,5 %	97%	33,95
Kapitalbindung Gesamtbestand Kooperation	50%	-200.000 €	54%	27,00
„Nutzwert" der Kooperation	**100%**			**73,40**

Abb. 5: Beispielhafte Nutzwertanalyse einer Logistikkooperation (Quelle: In Anlehnung an Hess et al., 2001, S. 70)

Ein gewisser Vorzug der Nutzwertanalyse besteht darin, dass sie über die Messung relativer Zielerreichungsgrade und über die Vergabe von Gewichtungsfaktoren die gleichzeitige Berücksichtigung von finanziellen und nicht-finanziellen Performancegrößen ermöglicht.[56] Damit wird die Nutzwertanalyse insbesondere der Anforderung an ein mehrdimensionales Messkonzept gerecht. Als wichtigste Voraussetzungen für eine Performancemessung auf Kooperationsebene gelten dabei die gemeinschaftliche Festlegung eines Zielkatalogs und die abgestimmte Vergabe der Gewichtungsfaktoren. Neher (2003) weist in diesem Zusammenhang auch auf Übertragungsmöglichkeit bestimmter Aspekte des Zielkostenmanagements (Target Costing) hin, das sich im Kooperationskontext beispielsweise auf andere Zielkategorien wie „Target Timing" oder „Target Quality"[57] ausdehnen lässt.[58]

Daran anknüpfend erscheint auch die Integration der Nutzwertanalyse in ein ablauforientiertes Bewertungsverfahren aufschlussreich, welches Wohlgemuth (2002) als KONEKT-Verfahren

[54] Vgl. Hess et al., 2001, S. 70.

[55] Vgl. Neher, 2003, S. 36.

[56] Vgl. Wohlgemuth, 2002, S. 181.

[57] Vgl. Kraege, 1997, S. 229.

[58] Vgl. Neher, 2003, S. 37.

bezeichnet.[59] Darin werden die beiden primären Herausforderungen einer kooperationsspezifischen Performancebewertung im Rahmen zweier getrennter Phasen berücksichtigt. In Phase 1 steht der (kooperative) Aufbau eines Bewertungsgerüsts im Vordergrund. Phase 2 befasst sich mit der Ermittlung der Zielerreichung (vgl. Abb. 6).

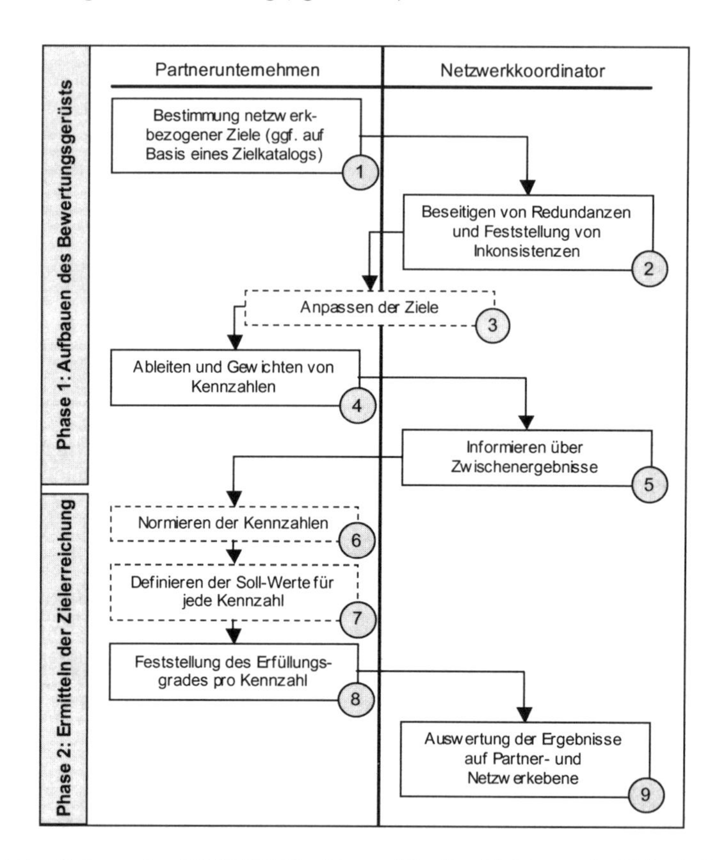

Abb. 6: Ablaufschema des KONEKT-Verfahrens (Quelle: Wohlgemuth, 2002, S. 194)

Einschränkend ist zur Nutzwertanalyse und den auf ihr aufbauenden Verfahren anzuführen, dass sie keine hierarchische Differenzierung der Zielwerte vorsehen und insofern keinen Unterschied zwischen Treiber- und Ergebniskennzahlen machen. Vielmehr stellt die Unabhängigkeit der einzelnen Zielgrößen sogar eine methodische Voraussetzung für deren additive Verknüpfung dar.[60] Allerdings erscheint diese Unabhängigkeit zum einen nicht immer gege-

[59] Vgl. Wohlgemuth, 2002, S. 183-194.

[60] Vgl. Wohlgemuth, 2002, S. 181.

ben (vgl. z.B. die vieldiskutierten Wechselwirkungen zwischen Lieferservice und Kundenzufriedenheit). Zum anderen ist sie aus Steuerungsgesichtspunkten nicht unbedingt zweckmäßig, da über die explizite Berücksichtigung von Ursache-Wirkungs-Beziehungen die Entscheidungsfindung in der Kooperation unterstützt und Handlungsempfehlungen abgegeben werden können. Bleiben die Ursache-Wirkungs-Beziehungen intransparent, steht die Kooperation vor einem schlecht strukturierten Entscheidungsproblem.[61]

Einige der genannten Einschränkungen werden von anderen Messkonzepten aufgegriffen und teilweise gelöst. Das Konzept der Balanced Scorecard nimmt beispielsweise eine gezielte Differenzierung von Kennzahlen in verschiedene Betrachtungsperspektiven vor. Zudem erfolgt eine Vernetzung dieser Kennzahlen über Ursache-Wirkungs-Verknüpfungen, so dass sich langfristige Performancetreiber, z.B. im Bereich Forschung und Entwicklung (Entwicklungsperspektive) oder im Bereich der Prozessqualität (Prozessperspektive), über Kausalbeziehungen auf die Marktperformance (Kundenperspektive) und letztendlich auf die finanzielle Performance (Finanzperspektive) auswirken. Ohne dieses vielschichtige Messkonzept an dieser Stelle zu vertiefen, sei darauf hingewiesen, dass insbesondere in der Literatur zum Supply Chain Management in den letzten Jahren Überlegungen zur Übertragung der Balanced Scorecard auf Kooperationsbeziehungen in Supply Chains angestellt worden sind.[62]

4 Zukunft der unternehmensübergreifenden Performancesteuerung

Anknüpfend an die Erkenntnisse zur finanziellen Performance bei dyadischen Beziehungen liegt es mit Blick auf den Anspruch des Supply Chain Managements nahe, eine Ausweitung auf Unternehmensnetzwerke vorzunehmen. Zwar lässt sich theoriegeleitet die Argumentationslinie systematisch auf den Netzwerkkontext ausdehnen, indem etwa gefordert wird, den Netzwerkwert als Maß der Vorziehenswürdigkeit mit Bezug zum Netzwerknutzen den sämtlichen Kosten des Netzwerks aus Sicht der beteiligten Akteure gegenüberzustellen. Dies würde eine Einbeziehung aller Nutzenkategorien von Unternehmensnetzwerken ebenso wie der relevanten Netzwerkkosten voraussetzen.[63] Mit Blick auf die bereits entwickelten Vorschläge zur Ermittlung eines Netzwerkerfolgs[64] gilt es zu berücksichtigen, dass erstens der Netzwerkerfolg nicht deckungsgleich mit dem wertorientierten Performanceverständnis ist und zweitens

---

[61] Vgl. Zäpfel/Piekarz, 2003, S. 381.

[62] Vgl. hierzu z.B. Stölzle et al., 2001; Weber et al., 2003; Zimmermann et al., 2003 sowie Zimmermann, 2003.

[63] Vgl. Thoms, 2003, S. 65-73.

[64] Vgl. Wohlgemuth, 2002, S. 167-202.

Supply Chains eine spezifische Form von Unternehmensnetzwerken mit besonderen Implikationen für die Konzeptionierung des Performanceverständnisses darstellen.

Eine wertorientierte Auffassung von Performance beschränkt sich nicht auf rein operative Probleme. Vielmehr wohnt ihr ein strategischer Anspruch inne, dessen Ausgestaltung eine Brücke zum Führungssystem von Unternehmen, Kooperationen und Netzwerken erfordert, um im Ergebnis dem Steuerungsanspruch auf allen Ebenen Rechnung tragen zu können. Insofern bietet sich eine Unterscheidung von Performance Measurement und Performance Management an. Während sich Erstgenanntes auf die Leistungsebene und die dort geforderten Messkonzepte bezieht, sorgt Letztgenanntes unter Einbeziehung der Erkenntnisse des Measurements für die Verbindung zur Führungsebene, indem die für die Strategieplanung relevante Wertorientierung explizit einbezogen wird. In Abhängigkeit vom Bezugsobjekt des Performance Managements – Unternehmen, Kooperationen oder Netzwerke – sind neben den Shareholdern auch relevante Stakeholder-Kategorien im Konzept mit anzusprechen (vgl. Abb. 7).

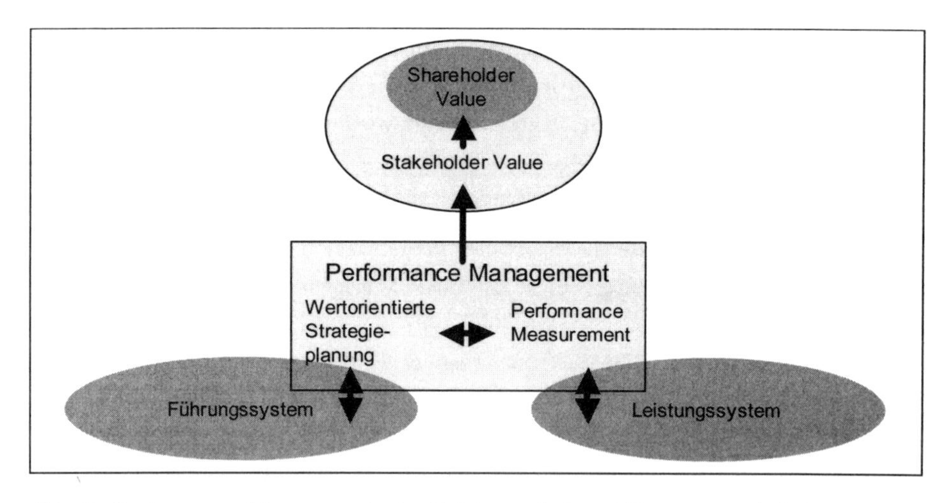

Abb. 7: Performance Management als Brücke zwischen Führungs- und Leistungssystem (Quelle: Stölzle/Karrer, 2002, S. 68)

Werden beide Gedankengänge – die Bezugnahme auf den Supply Chain Kontext einerseits und das Performance Management andererseits – zusammengeführt, ergeben sich daraus die Konturen des Forschungsfelds Supply Chain Performance. Das Ziel künftiger Forschungsarbeiten zum Performance Management in Supply Chains besteht im Wesentlichen darin, einen Beitrag zur Schließung der Steuerungslücken im Management von Supply Chains zu leisten (vgl. Abb. 8).

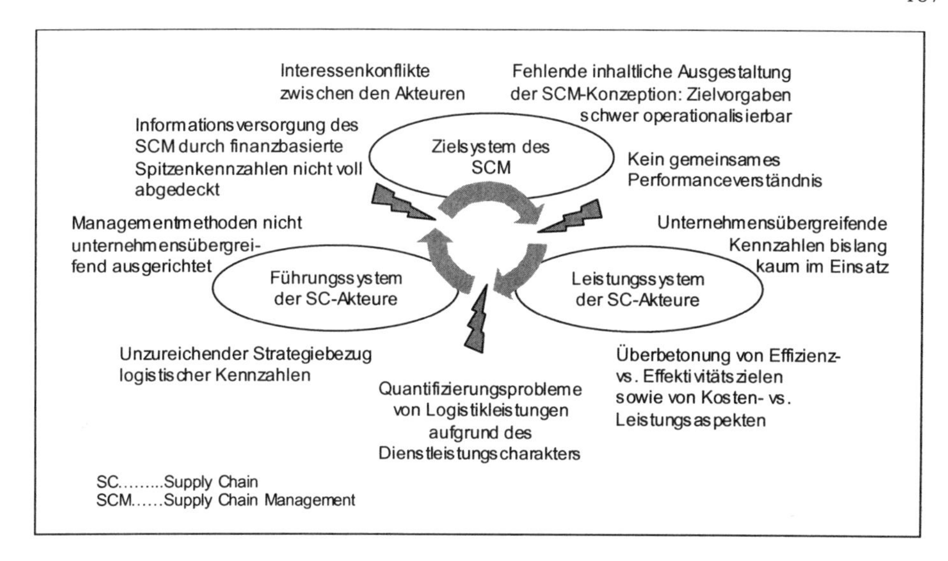

Abb. 8: Performancelücken im Kooperationskontext – Typische Probleme bei der Steuerung von Supply Chains

Im Einzelnen gilt es zusammengefasst, folgende Herausforderungen der Supply Chain Performance anzugehen:

- Differenzierte Betrachtung und Klärung der Beziehungen zwischen der Performance auf Akteurs-, Kooperations- und Netzwerkebene
- Formulierung eines Verständnisses für die Wertorientierung auf der Netzwerkebene
- Ausdifferenzierung geeigneter und aufeinander abgestimmter Messkonzepte für die Supply Chain Performance
- Explizite Berücksichtigung und mehrdimensionale Messung immaterieller Werte in der Supply Chain
- Analyse der Implikationen für die Führung (z.B. Anreizsysteme) und die Organisation (z.B. Supply Chain Commitee) auf der Netzwerkebene

Mit Blick auf diesen Anspruch erreicht die Forschung zur Supply Chain Performance ein eigenes Performance-Niveau!

Literaturverzeichnis

Avanzo, D' R./Lewinski, von H./Wassenhove, van L. (2003)
The Link Between Supply Chain and Financial Performance. In: Supply Chain Management Review 7(2003)11/12, S. 40-47.

Beamon, B. M. (1999)
Measuring Supply Chain Performance. In: International Journal of Operations & Production Management 19(1999)3, S. 275-292.

Block, Birgit (2001)
Gestaltung und Steuerung einer Hersteller-Händler-Kooperation in der Lebensmittelbranche. Lohmar/Köln 2001.

Boschet, S. et al. (2003)
Performance financière et Supply Chain des entreprises européennes 2003. In: Logistique & Management 11(2003)1, S. 11-34.

Bowersox, D. S./Closs, D. J./Cooper, M. B. (2002)
Supply Chain Logistics Management. New York 2002.

Bretzke, W.-R./Klett, M. (2004)
Supply Chain Event Management als Entwicklungspotenzial für Logistikdienstleister. In: Beckmann, H. (Hrsg.): Supply Chain-Management – Strategien und Entwicklungstendenzen in Spitzenunternehmen. Berlin et al. 2004, S. 145-160.

Centrale für Coorganisation (CCG) (Hrsg.) (2002)
Handbuch ECR-Supply Side: Der Weg zum erfolgreichen Supply Chain Management. Band 1, Köln 2002.

Chakravarthy, B. S. (1986)
Measuring Strategic Performance. In: Strategic Management Journal 7(1986)5, S. 437-458.

Christopher, M./Ryals, L. (1999)
Supply Chain Strategy: Its Impact on Shareholder Value. In: The International Journal of Logistics Management 10(1999)1, S. 1-10.

Corsten, H. (2001)
Grundlagen der Koordination in Unternehmungsnetzwerken. In: Corsten, H. (Hrsg.): Unternehmensnetzwerke – Formen unternehmensübergreifender Zusammenarbeit. München et al. 2001, S. 1-58.

Deimel, K. (2002)
Shareholder Value-Kennzahlen und wertorientierte Unternehmenssteuerung. In: WISU – Das Wirtschaftsstudium 31(2002)4, S. 506-510.

Delfmann, W./Gehring, M. (2003)
Le rôle des technologies de l'information dans la performance logistique. In: Logistique & Management 11(2003)1, S. 5-10.

Drews, H. (2001)
Instrumente des Kooperationscontrollings: Anpassung bedeutender Controllinginstru-

mente an die Anforderungen des Managements von Unternehmenskooperationen. Wiesbaden 2001.

Eccles, R. G. (1991)
The Performance Measurement Manifesto. In: Harvard Business Review 69(1991)Jan/Feb, S. 131-137.

Erdmann, M.-K. (2003)
Supply Chain Performance Measurement – Operative und strategische Management- und Controllingansätze. Köln 2003.

Eßig, M. (1999)
Cooperative Sourcing – Erklärung und Gestaltung horizontaler Beschaffungskooperationen in der Industrie. Frankfurt am Main et al. 1999.

Evanschitzky, H. (2003)
Erfolg von Dienstleistungsnetzwerken – Ein Netzwerkmarketingansatz. Wiesbaden 2003.

Farris II, M. T./Hutchison, P. (2003)
Measuring Cash-to-Cash Performance. In: The International Journal of Logistics Management 14(2003)2, S. 83-91.

Gleich, R. (2001)
Das System des Performance Measurement: Theoretisches Grundkonzept, Entwicklungs- und Anwendungsstand. München 2001.

Glohr, C. (2003)
Supply Chain Performance Management. In: Controlling 16(2003)11, S. 615-621.

Grüning, M. (2002)
Performance Measurement-Systeme – Messung und Steuerung von Unternehmsleistung. Wiesbaden 2002.

Gunasekaran, A./Patel, C./Tirtiroglu, E. (2001)
Performance Measures and Metrics in a Supply Chain Environment. In: International Journal of Operations & Production Management 21(2001)1/2, S. 71-87.

Günther, T./Landrock, B./Muche, T. (2000)
Gewinn- versus unternehmenswertorientierte Performancemaße. Eine empirische Untersuchung auf Basis der Korrelation von Kapitalmarktrenditen. In: Controlling 12(2000)2, S. 69-75.

Haage, G. (2003)
Time Based Performance Measurement in der Logistik – Analyse und Bewertung logistischer Strukturen und Prozesse auf Basis des Wettbewerbsfaktors Zeit. Marburg 2003.

Hauber, R. (2002)
Performance Measurement in der Forschung und Entwicklung – Konzeption und Methodik. Wiesbaden 2002.

Hess, T. (2002)
Netzwerkcontrolling – Instrumente und ihre Werkzeugunterstützung. Wiesbaden 2002.

Hess, T./Wohlgemuth, O./Schlembach, H.-G. (2001)
Bewertung von Unternehmensnetzwerken – Methodik und erste Erfahrungen aus einem Pilotprojekt. In: ZFO 70(2001)2, S. 68-74.

Hieber, R. (2002)
Supply Chain Management: A Collaborative Performance Measurement Approach. Zürich 2002.

Hillman, A./Keim, G. (2001)
Shareholder value, stakeholder management, and social issues: what's the bottom line? In: Strategic Management Journal 22(2001)2, S. 125-139.

Hoffmann, O. (2000)
Performance Management – Systeme und Implementierungsansätze. 2., unveränd. Aufl. Bern et al. 2000.

Hofmann, E. (2003)
The flow of Financial Resource in the Supply Chain: Creating Shareholder Value through Collaborative Cash Flow Management. In: Kotzab, H. (Hrsg.): ELA Doctorate Workshop 2003, Brüssel 2003, S. 65-94.

Hungenberg, H. (2001)
Strategisches Management in Unternehmen. Ziele – Prozesse – Verfahren. Wiesbaden 2001.

Kaplan, R. S./Norton, D. P. (1992)
The Balanced Scorecard – Measures that Drive Performance. In: Harvard Business Review 70(1992)Jan/Feb, S. 71-79.

Karrer, M. (2003)
Supply Chain Event Management – Impulse zur ereignisorientierten Steuerung von Supply Chains. In: Dangelmaier, W./Gajewski, T./Kösters, C. (Hrsg.): Innovationen im E-Business. Paderborn 2003, S. 187-197.

Keebler, J. S. (2001)
Measuring Performance in the Supply Chain. In: Mentzer, J. T. (Hrsg.): Supply Chain Management. Thousand Oaks et al. 2001, S.411-435.

Kleer, M. (1991)
Gestaltung von Kooperationen zwischen Industrie- und Logistikunternehmen. Ergebnisse theoretischer und empirischer Untersuchungen. Berlin 1991.

Klingebiel, N. (2000)
Integriertes Performance Measurement. Wiesbaden 2000.

Kraege, R. (1997)
Controlling strategischer Unternehmungskooperationen. Aufgaben, Instrumente und Gestaltungsempfehlungen. München/Mering 1997.

Kuhn, A./Hellingrath, B. (2002)
Supply Chain Management: Optimierte Zusammenarbeit in der Wertschöpfungskette. Berlin et al. 2002.

Lambert, D. M./Burduroglu, R. (2000)
Measuring and Selling the Value of Logistics. In: The International Journal of Logistics Management 11(2000)1, S. 1-17.

Lapide, L. (2000)
What About Measuring Supply Chain Performance? In: Woods, J. A./Marien, E. J. (Hrsg.): Supply Chain Yearbook 2001. New York 2000, S. 373-393.

Lebas, M. J. (1995)
Performance Measurement and Performance Management. In: International Journal of Production Economics 41(1995)1-3, S. 23-35.

Lebas, M. J./Euske, K. (2002)
A Conceptual and Operational Delineation of Performance. In: Neely, A. (Hrsg.): Business Performance Measurement. Cambridge 2002, S. 65-79.

Linn, N. (1989)
Die Implementierung vertikaler Kooperation – Theoretische Konzeption und erste empirische Ergebnisse zum Prozess der Ausgliederung logistischer Teilaufgaben. Frankfurt a. M. et al. 1989.

Lowson, B./King, R./Hunter, A. (1999)
Quick Response: Management the Supply Chain to Meet Consumer Demand. Chichester et al. 1999.

Lücke, W. (2001)
Zielgrößen für Unternehmen, Stakeholder und Shareholder. In: Zeitschrift für Planung 12(2001)1, S. 47-72.

Mack, O. (2003)
Konfiguration und Koordination von Unternehmensnetzwerken – Ein allgemeines Netzwerkmodell. Wiesbaden 2003.

Mentzer, J. T./Konrad, B. (1991)
An Efficiency/Effectiveness Approach to Logistics Performance Analysis. In: Journal of Business Logistics 12(1991)1, S. 33-61.

Michel, U. (1996)
Wertorientiertes Management strategischer Allianzen. München 1996.

Neely, A./Gregory, M./Platts, K. (1995)
Performance Measurement System Design. In: International Journal of Operations & Production Management 15(1995)4, S. 80-116.

Neher, A. (2003)
Wertorientierung im Supply Chain Controlling. In: Stölzle, W./Otto, A. (Hrsg.): Supply Chain Controlling in Theorie und Praxis: Aktuelle Konzepte und Unternehmensbeispiele. Wiesbaden 2003, S. 27-47.

Otto, A. (2002)
Management und Controlling von Supply Chains. Ein Modell auf Basis der Netzwerktheorie. Wiesbaden 2002.

Otto, A. (2003)
Supply Chain Event Management: Three Perspectives. In: The International Journal of Logistics Management 14(2003)2, S. 1-13.

Pfohl, H.-Chr. (1990)
Logistiksysteme – Betriebswirtschaftliche Grundlagen. 4., erw. u. korr. Aufl. Berlin et al. 1990.

Pfohl, H.-Chr. (2004)
Logistiksysteme. 7., korr. u. aktual. Aufl. Berlin et al. 2004.

Pfohl, H.-Chr./Hofmann, E./Elbert, R. (2003a)
Financial Supply Chain Management – Neue Herausforderungen für die Finanz- und Logistikwelt. In: Logistik Management 5(2003)4, S. 10-26.

Pfohl, H.-Chr./Elbert, R./Hofmann, E. (2003b)
Bedeutung der „finanziellen" Supply Chain in der unternehmerischen Praxis. In: Bundesvereinigung Logistik e.V. (Hrsg.): Finanzierung – eine neue Dimension der Logistik. Berlin 2003, S. 65-105.

Pfohl, H.-Chr./Stölzle, W. (1997)
Planung und Kontrolle. Konzeption, Gestaltung, Implementierung. 2., neu bearb. Aufl. München 1997.

Poirier, C. C./Quinn, F. J. (2003)
A Survey of Supply Chain Progress. In: Supply Chain Management Review 7(2003)5, S. 40-47.

Rappaport, A. (1986)
Creating Shareholder Value – The New Standard for Business Performance. New York 1986.

Riedl, J. B. (2000)
Unternehmenswertorientiertes Performance Measurement: Konzeption eines Performance-Measure-Systems zur Implementierung einer wertorientierten Unternehmensführung. Wiesbaden 2000.

Rösler, O. M. (2003)
Gestaltung von kooperativen Logistiknetzwerken. Bewertung unter ökonomischen und ökologischen Aspekten. Wiesbaden 2003.

Schäfer, Chr. (2001)
Prozessorientiertes Zeitmanagement. Konzeption und Anwendung am Beispiel industrieller Beschaffungsprozesse. Lohmar et al. 2001.

Schrank, R. (2002)
Neukonzeption des Performance Measurements – Der GOPE Ansatz. Mannheim 2002.

Sheffi, Y./Caplice, C. (1995)
A Review and Evaluation of Logistics Performance Measurement Systems. In: The International Journal of Logistics Management 6(1995)1, S. 61-74.

Specht, D./Kahmann, J./Siegler,O. (1999)
Regelungsbedarf kooperativ verbundener Unternehmen im Spannungsfeld zwischen Flexibilität und Stabilität. In: Nagel, K./Erben, R. F./Piller, F. T. (Hrsg.): Produktionswirtschaft 2000: Perspektiven für die Fabrik der Zukunft. Wiesbaden 1999, S.175-191.

Stölzle, W. (2002)
Supply Chain Controlling und Performance Management – Konzeptionelle Herausforderungen für das SCM. In: Logistik Management 4(2002)3, S. 10-21.

Stölzle, W./Heusler, K. F./Karrer, M. (2001)
Die Integration der Balanced Scorecard in das Supply Chain Management-Konzept. In: Logistik Management 3(2001)2/3, S. 73-85.

Stölzle, W./Karrer, M. (2002)
Performance Management in der Supply Chain. Potentiale durch die Balanced Score-

card. In: Bundesvereinigung Logistik (Hrsg.): Wissenschaftssymposium der BVL 2002. München 2002, S. 57-81.

Stölzle, W./Karrer, M. (2004)
Von der Unternehmens- zur Supply Chain-Performance – ein konzeptioneller Beitrag für das Management von Supply Chains. In: Spengler, T./Voss, S./Kopfer, H. (Hrsg.): Logistik Management – Prozesse, Systeme, Ausbildung. Heidelberg 2004, S. 235-254.

Struthoff, R. (1999)
Führung und Organisation von Unternehmensnetzwerken. Göttingen 1999.

Supply Chain Council (Hrsg.) (2003)
Supply Chain Operations Reference Model – SCOR Version 6.0. Pittsburgh 2003. [URL: http://www.supply-chain.org/SCORCD3/SCOR_6.0_OverviewBooklet.pdf], abgerufen am 21.04.2004.

Sydow, J. (1992)
Strategische Netzwerke: Evolution und Organisation. Wiesbaden 1992.

Thoms, U. (2003)
Langfristige Beziehungen zwischen Unternehmen – Zum Wert und zur Stabilität interorganisationaler Partnerschaften. Wiesbaden 2003.

Vokurka, R. J./Lummus, R. R. (2000)
The Role of Just-In-Time in Supply Chain Management. In: The International Journal of Logistics Management 11(2000)1, S. 89-98.

Weber, J. (2002)
Einführung in das Controlling. 9., kompl. überarb. Aufl. Stuttgart 2002.

Weber, J. (2003)
Macht Logistik erfolgreich? – Konzeptionelle Überlegungen und empirische Ergebnisse. In: Logistik Management 5(2003)1, S. 11-22.

Weber, J./Bacher, A./Groll, M. (2003)
Balanced Scorecard – Eignung des Ansatzes für das Supply Chain Management. In: Bogaschewsky R./Götze, U. (Hrsg.): Management und Controlling von Einkauf und Logistik. Gernsbach 2003, S. 307-329.

Weber, J./Schäffer, U. (1999)
Auf dem Weg zu einem aktiven Kennzahlenmanagement. In: Die Unternehmung 53(1999)5, S. 333-350.

Werners, B./Thorn, J./Freiwald, S. (2003)
Performance Kriterien für das Supply Chain Design. In: Supply Chain Management 7(2003)3, S. 7-16.

Willke, H. (2001)
Systemtheorie III: Steuerungstheorie. Grundzüge einer Theorie der Steuerung komplexer Sozialsysteme. 3., bearb. Aufl., Stuttgart 2001.

Wohlgemuth, O. (2002)
Management netzwerkartiger Kooperationen. Instrumente für die unternehmensübergreifende Steuerung. Wiesbaden 2002.

Wohlgemuth, O./Hess, T. (2003)
Strategische Projekte als Objekte kollektiver Investitionsentscheidungen in Unterneh-

mensnetzwerken. In: Schreyögg, G./Sydow, J. (Hrsg.): Strategische Prozesse und Pfade. Wiesbaden 2003, S.195-225.

Zäpfel, G./Piekarz, B. (2003)
Wirkungskettenorientiertes Performance Measurement für Supply Chains. In: Seicht, G. (Hrsg.): Jahrbuch für Controlling und Rechnungswesen. Wien 2003, S. 377-411.

Zimmermann, K. (2003)
Supply Chain Balanced Scorecard – Unternehmensübergreifendes Management von Wertschöpfungsnetzwerken. Wiesbaden 2003.

Zimmermann, K./Flotow, v. P./Seuring, S. (2003)
Supply Chain Balanced Scorecard. In: Controlling 15(2003)10, S. 555-563.

Zundel, P. (1999)
Management von Produktionsnetzwerken – Eine Konzeption auf Basis des Netzwerkprinzips. Wiesbaden 1999.

Bisher in der Schriftenreihe **Unternehmensführung und Logistik** erschienene Bände:

Band 1

Logistiktrends '91

Unternehmensführung – Marketing – Technologie – Infrastruktur – Logistische Spitzenleistungen

Herausgegeben von Prof. Dr. H.-Chr. Pfohl,
TH Darmstadt, Institut für Betriebswirtschaftslehre,
Fachgebiet Unternehmensführung

6. Fachtagung der Deutschen Gesellschaft für Logistik e. V., 16. Mai 1991 in Darmstadt

1991, VII, 253 Seiten, 16,5 x 24,3 cm, kartoniert,
ISBN 3 503 03223 1

Band 2

Gestaltung von Kooperationen zwischen Industrie- und Logistikunternehmen

Ergebnisse theoretischer und empirischer Untersuchungen

Von Michael Kleer

1991, XVII, 251 Seiten, 16,5 x 24,3 cm, kartoniert,
ISBN 3 503 03244 4

Band 3

Total Quality Management in der Logistik

Unternehmensführung - Marketing- Technologie- Infrastruktur - Logistische Spitzenleistungen

Herausgegeben von Prof. Dr. H.-Chr. Pfohl,
TH Darmstadt, Institut für Betriebswirtschaftslehre,
Fachgebiet Unternehmensführung

7. Fachtagung der Deutschen Gesellschaft für Logistik e. V., 13. Mai 1992 in Darmstadt

1992, VIII, 237 Seiten, 16,5 x 24,3 cm, kartoniert,
ISBN 3 503 03323 8

Band 4

Organisation von Logistikservice-Netzwerken

Theoretische Konzeption und empirische Fallstudien

Von Stephan L. K. Freichel

1992, XVII, 381 Seiten mit 77 Abbildungen,
16,5 x 24,3 cm, kartoniert,
ISBN 3 503 03387 4

Band 5

Ökologische Herausforderungen an die Logistik in den 90er Jahren

Umweltschutz in der Logistikkette bei Ver- und Entsorgung

Herausgegeben von Prof. Dr. H.-Chr. Pfohl,
TH Darmstadt, Institut für Betriebswirtschaftslehre,
Fachgebiet Unternehmensführung

8. Fachtagung der Deutschen Gesellschaft für Logistik e. V., 4. Mai 1993 in Darmstadt

1993, IX, 257 Seiten, 16,5 x 24,3 cm, kartoniert,
ISBN 3 503 03431 5

Band 6

Umweltschutz und Entsorgungslogistik

Theoretische Grundlagen mit ersten empirischen Ergebnissen zur innerbetrieblichen Entsorgungslogistik

Von Wolfgang Stölzle, Frankfurt/M.

1993, XVIII, 406 Seiten, 16,5 x 24,3 cm, kartoniert,
ISBN 3 503 03463 3

Bisher in der Schriftenreihe **Unternehmensführung und Logistik** erschienene Bände:

Band 7

Management in der Logistikkette

Kostensenkung – Leistungssteigerung – Erfolgspotential

Herausgegeben von Prof. Dr. H.-Chr. Pfohl, TH Darmstadt, Institut für Betriebswirtschaftslehre, Fachgebiet Unternehmensführung

9. Fachtagung der Deutschen Gesellschaft für Logistik e. V., 3. Mai 1994 in Darmstadt

1994, XI, 251 Seiten, 16,5 x 24,3 cm, kartoniert, ISBN 3 503 03609 1

Band 8

Organisationsgestaltung in der Logistik

Kundenorientiert – Prozeßorientiert – Lernfähig

Herausgegeben von Prof. Dr. H.-Chr. Pfohl, TH Darmstadt, Institut für Betriebswirtschaftslehre, Fachgebiet Unternehmensführung

10. Fachtagung der Deutschen Gesellschaft für Logistik e. V., 9. Mai 1995 in Darmstadt

1995, 231 Seiten, 16,5 x 24,3 cm, kartoniert, ISBN 3 503 03813 2

Band 9

Informationstechnologie und Auftragsabwicklung

Potentiale zur Gestaltung und flexiblen kundenorientierten Steuerung des Auftragsflusses in und zwischen Unternehmen

Von Dirk Rohweder

1995, 400 Seiten, 16,5 x 24,3 cm, kartoniert, ISBN 3 503 03911 2

Band 10

Integrative Instrumente der Logistik

Informationsverknüpfung – Prozeßgestaltung – Leistungsmessung – Synchronisation

Herausgegeben von Prof. Dr. Dr. h.c. H.-Chr. Pfohl, TH Darmstadt, Institut für Betriebswirtschaftslehre, Fachgebiet Unternehmensführung

11. Fachtagung der Deutschen Gesellschaft für Logistik e. V., 9. Mai 1996 in Darmstadt

1996, ca. 200 Seiten, 16,5 x 24,3 cm, kartoniert, ISBN 3 503 03950 3

Band 11

Qualität logistischer Dienstleistungen

Operationalisierung von Qualitätsmerkmalen, Qualitätsmanagement, Umweltgerechtigkeit

Von Markus Engelke

1997, 331 Seiten, 16,5 x 24,3 cm, kartoniert, ISBN 3 503 04041 1

Band 12

Informationsfluß in der Logistikkette

EDI – Prozeßgestaltung – Vernetzung

Herausgegeben von Prof. Dr. Dr. h.c. H.-Chr. Pfohl, TH Darmstadt, Institut für Betriebswirtschaftslehre, Fachgebiet Unternehmensführung

12. Fachtagung der Deutschen Gesellschaft für Logistik e. V., 24. Juni 1997 in Darmstadt

1997, 189 Seiten, 16,5 x 24,3 cm, kartoniert, ISBN 3 503 04309 8

Bisher in der Schriftenreihe **Unternehmensführung und Logistik** erschienene Bände:

Band 13

Benchmarks für die Ersatzteillogistik

Benchmarkingformen, Vorgehensweisen, Prognose und Kennzahlen

Von Birgit Ester

1997, 370 Seiten, 16,5 x 24,3 cm, kartoniert,
ISBN 3 503 04322 5

Band 14

Kundennahe Logistik

Wertschöpfend – Beziehungsorientiert – Agil

Herausgegeben von Prof. Dr. Dr. h.c. H.-Chr. Pfohl,
TU Darmstadt, Institut für Betriebswirtschaftslehre,
Fachgebiet Unternehmensführung

13. Fachtagung der Deutschen Gesellschaft für Logistik e. V., 16. Juni 1998 in Darmstadt

1998, 208 Seiten, 16,5 x 24,3 cm, kartoniert,
ISBN 3 503 05034 5

Band 15

Banklogistik

Logistiksysteme und -prozesse in Banken

Von Lutz G.E. Lohmann

1998, 372 Seiten, 16,5 x 24,3 cm, kartoniert,
ISBN 3 503 05052 3

Band 16

Logistik 2000plus

Visionen – Märkte – Ressourcen

Herausgegeben von Prof. Dr. Dr. h.c. H.-Chr. Pfohl,
TU Darmstadt, Institut für Betriebswirtschaftslehre,
Fachgebiet Unternehmensführung

14. Fachtagung der Deutschen Gesellschaft für Logistik e. V., 1. Juni 1999 in Darmstadt

1999, 220 Seiten, 16,5 x 24,3 cm, kartoniert,
ISBN 3 503 04867 7

Band 17

Logistikforschung

Entwicklungszüge und Gestaltugsansätze

Herausgegeben von Prof. Dr. Dr. h.c. H.-Chr. Pfohl,
TU Darmstadt, Institut für Betriebswirtschaftslehre,
Fachgebiet Unternehmensführung

1999, 376 Seiten, 16,5 x 24,3 cm, kartoniert,
ISBN 3 503 05841 9

Band 18

Supply Chain Management: Logistik plus?

Logistikkette – Marketingkette – Finanzkette

Herausgegeben von Prof. Dr. Dr. h.c. H.-Chr. Pfohl,
TU Darmstadt, Institut für Betriebswirtschaftslehre,
Fachgebiet Unternehmensführung

15. Fachtagung der Deutschen Gesellschaft für Logistik e. V., 23. Mai 2000 in Darmstadt

2000, 212 Seiten, 15,8 x 23,5 cm, kartoniert,
ISBN 3 503 05889 3

Bisher in der Schriftenreihe **Unternehmensführung und Logistik** erschienene Bände:

Band 19

Jahrhundert der Logistik: Wertsteigerung des Unternehmens

customer related – glocal – e-based

Herausgegeben von Prof. Dr. Dr. h.c. H.-Chr. Pfohl, TU Darmstadt, Institut für Betriebswirtschaftslehre, Fachgebiet Unternehmensführung

16. Fachtagung des Instituts für Logistik, 12. Juni 2001 in Darmstadt

2001, 244 Seiten, 15,8 x 23,5 cm, kartoniert, ISBN 3 503 06033 2

Band 20

Risiko- und Chancenmanagement in der Supply Chain

proaktiv – ganzheitlich – nachhaltig

Herausgegeben von Prof. Dr. Dr. h.c. H.-Chr. Pfohl, TU Darmstadt, Institut für Betriebswirtschaftslehre, Fachgebiet Unternehmensführung

17. Fachtagung des Instituts für Logistik, 4. Juni 2002 in Darmstadt

2002 198 Seiten, 15,8 x 23,5 cm, kartoniert, ISBN 3 503 06674 8

Band 21

Güterverkehr: Eine Integrationsaufgabe für die Logistik

Entwicklungen – Auswirkungen – Lösungsmöglichkeiten

Herausgegeben von Prof. Dr. Dr. h.c. H.-Chr. Pfohl, TU Darmstadt, Institut für Betriebswirtschaftslehre, Fachgebiet Unternehmensführung und Logistik

18. Fachtagung des Instituts für Logistik, 6. Mai 2003 in Darmstadt

2003, 228 Seiten, 15,8 x 23,5 cm, kartoniert, ISBN 3 503 07458 9

ELA-Publications

Pfohl, H.-Chr./Large, R.: **Research Activities in the Field of Logistics in Europe.** European Logistics Association. Brussels 1992.

Touche Ross/Institute of Logistics: **European Logistics Comparative Costs and Practice**. Prepared by Touche Ross on Behalf of European Logistics Association and ILDM. Brussels 1992.

A.T. Kearney: **Logistics Excellence in Europe**. A Study Report Prepared by A.T. Kearney on Behalf of the European Logistics Association (ELA). o.O. 1993.

Pfohl, H.-Chr. (Ed.): **Future Developments in Logistics and the Resultant Consequences for Logistics Education and Training in Europe.** Logistics Educators Conference 1994. European Logistics Association. Brussels 1994.

ELA: **Occupational Profiles For Practitioners In Logistics**. Final Report. Force Project. European Logistics Association. Brussels 1994.

ELA: **Logistics Guiding Europe Towards Prosperity. EUROLOG '94** - Conference Proceedings. European Logistics Association. Brussels 1994.

ELA: **Terminology in Logistics. Multilingual Vocabulary.** English, Dutch, French, German, Spanish. European Logistics Association. Brussels 1995.

Touche Ross/Institute of Logistics: **European Logistics Comparative Costs and Practice 95**. Prepared by Touche Ross on Behalf of European Logistics Association and ILDM. Brussels 1995.

Pfohl, H.-Chr. (Ed.): **New Fields of Education and Research in Logistics. Logistics Educators Conference 1996.** European Logistics Association. Brussels 1996.

Pfohl, H.-Chr. (Ed.): **ELA Doctorate Workshop 1996**. European Logistics Association. Brussels 1996.

ELA: **Academic Directory 1997.** European Logistics Association. Brussels 1997.

ELA: **Towards the 21st Century**. Trends and Strategies in European Logistics. Brussels 1997.

Delfmann, W. (Ed.): **ELA Doctorate Workshop 1997**. European Logistics Association. Brussels 1997.

ELA-Publications

Browne, M. (Ed.): **Innovation in Logistics and the State of Logistics Education at the End of the 20th Century. Logistics Educators Conference 1998.** European Logistics Association. Brussels 1998.

Laarhoven, Peter van (Ed.): **ELA Doctorate Workshop 1998**. European Logistics Association. Brussels 1998.

Skjoett-Larsen, Tage (Ed.): **ELA Doctorate Workshop 1999**. European Logistics Association. Brussels 1999.

ELA/A.T. Kearney: **Insight to Impact. Results of the Fourth Quinquennial European Logistics Study.** A Study Report prepared by A.T. Kearney and the European Logistics Association (ELA). Brussels 1999.

Baumgarten, H./Wolff, St.: **The Next Wave of Logistics. Global Supply Chain efficiency.** Berlin/Boston 1999.

Delfmann, W.: **Diversity in Logistics and the Importance of Logistics in the Extended Enterprise. Logistics Educators Conference 2000.** European Logistics Association. Brussels 2000.

Rutkowski, K. (Ed.): **ELA Doctorate Workshop 2000.** European Logistics Association. Brussels 2000.

Dé Koster, R. (Ed.): **ELA Doctorate Workshop 2001.** European Logistics Association. Brussels 2001.

ELA/Andersen: **What matters to Top Management?** A survey on the influence of Supply Chain Management on Strategy and Finance – Results of the ELA/Andersen-Study. Brussels 2002.

Browne, M. (Ed.): **ELA Doctorate Workshop 2002.** European Logistics Association. Brussels 2002.

De Koster, R.: **Supply Chain Dynamics. Understanding and Managing Change.** European Logistics Association. Brussels 2002.

Kotzab, H. (Ed.): **ELA Doctorate Workshop 2003.** European Logistics Association. Brussels 2003.

ELA/KSA: **Success Factor People in Distribution Centers.** European Logistics Association. Brussels 2004.

All publications may be ordered from: *ELA Head Office*

Kunstlaan 19 Avenue des Arts

B-1210 Brussels

Belgium

Tel.: +32 2 230 02 11

Fax: +32 2 230 81 23

e-mail: ela@elalog.org